THÉATRE COMPLET

DE

ALEX. DUMAS

IV

LA TOUR DE NESLE
ANGÈLE — CATHERINE HOWARD

NOUVELLE ÉDITION

PARIS
CALMANN LÉVY, ÉDITEUR
ANCIENNE MAISON MICHEL LÉVY FRÈRES
3, RUE AUBER, 3
—
1883
Droits de reproduction et de traduction réservés

ŒUVRES COMPLÈTES

D'ALEXANDRE DUMAS

THÉATRE

IV

ŒUVRES COMPLÈTES D'ALEXANDRE DUMAS
PUBLIÉES DANS LA COLLECTION MICHEL LÉVY

Acté	1
Amaury	1
Ange Pitou	2
Ascanio	2
Une Aventure d'amour	1
Aventures de John Davys	2
Les Baleiniers	2
Le Bâtard de Mauléon	3
Black	1
Les Blancs et les Bleus	3
La Bouillie de la comtesse Berthe	1
La Boule de neige	1
Bric-à-Brac	1
Un Cadet de famille	3
Le Capitaine Pamphile	1
Le Capitaine Paul	1
Le Capitaine Rhino	1
Le Capitaine Richard	1
Catherine Blum	1
Causeries	2
Cécile	1
Charles le Téméraire	2
Le Chasseur de Sauvagine	1
Le Château d'Eppstein	2
Le Chevalier d'Harmental	2
Le Chevalier de Maison-Rouge	2
Le Collier de la reine	3
La Colombe. — Maître Adam le Calabrais	1
Les Compagnons de Jéhu	3
Le Comte de Monte-Cristo	6
La Comtesse de Charny	6
La Comtesse de Salisbury	2
Les Confessions de la marquise	2
Conscience l'Innocent	2
Création et Rédemption. — Le Docteur mystérieux	2
— La Fille du Marquis	2
La Dame de Monsoreau	3
La Dame de Volupté	2
Les Deux Diane	3
Les Deux Reines	2
Dieu dispose	2
Le Drame de 93	3
Les Drames de la mer	1
Les Drames galants. — La Marquise d'Escoman	2
Emma Lyonna	5
La Femme au collier de velours	1
Fernande	1
Une Fille du régent	1
Filles, Lorettes et Courtisanes	1
Le Fils du forçat	1
Les Frères corses	1
Gabriel Lambert	1
Les Garibaldiens	1
Gaule et France	1
Georges	1
Un Gil Blas en Californie	1
Les Grands Hommes en robe de chambre : César	1
— Henri IV, Louis XIII, Richelieu	2
La Guerre des femmes	2
Hist. de mes bêtes	1
Histoire d'un casse-noisette	1
L'Homme aux contes	1
Les Hommes de fer	1
L'Horoscope	1
L'Ile de Feu	2
Impressions de voyage : En Suisse	3
— Une Année à Florence	1
— L'Arabie Heureuse	2
— Les Bords du Rhin	2
— Le Capit. Arena	1
— Le Caucase	3
— Le Corricolo	2
— Le Midi de la France	2
— De Paris à Cadix	2
— Quinze jours au Sinaï	1
— En Russie	4
— Le Speronare	2
— Le Véloce	2
— La Villa Palmieri	1
Ingénue	2
Isaac Laquedem	2
Isabel de Bavière	2
Italiens et Flamands	2
Ivanhoe de Walter Scott (traduction)	2
Jacques Ortis	1
Jacquot sans Oreilles	1
Jane	1
Jehanne la Pucelle	1
Louis XIV et son Siècle	4
Louis XV et sa Cour	2
Louis XVI et la Révolution	2
Les Louves de Machecoul	3
Madame de Chamblay	2
La Maison de glace	2
Le Maître d'armes	1
Les Mariages du père Olifus	1
Les Médicis	1
Mes Mémoires	10
Mémoires de Garibaldi	2
Mém. d'une aveugle	2
Mémoires d'un médecin : Balsamo	5
Le Meneur de loups	1
Les Mille et un Fantômes	1
Les Mohicans de Paris	8
Les Morts vont vite	2
Napoléon	1
Une Nuit à Florence	1
Olympe de Clèves	3
Le Page du duc de Savoie	2
Parisiens et Provinciaux	2
Le Pasteur d'Ashbourn	2
Pauline et Pascal Bruno	1
Un Pays inconnu	2
Le Père Gigogne	1
Le Père la Ruine	2
Le Prince des Voleurs	2
Princesse de Monaco	2
La Princesse Flora	1
Propos d'Art et de Cuisine	1
Les Quarante-Cinq	3
La Régence	1
La Reine Margot	2
Robin Hood le Proscrit	2
La Route de Varennes	1
Le Saltéador	1
Salvator (suite des Mohicans de Paris)	5
La San-Felice	4
Souvenirs d'Antony	1
Souvenirs dramatiques	2
Souvenirs d'une Favorite	4
Les Stuarts	1
Sultanetta	1
Sylvandire	1
Terreur prussienne	2
Le Testament de M. Chauvelin	1
Théâtre complet	25
Trois Maîtres	1
Les Trois Mousquetaires	2
Le Trou de l'enfer	1
La Tulipe noire	1
Le Vicomte de Bragelonne	6
La Vie au Désert	2
Une Vie d'artiste	1
Vingt Ans après	3

Aureau. — Imp. de Lagny.

LA TOUR DE NESLE

DRAME EN CINQ ACTES, EN NEUF TABLEAUX

EN SOCIÉTÉ AVEC M. FRÉDÉRIC GAILLARDET

Porte-Saint-Martin. — 29 mai 1832.

DISTRIBUTION

BURIDAN.	MM. Bocage.
GAULTIER D'AULNAY.	Lockroy.
PHILIPPE D'AULNAY.	Delafosse.
ORSINI.	Auguste.
SAVOISY.	Provost.
LOUIS X.	Chilly.
DE PIERREFONDS.	Monval.
RICHARD.	Moessard.
ENGUERRAND DE MARIGNY.	Auguste Z.
LANDRY.	Serres.
SIMON.	Héret.
SIRE RAOUL.	Davesne.
JEHAN.	Marchand.
Un Arbalétrier.	Lainé.
Un Garde.	Vissot.
Un Page.	Ernest.
MARGUERITE DE BOURGOGNE.	Mlles Georges.
CHARLOTTE.	Lainé.
Une Femme voilée.	Oudry.
Pages, Gardes, Manants.	

— Paris, 1314. —

ACTE PREMIER

PHILIPPE D'AULNAY

PREMIER TABLEAU

La taverne d'Orsini à la porte Saint-Honoré, vue à l'intérieur. Une douzaine de Manants et d'Ouvriers à des tables à droite du spectateur; à une table isolée, Philippe d'Aulnay, écrivant sur un parchemin ; il a près de lui un pot de vin et un gobelet.

SCÈNE PREMIÈRE

PHILIPPE D'AULNAY, RICHARD, SIMON, JEHAN, Manants, puis ORSINI, puis LANDRY.

RICHARD, se levant.

Ohé! maître Orsini, notre hôte, tavernier du diable, double empoisonneur! il paraît qu'il faut te donner tous tes noms avant que tu répondes.

ORSINI.

Que voulez-vous? du vin?

SIMON, se levant.

Merci, nous en avons encore; c'est Richard le savetier qui veut savoir combien ton patron Satan a reçu d'âmes ce matin.

RICHARD.

Ou, pour parler plus chrétiennement, combien on a relevé de cadavres sur le bord de la Seine, de la tour de Nesle aux Bons-Hommes.

ORSINI.

Trois.

RICHARD.

C'est le compte! Et tous trois, sans doute, nobles, jeunes et beaux?

ORSINI.

Tous trois nobles, jeunes et beaux.

RICHARD.

C'est l'habitude... Étrangers tous trois à la bonne ville de Paris?...

ORSINI.

Arrivés tous trois depuis la huitaine.

RICHARD.

C'est la règle... Du moins, ce fléau-là a cela de bon, qu'il est tout le contraire de la peste et de la royauté : il tombe sur les gentilshommes et épargne les manants. Cela console de la taxe et de la corvée. — Merci, tavernier; c'est tout ce qu'on voulait de toi, à moins qu'en ta qualité d'Italien et de sorcier, tu ne veuilles nous dire quel est le vampire qui a besoin de tant de sang jeune et chaud pour empêcher le sien de vieillir et de se figer...

ORSINI.

Je n'en sais rien.

SIMON.

Et pourquoi c'est toujours au-dessous de la tour de Nesle, et jamais au-dessus, qu'on retrouve les noyés...

ORSINI.

Je n'en sais rien.

PHILIPPE, appelant Orsini.

Maître!

SIMON.

Tu n'en sais rien? Eh bien, laisse-nous tranquilles, et réponds à ce jeune seigneur, qui te fait l'honneur de t'appeler.

PHILIPPE.

Maître!

ORSINI.

Messire?

PHILIPPE.

Un de tes garçons taverniers peut-il, moyennant ces deux sous parisis, porter ce billet?

ORSINI.

Landry!... Landry!

LANDRY, s'avançant.

Voici.

(Il se tient debout devant Philippe, tandis que celui-ci scelle la lettre et met l'adresse.)

ORSINI.

Fais ce que te dira ce jeune seigneur.

(Il s'éloigne.)

RICHARD, retenant Orsini par le bras.

C'est égal, maître; si je m'appelais Orsini, ce dont Dieu me garde! si j'étais maître de cette taverne, ce que Dieu veuille! et si mes fenêtres donnaient, comme les tiennes, sur cette vieille tour de Nesle, que Dieu foudroie! je voudrais passer une de mes nuits, une seule, à regarder et à écouter, et je te garantis que, le lendemain, je saurais que répondre à ceux qui me demanderaient des nouvelles.

ORSINI.

Ce n'est pas mon état. Voulez-vous du vin? Je suis tavernier et non veilleur de nuit.

RICHARD.

Va-t'en au diable!

ORSINI.

Lâchez-moi, alors.

RICHARD.

C'est juste.

(Orsini sort.)

PHILIPPE, à Landry.

Écoute, gars : prends ces deux sous parisis et va-t'en au Louvre; tu demanderas le capitaine Gaultier d'Aulnay, et tu lui remettras ce billet.

LANDRY.

Ce sera fait, messire.

(Il sort.)

RICHARD.

Dis donc, Jehan de Montlhéry, as-tu vu le cortége de la reine Marguerite et de ses deux sœurs, les princesses Blanche et Jeanne?

JEHAN.

Je crois bien!

RICHARD.

Il ne faut pas demander maintenant où a passé la taxe que le roi Philippe le Bel, de glorieuse mémoire, a levée le jour où il a fait chevalier son fils aîné, Louis le Hutin; j'ai reconnu mes trente sous parisis sur le dos du favori de la reine; seulement, de monnaie de billon, ils étaient devenus drap d'or frisé et épinglé. As-tu vu le Gaultier d'Aulnay, toi, Simon?

(Philippe lève la tête et écoute.)

SIMON.

Sainte Vierge, si je l'ai vu!... Son cheval du démon caracolait si bien, qu'il a mis une de ses pattes sur la mienne, aussi d'aplomb que s'il jouait au pied de bœuf; et, comme je criais miséricorde, son maître, pour me faire taire, m'a donné...

JEHAN.

Un écu d'or?

SIMON.

Oui! un coup du pommeau de son épée sur la tête en m'appelant cagou.

JEHAN.

Et tu n'as rien fait au cheval et rien dit au maître?

SIMON.

Au cheval, je lui ai vertueusement enfoncé trois pouces de ce couteau dans la culotte, et il s'est en allé saignant; quant au maître, je l'ai appelé bâtard, et il s'est en allé jurant

PHILIPPE, de sa place.

Qui dit que Gaultier d'Aulnay est un bâtard?

SIMON.

Moi.

PHILIPPE, lui jetant son gobelet à la tête.

Tu en as menti par la gorge, truand!

SIMON.

A moi, les enfants!

LES MANANTS, se jetant sur leurs couteaux.

Mort au mignon!... au gentilhomme!... au pimpant!

PHILIPPE, tirant son épée.

Holà, mes maîtres! faites attention que mon épée est plus longue et de meilleur acier que vos couteaux.

SIMON.

Oui; mais nous avons dix couteaux contre ton épée.

PHILIPPE.

Arrière!

TOUS.

A mort! à mort!

(Ils forment un cercle autour de Philippe, qui pare avec son épée.)

SCÈNE II

Les Mêmes, BURIDAN.

Il entre, dépose tranquillement son manteau; puis, s'apercevant que c'est un gentilhomme qui se défend contre des gens du peuple, il tire vivement son épée.

BURIDAN.

Dix contre un!... Dix manants contre un gentilhomme, c'est cinq de trop.

(Il les frappe par derrière.)

LES MANANTS.

Au meurtre!... au guet!

(Ils veulent se sauver; Orsini paraît.)

BURIDAN.

Hôtelier du diable, ferme ta porte, que pas un de ces truands ne sorte pour donner l'alarme : ils ont eu tort... (Aux Manants.) Vous avez eu tort.

LES MANANTS.

Oui, monseigneur, oui.

BURIDAN.

Tu le vois, nous leur pardonnons. Restez à vos tables; voici la nôtre... Fais apporter du vin par mon ami Landry.

ORSINI.

Il est en course pour ce jeune seigneur; j'aurai l'honneur de vous servir moi-même.

BURIDAN.

Comme tu le voudras; mais dépêche. (Se retournant vers les Manants.) Est-ce qu'il y en a un qui parle là-bas?

LES MANANTS.

Non, monseigneur.

PHILIPPE.

Par mon patron, messire, vous venez de me tirer d'un mauvais pas, et je m'en souviendrai en pareille occasion si je vous y trouve.

BURIDAN.

Votre main?

PHILIPPE.

De grand cœur.

BURIDAN.

Tout est dit. (Orsini apporte du vin dans des pots.) A votre santé!... Porte deux pots de celui-là à ces drôles, afin qu'ils boivent à la nôtre... Bien. (A Philippe.) C'est la première fois, mon jeune soldat, que je vous vois dans la vénérable taverne de maître Orsini; êtes-vous nouveau venu dans la bonne ville de Paris?

PHILIPPE.

J'y suis arrivé il y a deux heures, justement pour voir passer le cortége de la reine Marguerite.

BURIDAN.

Reine? Pas encore.

PHILIPPE.

Reine après-demain; c'est après-demain qu'arrive de Navarre, pour succéder à Philippe le Bel, son père, monseigneur le roi Louis X, et j'ai profité de son avénement au trône pour revenir de Flandre, où j'étais en guerre.

BURIDAN.

Et moi, d'Italie, où je me battais aussi. Il paraît que la même cause nous amène, mon maître?

PHILIPPE.

Je cherche fortune.

BURIDAN.

C'est comme moi. Et vos moyens de réussite?

PHILIPPE.

Mon frère est, depuis six mois, capitaine près de la reine Marguerite.

BURIDAN.

Son nom?

PHILIPPE.

Gaultier d'Aulnay.

BURIDAN.

Vous réussirez, mon cavalier; car la reine n'a rien à refuser à votre frère.

PHILIPPE.

On le dit : et je viens de lui écrire pour lui annoncer mon arrivée et lui dire de me joindre ici.

BURIDAN.

Ici, au milieu de cette foule?

PHILIPPE.

Regardez.

BURIDAN.

Ah ! tous nos gaillards ont disparu.

PHILIPPE.

Continuons, puisqu'ils nous laissent libres. Et vous, puis-je vous demander votre nom?

BURIDAN.

Mon nom?... Dites mes noms; j'en ai deux : un de naissance, qui est le mien, et que je ne porte pas; un de guerre, qui n'est pas le mien, et que je porte.

PHILIPPE.

Et lequel me direz-vous?

BURIDAN.

Mon nom de guerre, Buridan.

PHILIPPE.

Buridan... Avez-vous quelqu'un en cour?

BURIDAN.

Personne.

PHILIPPE.

Vos ressources?

BURIDAN.

Sont là (il frappe son front) et là (il frappe sa poitrine), dans la tête et dans le cœur.

PHILIPPE.

Vous comptez sur votre bonne mine et sur l'amour; vous avez raison, mon cavalier.

BURIDAN.

Je compte sur autre chose encore; je suis du même âge, du même pays que la reine... J'ai été page du duc Robert II, son père, lequel est mort assassiné... La reine et moi n'avions pas alors, à nous deux, l'âge que chacun de nous a seul maintenant.

PHILIPPE.

Quel est votre âge?

BURIDAN.

Trente-cinq ans.

PHILIPPE.

Eh bien ?

BURIDAN.

Eh bien, il y a, depuis cette époque, un secret entre Marguerite de Bourgogne et moi... un secret qui me tuera, jeune homme, ou qui fera ma fortune.

PHILIPPE, lui présentant son gobelet pour trinquer.

Bonne chance !

BURIDAN.

Dieu vous le rende, mon soldat !

PHILIPPE.

Mais cela ne commence pas mal.

BURIDAN.

Ah !

PHILIPPE.

Oui ; aujourd'hui, comme je revenais de voir passer le cortége de la reine, je me suis aperçu que j'étais suivi par une femme. J'ai ralenti le pas, et elle l'a doublé... Le temps de retourner un sablier, elle était près de moi. « Mon jeune seigneur, m'a-t-elle dit, une dame qui aime l'épée vous trouve bonne mine ; êtes-vous aussi brave que joli garçon ? êtes-vous aussi confiant que brave ? — S'il ne faut à votre dame, ai-je répondu, qu'un cœur qui passe sans battre à travers un danger pour arriver à un amour... je suis son homme, pourvu toutefois qu'elle soit jeune et jolie ; sinon, qu'elle se recommande à sainte Catherine et qu'elle entre dans un couvent. — Elle est jeune et elle est belle. — C'est bien. — Elle vous attend ce soir. — Où ? — Trouvez-vous, à l'heure du couvre-feu, au coin de la rue Froid-Mantel ; un homme s'approchera de vous, et dira : « Votre main ? » Vous lui montrerez cette bague et vous le suivrez. Adieu, mon soldat, plaisir et courage !... » Alors elle m'a mis au doigt cet anneau, et a disparu.

BURIDAN.

Vous irez à ce rendez-vous ?

PHILIPPE.

Par mon saint patron, je n'ai garde d'y manquer !

BURIDAN.

Mon cher ami, je vous en félicite... Il y a quatre jours de plus que vous que je suis à Paris, et, excepté Landry, qui est une vieille connaissance de guerre, je n'ai pas rencontré un visage sur lequel je pusse appliquer un nom... Sang-Dieu ! je ne suis cependant pas d'âge ni de mine à n'avoir plus d'aventures.

SCÈNE III

Les Mêmes, une Femme voilée.

LA FEMME VOILÉE, *entrant et touchant de la main l'épaule de Buridan.*
Seigneur capitaine...
BURIDAN, *se retournant sans se déranger.*
Qu'y a-t-il, ma gracieuse?
LA FEMME.
Deux mots tout bas.
BURIDAN.
Pourquoi pas tout haut?
LA FEMME.
Parce qu'il n'y a que deux mots à dire, et qu'il y a quatre oreilles pour entendre.
BURIDAN, *se levant.*
C'est bien... Prenez mon bras, mon inconnue, et dites-moi ces deux mots... (A Philippe.) Vous permettez?...
PHILIPPE.
Faites!
LA FEMME.
Une dame qui aime l'épée vous trouve bonne mine; êtes-vous aussi brave que joli garçon? êtes-vous aussi confiant que brave?
BURIDAN.
J'ai fait vingt ans la guerre aux Italiens, les plus mauvais coquins que je connaisse; j'ai fait vingt ans l'amour aux Italiennes, les plus rusées ribaudes que je sache... et je n'ai jamais refusé ni combat ni rendez-vous, pourvu que l'homme eût droit de porter des éperons et une chaîne d'or... pourvu que la femme fût jeune et jolie.
LA FEMME.
Elle est jeune, elle est belle.
BURIDAN.
C'est bien.
LA FEMME.
Et elle vous attend ce soir.
BURIDAN.
Où, et à quelle heure?

LA FEMME.

Devant la seconde tour du Louvre... à l'heure du couvre-feu.

BURIDAN.

J'y serai.

LA FEMME.

Un homme viendra à vous, et dira : « Votre main ? » Vous lui montrerez cette bague, et vous le suivrez... Adieu, mon capitaine; courage et plaisir !

(Elle sort. La nuit commence à venir doucement.)

BURIDAN.

Ah çà ! c'est un rêve ou une gageure.

PHILIPPE.

Quoi donc ?

BURIDAN.

Cette femme voilée...

PHILIPPE.

Eh bien ?

BURIDAN.

Elle vient de me répéter les paroles qu'une femme voilée vous a dites.

PHILIPPE.

Un rendez-vous ?

BURIDAN.

Comme le vôtre.

PHILIPPE.

L'heure ?

BURIDAN.

La même que la vôtre.

PHILIPPE.

Et une bague ?

BURIDAN.

Pareille à la vôtre.

PHILIPPE.

Voyons.

BURIDAN.

Voyez.

PHILIPPE.

Il y a magie... Et vous irez ?

BURIDAN.

J'irai.

PHILIPPE.

Ce sont les deux sœurs.

BURIDAN.

Tant mieux! nous serons beaux-frères.

LANDRY, à la porte.

Par ici, mon maître.

(Après avoir introduit Gaultier d'Aulnay, il passe chez Orsini. — Nuit.)

SCÈNE IV

BURIDAN, PHILIPPE et GAULTIER D'AULNAY.

PHILIPPE.

Chut! voici Gaultier... A moi, frère, à moi!

(Il lui tend les bras.)

GAULTIER, s'y jetant.

Ta main, frère... Ah! te voilà donc! c'est toi et bien toi?

PHILIPPE.

Eh! oui.

GAULTIER.

M'aimes-tu toujours?

PHILIPPE.

Comme la moitié de moi-même.

GAULTIER.

Et tu as raison, frère. Embrasse-moi encore... Quel est cet homme?

PHILIPPE.

Un ami d'une heure, qui m'a rendu un service dont je me souviendrai toute la vie : il m'a tiré des mains d'une douzaine de truands à qui j'avais jeté une malédiction et un gobelet à la tête, parce qu'ils parlaient mal de toi.

GAULTIER.

Ah! merci pour lui, merci pour moi. (A Buridan.) Si Gaultier d'Aulnay peut vous être bon à quelque chose, fût-il à prier sur la tombe de sa mère, et Dieu veuille qu'il la connaisse un jour! fût-il aux genoux de sa maîtresse, et Dieu lui garde la sienne! à votre premier appel, il se lèvera, ira vers vous, et, s'il vous faut son sang ou sa vie, il vous les donnera comme il vous donne sa main.

BURIDAN.

Vous vous aimez saintement, mes gentilshommes, à ce qu'il paraît?

PHILIPPE.

Oui ; voyez-vous, capitaine, c'est que nous n'avons dans le monde, lui, que moi ; moi, que lui ; car nous sommes jumeaux et sans parents, avec une croix rouge au bras gauche pour tout signe de reconnaissance ; car nous avons été exposés ensemble et nus sur le parvis Notre-Dame ; car nous avons eu faim et froid ensemble, et nous nous sommes réchauffés et rassasiés ensemble.

GAULTIER.

Et, depuis ce temps-là, nos plus longues absences ont été de six mois ; et, lorsqu'il mourra, lui, je mourrai, moi ; car, ainsi qu'il n'est venu au monde que quelques heures avant moi, je ne dois lui survivre que de quelques heures. Ces choses-là sont écrites, croyez-le ; aussi, entre nous, tout à deux, rien à un seul : notre cheval, notre bourse, notre épée sur un signe, notre vie sur un mot. — Au revoir, capitaine. — Viens chez moi, frère.

PHILIPPE.

Non pas, mon féal ; il faut que je passe cette nuit quelque part où quelqu'un m'attend.

GAULTIER.

Arrivé il y a deux heures, tu as un rendez-vous pour cette nuit? Prends garde, frère (deux Garçons taverniers passent et vont fermer les volets)! depuis quelque temps, la Seine charrie bien des cadavres, la grève reçoit bien des morts; mais c'est surtout de gentilshommes étrangers qu'on fait chaque jour, aux rives du fleuve, la sanglante récolte. Prends garde, frère, prends garde!

PHILIPPE.

Vous entendez, capitaine ; irez-vous ?

BURIDAN.

J'irai.

PHILIPPE.

Et moi aussi.

GAULTIER.

Depuis quand êtes-vous arrivé, capitaine?

BURIDAN.

Depuis cinq jours.

GAULTIER, réfléchissant.

Toi depuis deux heures, lui depuis cinq jours... toi tout jeune, lui jeune encore... N'y allez pas, mes amis, n'y allez pas !

PHILIPPE.

Nous avons promis, promis sur notre honneur.

GAULTIER.

La promesse est sacrée... Allez-y donc ; mais demain, demain, dès le matin, frère...

PHILIPPE.

Sois tranquillle.

GAULTIER, se retournant et prenant la main de Buridan.

Vous, quand vous voudrez, messire.

BURIDAN.

Merci.

(On entend la cloche du couvre-feu.)

ORSINI, entrant.

Voici le couvre-feu, messeigneurs.

BURIDAN, prenant son manteau et sortant.

Adieu ! on m'attend à la deuxième tour du Louvre.

PHILIPPE, de même.

Moi, rue Froid-Mantel.

GAULTIER.

Moi, au palais.

ORSINI, seul.

(Il ferme la porte et donne un coup de sifflet; Landry et trois hommes paraissent.)

Et nous, enfants, à la tour de Nesle.

DEUXIÈME TABLEAU

Intérieur circulaire. Deux portes à droite de l'acteur, au premier plan; une à gauche; une fenêtre au fond avec un balcon; une toilette, chaises, fauteuils.

SCÈNE PREMIÈRE

ORSINI, seul, appuyé contre la fenêtre.

On entend le tonnerre et l'on voit les éclairs.

La belle nuit pour une orgie à la tour ! Le ciel est noir, la pluie tombe, la ville dort, le fleuve grossit comme pour aller au-devant des cadavres... C'est un beau temps pour aimer : au dehors, le bruit de la foudre ; au dedans, le choc des verres, et les baisers, et les propos d'amour... Étrange concert où Dieu et Satan font leur partie ! (On entend des éclats de rire.) Riez, jeunes fous, riez donc ! moi, j'attends ; vous avez encore une heure à rire, et moi une heure à attendre, comme j'ai attendu hier, comme j'attendrai demain. Quelle inexorable condition ! parce que leurs yeux ont vu ce qu'ils ne devaient pas voir, il faut que leurs yeux s'éteignent ! parce que leurs lèvres ont reçu et donné des baisers qu'elles ne devaient ni recevoir ni donner, il faut que leurs lèvres se taisent pour ne se rouvrir, comme accusatrices, que devant le trône de Dieu !... Mais aussi, malheur ! malheur cent fois mérité à ces imprudents qui se lèvent au premier appel d'un amour nocturne ! présomptueux, qui croient que cela est une chose toute simple, que de venir la nuit, par l'orage qui gronde, les yeux bandés, dans cette vieille tour de Nesle, pour y trouver trois femmes jeunes et belles, leur dire : « Je t'aime, » et s'enivrer de vin, de caresses et de voluptés avec elles.

UN CRIEUR DE NUIT, en dehors.

Il est deux heures, la pluie tombe, tout est tranquille. Parisiens, dormez.

ORSINI.

Deux heures, déjà !

SCÈNE II

ORSINI, LANDRY.

LANDRY.

Maitre !

ORSINI.

Que veux-tu ?

LANDRY.

Il est deux heures du matin : le crieur de nuit vient de passer.

ORSINI.

Eh bien, nous sommes encore loin du jour.

LANDRY.

Mais les autres s'ennuient.

ORSINI.

On les paye.

LANDRY.

Sauf votre bon plaisir, maître, on les paye pour frapper et non pour attendre. S'il en est ainsi qu'on double la somme : tant pour l'ennui, tant pour l'assassinat.

ORSINI.

Tais-toi ; voici quelqu'un : va-t-en.

LANDRY.

Je m'en vais ; mais ce que j'ai dit n'en est pas moins juste.

(Il sort.)

SCÈNE III

ORSINI, MARGUERITE.

MARGUERITE.

Orsini !

ORSINI.

Madame ?

MARGUERITE.

Où sont tes hommes ?

ORSINI.

Là.

MARGUERITE.

Prêts ?

ORSINI.

Tout prêts, madame, tout prêts... La nuit s'avance.

MARGUERITE.

Est-il donc si tard ?

ORSINI.

L'orage se calme.

MARGUERITE.

Oui ; écoute le tonnerre.

ORSINI.

Le jour va venir.

MARGUERITE.

Tu te trompes, Orsini ; vois comme la nuit est encore sombre... Oh !

(Elle s'assied.)

ORSINI.

N'importe, madame, il faut éteindre les flambeaux, relever

les coussins, renfermer les flacons. Vos barques vous attendent; il faut repasser la Seine, rentrer dans votre noble demeure, et nous laisser les maîtres ici, les seuls maîtres.

MARGUERITE.

Oh! laisse-moi : cette nuit ne ressemble pas aux nuits précédentes; ce jeune homme ne ressemble pas aux autres jeunes gens : il ressemble à un seul, tellement au-dessus de tous! Ne trouves-tu pas, Orsini?

ORSINI.

A qui ressemble-t-il donc?

MARGUERITE.

A mon Gaultier d'Aulnay. Parfois je me suis surprise, en le regardant, à croire que je voyais mon Gaultier; en l'écoutant, que j'entendais mon Gaultier. C'est un enfant tout d'amour et de passion; c'est un enfant qui ne peut être dangereux, n'est-ce pas?

ORSINI.

Oh! madame! que dites-vous là? Songez donc que c'est un jouet qu'il faut prendre et briser; que plus vous avez eu avec lui de bonté et d'abandon, plus il est à craindre.., Il est bientôt trois heures, madame; retirez-vous, et abandonnez-nous ce jeune homme.

MARGUERITE, se levant.

Te l'abandonner, Orsini? Non pas; il est à moi. Va demander à mes sœurs si elles veulent t'abandonner les autres; si elles le veulent, c'est bien; mais celui-là, il faut le sauver... Oh! je le puis; car, toute cette nuit, je me suis contrainte; toute cette nuit, j'ai gardé mon masque; il ne m'a donc pas vue, Orsini, ce noble jeune homme : mon visage est resté voilé pour lui; il me verrait demain, qu'il ne pourrait me reconnaître. Eh bien, je lui sauve la vie; je veux que cela soit ainsi. Je le renvoie sain et sauf; qu'il soit reconduit dans la ville; qu'il vive pour se rappeler cette nuit, pour qu'elle brûle le reste de sa vie de souvenirs d'amour, pour qu'elle soit un de ces rêves célestes qu'on a une fois sur la terre, pour qu'elle soit pour lui enfin ce qu'elle sera pour moi.

ORSINI.

Ce sera comme vous voudrez, madame.

MARGUERITE.

Oui, oui, sauve-le; voilà ce que j'avais à te dire, ce que j'hésitais à te dire. Maintenant que je te l'ai dit, fais ouvrir la porte, fais rentrer les poignards dans le fourreau : hâte-toi, hâte-toi !

(Orsini sort.)

SCÈNE IV

MARGUERITE, puis PHILIPPE.

PHILIPPE, dans la coulisse.

Mais où es-tu donc, ma vie?... où es-tu donc, mon amour?... Ton nom de femme ou d'ange? que je t'appelle par ton nom!...

(Il entre.)

MARGUERITE.

Jeune homme, voici le jour.

PHILIPPE.

Que me fait le jour? que me fait la nuit? Il n'y a ni jour ni nuit... Il y a des flambeaux qui brûlent, des vins qui pétillent, des cœurs qui battent, et le temps qui passe... Reviens.

MARGUERITE.

Non, non; il faut nous séparer.

PHILIPPE.

Nous séparer?... Eh! qui sait si je vous retrouverai jamais? Il n'est pas temps de nous séparer encore. Je suis à vous comme vous êtes à moi : séparer les anneaux de cette chaîne, c'est la briser.

MARGUERITE.

Ah! vous aviez promis plus de modération... Le temps fuit, mon époux peut se réveiller, me chercher, venir... Voici le jour.

PHILIPPE.

Non, non, ce n'est pas le jour; c'est la lune qui glisse entre deux nuages chassés par le vent. Votre vieil époux ne saurait venir encore... La vieillesse est confiante et dormeuse. Encore une heure, ma belle maîtresse; une heure, et puis adieu...

MARGUERITE.

Non, non, pas une heure, pas un instant; partez! c'est moi qui vous en prie... Partez sans regarder en arrière, sans vous souvenir de cette nuit d'amour, sans en parler à personne, sans en dire un mot à votre meilleur ami... Partez, quittez Paris, voyez-vous; quittez-le; je vous l'ordonne, partez!

PHILIPPE.

Eh bien, oui, je pars... mais ton nom?... Dis-moi ton nom, qu'il puisse bruire éternellement à mon oreille, qu'il se grave à jamais dans mon cœur... Ton nom ! pour que je le redise dans mes rêves. Je devine que tu es belle, que tu es noble ! Tes couleurs ! que je les porte. Je t'ai trouvée parce que tu l'as voulu ; mais depuis longtemps je te cherchais. Ton nom dans un dernier baiser ! et je pars.

MARGUERITE.

Je n'ai pas de nom pour vous ! Cette nuit passée, tout est fini entre vous et moi ; je suis libre, et je vous rends libre. Nous sommes quittes des heures passées ensemble. Je ne dois rien à vous, et vous ne devez rien à moi... Obéissez-moi donc si vous m'aimez... Obéissez-moi encore si vous ne m'aimez pas, car je suis femme, je suis chez moi, je commande. Notre partie nocturne est rompue, je ne vous connais plus... Sortez !

PHILIPPE.

Ah ! c'est ainsi !... j'adjure, et l'on me raille ; je supplie, et l'on me chasse... Eh bien, je sors ! Adieu, noble et honnête dame, qui donnez des rendez-vous la nuit, à qui l'ombre de la nuit ne suffit pas et qui avez besoin d'un masque ; mais ce n'est pas moi dont on peut se faire un jouet pour une passion d'une heure ; il ne sera pas dit que, moi parti, vous rirez de la dupe que vous venez de faire.

MARGUERITE.

Que voulez-vous?

PHILIPPE, arrachant une épingle de la coiffe de Marguerite.

Ne craignez pas, madame, ce sera moins que rien... un simple signe auquel je puisse vous reconnaître. (Il la marque au visage, à travers son masque.) Voilà tout.

MARGUERITE.

Ah !

PHILIPPE, riant.

Maintenant, dis-moi ton nom ou ne me le dis pas ; ôte ton masque ou reste masquée, peu m'importe ! je te reconnaîtrai partout.

MARGUERITE.

Vous m'avez blessée, monsieur !... Cette marque-là, c'est comme si vous aviez vu mon visage... Insensé que je voulais sauver et qui veut mourir ! Cette marque, voyez-vous, cette marque... Priez Dieu!... Qu'on ne se souvienne que de mes premiers ordres.

(Elle sort. Orsini, qui est entré sur la dernière phrase de Marguerite, va à la fenêtre, la ferme et emporte la lumière. Nuit complète jusqu'à la fin de l'acte.)

SCÈNE V

PHILIPPE, BURIDAN.

Buridan sort lentement de la porte à gauche, étend les bras, se glisse dans l'ombre et met la main sur le bras de Philippe.

BURIDAN.

Qui est là ?

PHILIPPE.

Moi.

BURIDAN.

Qui, toi ?

PHILIPPE.

Que t'importe ?

BURIDAN.

Je connais ta voix.

(Il l'entraîne vers la fenêtre.)

PHILIPPE.

Buridan !

BURIDAN.

Philippe !

PHILIPPE.

Vous ici ?

BURIDAN.

Oui, sang-Dieu! moi ici, et qui voudrais bien vous rencontrer ailleurs.

PHILIPPE.

Pourquoi cela ?

BURIDAN.

Vous ne savez donc pas où nous sommes ?

PHILIPPE.

Où sommes-nous ?

BURIDAN.

Vous ne savez donc pas quelles sont ces femmes ?

PHILIPPE.

Vous êtes tout ému, Buridan.

BURIDAN.

Ces femmes... N'avez-vous pas quelque soupçon de leur rang?

PHILIPPE.

Non.

BURIDAN.

N'avez-vous pas remarqué que ce doivent être de grandes dames? Avez-vous vu — car je pense qu'il vient de vous arriver, à vous, ce qui vient de m'arriver, à moi, — avez-vous vu dans vos amours de garnison beaucoup de mains aussi blanches, beaucoup de sourires aussi froids? avez-vous remarqué ces riches habits, ces voix si douces, ces regards si faux? Ce sont de grandes dames, voyez-vous! Elles nous ont fait chercher dans la nuit par une femme vieille et voilée qui avait des paroles mielleuses. Oh! ce sont de grandes dames! A peine sommes-nous entrés dans cet endroit éblouissant, parfumé et chaud à enivrer, qu'elles nous ont accueillis avec mille tendresses, qu'elles se sont livrées à nous sans détour, sans retard! à nous, tout de suite, à nous inconnus et tout mouillés de cet orage. Vous voyez bien que ce sont de grandes dames. A table — et c'est notre histoire à tous deux, n'est-ce pas? — à table, elles se sont abandonnées à tout ce que l'amour et l'ivresse ont d'emportement et d'oubli; elles ont blasphémé; elles ont tenu d'étranges discours et d'odieuses paroles, elles ont oublié toute retenue, toute pudeur; oublié la terre, oublié le ciel. Ce sont de grandes dames, de très-grandes dames, je vous le répète!

PHILIPPE.

Eh bien?

BURIDAN.

Eh bien, cela ne vous fait-il pas quelque peur?

PHILIPPE.

Peur! et quelle peur?

BURIDAN.

Ces soins qu'elles prennent pour rester inconnues.

PHILIPPE.

Que je revoie la mienne demain, et je la reconnaîtrai.

BURIDAN.

Elle s'est donc démasquée?

PHILIPPE.

Non; mais, avec cette épingle d'or, à travers son masque, je lui ai fait au visage un signe qu'elle gardera longtemps.

BURIDAN.

Malheureux! il y avait peut-être encore quelque espoir de nous sauver, et tu nous tues!

PHILIPPE.

Comment?

BURIDAN, le conduisant à la fenêtre.

Regarde devant toi.

PHILIPPE.

Le Louvre.

BURIDAN.

A tes pieds.

PHILIPPE.

La Seine.

BURIDAN.

Et autour de nous, la tour de Nesle.

PHILIPPE.

La tour de Nesle!

BURIDAN.

Oui, oui, la vieille tour de Nesle, au-dessous de laquelle on retrouve tant de cadavres.

PHILIPPE.

Et nous sommes sans armes! car on vous a demandé en entrant votre épée comme on m'a demandé la mienne?

BURIDAN.

A quoi nous serviraient-elles? Il ne s'agit pas de nous défendre; il s'agit de fuir. Voyez cette porte.

PHILIPPE, secouant la porte de gauche.

Fermée... Ah! écoute... Si je meurs et si tu vis, tu me vengeras.

BURIDAN.

Oui, et, si je meurs et que tu vives, à toi la vengeance; tu iras trouver ton frère Gaultier, ton frère qui peut tout; tu lui diras... Écoute; il faut écrire, il faut des preuves.

PHILIPPE.

Ni plume, ni encre, ni parchemin.

BURIDAN.

Voici des tablettes; tu tiens encore cette épingle: sur ton bras il y a des veines et dans ces veines du sang; écris, pour que ton frère me croie, si je vais lui demander vengeance pour toi; écris, écris : « J'ai été assassiné par... » Je mettrai le nom, moi, car je saurai qui, oui, je saurai qui!... Et signe... Si tu te sauves, fais pour moi ce que j'aurais fait pour toi. Adieu... Tâchons de fuir chacun de notre côté... Adieu.

PHILIPPE.

Adieu, frère; à la vie... à la mort!

(Ils s'embrassent; Philippe rentre dans l'appartement d'où il était sorti. Buridan va pour s'éloigner à son tour; il recule devant Landry qui entre.)

SCÈNE VI

BURIDAN, LANDRY, puis PHILIPPE et MARGUERITE.

BURIDAN.

Ah!

LANDRY.

Faites votre prière, mon gentilhomme.

BURIDAN.

Cette voix m'est connue.

LANDRY.

Mon capitaine!

BURIDAN.

Landry! il faut me sauver, mon brave; on veut nous assassiner... (On entend un cri.) Un cri!... quel est ce cri?

LANDRY.

C'est celui de votre troisième compagnon, qui est avec la troisième sœur... et qu'on égorge.

BURIDAN.

Tu ne me tueras point, n'est-ce pas?

LANDRY.

Je ne puis vous sauver; je le voudrais cependant.

BURIDAN.

Cet escalier?...

LANDRY.

Il est gardé.

BURIDAN.

Cette fenêtre?...

LANDRY.

Savez-vous nager?

BURIDAN.

Oui.

LANDRY, ouvrant la fenêtre.

Alors, hâtez-vous. Dieu vous garde!

BURIDAN, sur le balcon.

Seigneur, Seigneur, ayez pitié de moi!

(Il s'élance : on entend le bruit d'un corps pesant qui tombe dans l'eau.)

ORSINI, entrant.

Où est-il?

LANDRY.

Dans la rivière... C'est fini.

ORSINI.

Il était bien mort?

LANDRY.

Bien mort.

PHILIPPE, entrant à reculons et tout ensanglanté.

Au secours! au secours, mon frère! à moi, mon frère!

(Il tombe.)

MARGUERITE, entrant, une torche à la main.

« Voir ton visage et puis mourir, » disais-tu? Qu'il soit donc fait ainsi que tu le désires. (Elle arrache son masque.) Regarde et meurs!

PHILIPPE.

Marguerite de Bourgogne! reine de France!

(Il meurt.)

LE CRIEUR, en dehors.

Il est trois heures. Tout est tranquille. Parisiens, dormez.

ACTE DEUXIÈME

MARGUERITE DE BOURGOGNE

TROISIÈME TABLEAU

L'appartement de Marguerite, au Louvre.

SCÈNE PREMIÈRE

MARGUERITE, CHARLOTTE, puis GAULTIER.

Au lever du rideau, la reine est couchée sur un lit de repos. Elle se réveille et appelle une de ses femmes.

MARGUERITE.

Charlotte! Charlotte! (Charlotte entre.) Fait-il jour, Charlotte?

CHARLOTTE.

Oui, madame la reine, depuis longtemps.

MARGUERITE.

Tirez les rideaux lentement, que la clarté ne me fasse pas mal. C'est bien. Quel temps?

CHARLOTTE, allant à la fenêtre.

Superbe! L'orage de cette nuit a balayé du ciel jusqu'à son plus petit nuage; c'est une nappe d'azur.

MARGUERITE.

Que se passe-t-il dans la rue?

CHARLOTTE.

Un jeune seigneur, enveloppé de son manteau, cause devant vos fenêtres avec un moine de l'ordre de Saint-François.

MARGUERITE.

Le connais-tu?

CHARLOTTE.

Oui; c'est messire Gaultier d'Aulnay.

MARGUERITE.

Ah! ne regarde-t-il pas de ce côté?

CHARLOTTE.

De temps en temps... Il quitte le moine, il entre sous l'arcade du palais.

MARGUERITE, vivement.

Charlotte, allez vous informer de la santé de mes sœurs, les princesses Blanche et Jeanne. Je vous appellerai quand je voudrai avoir de leurs nouvelles. Vous entendez, je vous appellerai.

CHARLOTTE, s'en allant.

Oui, madame.

MARGUERITE.

Il était là, attendant mon réveil, et n'osant le hâter, les yeux fixés sur mes fenêtres... Gaultier, mon beau gentilhomme!

GAULTIER, paraissant par une petite porte dérobée au chevet du lit.

Tous les anges du ciel ont-ils veillé au chevet de ma reine, pour lui faire un sommeil paisible et des songes dorés?

(Il s'assied sur les coussins de l'estrade.)

MARGUERITE.

Oui, j'ai eu de doux songes, Gaultier; j'ai rêvé voir un jeune homme qui vous ressemblait; c'étaient vos yeux et votre voix; c'étaient votre âge, vos transports d'amour.

GAULTIER.

Et ce songe?...

MARGUERITE.

Laissez-moi me rappeler... A peine si je suis éveillée encore, mes idées sont toutes confuses... Ce songe eut une fin terrible, une douleur comme si on m'eût déchiré la joue.

GAULTIER, voyant la cicatrice.

Ah! en effet, madame, vous êtes blessée!

MARGUERITE, rappelant ses idées.

Oui, oui... je le sais; une épingle... une épingle d'or... une épingle de ma coiffure qui a roulé dans mon lit et qui m'a déchirée... (A part.) Oh! je me rappelle...

GAULTIER.

Voyez!... et pourquoi risquer ainsi votre beauté, ma Marguerite bien-aimée? Votre beauté n'est point à vous; elle est à moi.

MARGUERITE.

A qui parliez-vous devant ma fenêtre?

GAULTIER.

A un moine qui me remettait des tablettes de la part d'un étranger que j'ai vu hier, qui ne connaissait personne à Paris, et qui, tremblant qu'un malheur ne lui arrivât dans cette grande ville, m'a fait promettre par son intermédiaire de les ouvrir si j'étais deux jours sans entendre parler de lui : c'est un capitaine que j'ai rencontré avec mon frère hier à la taverne d'Orsini.

MARGUERITE.

Vous me le présenterez ce matin, votre frère ; je l'aime déjà d'une partie de l'amour que j'ai pour vous.

GAULTIER.

O ma belle reine ! gardez-moi votre amour tout entier ; car je serais jaloux, même de mon frère... Oui, il viendra ce matin à votre lever : c'est un bon et loyal jeune homme, Marguerite ; c'est la moitié de ma vie, c'est ma seconde âme !

MARGUERITE.

Et la première ?...

GAULTIER.

La première, c'est vous ; ou plutôt vous êtes tout pour moi, vous : âme, vie, existence ; je vis en vous, et je compterais les battements de mon cœur en mettant la main sur le vôtre... Oh ! si vous m'aimiez comme je vous aime, Marguerite ! vous seriez toute à moi, comme je suis tout à vous.

MARGUERITE.

Non, mon ami, non ; laissez-moi un amour pur. Si je vous cédais aujourd'hui, peut-être demain pourrais-je vous craindre... Une indiscrétion, un mot est mortel pour nous autres reines : contentez-vous de m'aimer, Gaultier, et de savoir que j'aime à vous l'entendre dire.

GAULTIER.

Pourquoi faut-il que le roi revienne demain, alors !

MARGUERITE.

Demain !... et, avec lui, adieu notre liberté ; adieu nos doux et longs entretiens... Oh ! parlons d'autre chose. Cette cicatrice paraît donc beaucoup ?

GAULTIER.

Oui.

MARGUERITE.

Qu'est-ce que j'entends dans la chambre à côté ?

GAULTIER, se levant.

Le bruit que font nos jeunes seigneurs en attendant le lever de leur reine.

MARGUERITE.

Il ne faut pas les faire attendre, ils se douteraient peut-être pour qui je les ai oubliés. Je vous retrouverai au milieu d'eux, n'est-ce pas, mon seigneur, mon véritable seigneur et maître, mon roi, qui seriez le seul, si c'était l'amour qui fit la royauté?... Au revoir.

GAULTIER.

Déjà?...

MARGUERITE.

Il le faut... Allez. (Elle tire un cordon, les rideaux se ferment. Gaultier est dans la chambre; le bras seul de Marguerite passe au milieu des deux rideaux. Gaultier lui baise la main; elle appelle.) Charlotte! Charlotte!

CHARLOTTE, derrière les rideaux.

Madame?

MARGUERITE, retirant sa main.

Faites ouvrir les appartements.

SCÈNE II

GAULTIER, PIERREFONDS, SAVOISY, RAOUL, Courtisans, puis MARIGNY.

SAVOISY.

Ah! Gaultier nous avait devancés, et c'est juste... Comment va ce matin la Marguerite des Marguerites, la reine de France, Navarre et Bourgogne?

GAULTIER.

Je ne sais, messieurs; j'arrive. J'espérais voir mon frère au milieu de vous... Salut, messieurs, salut! Quelles nouvelles ce matin?

PIERREFONDS.

Rien de bien nouveau... Le roi arrive demain; il aura une belle entrée dans sa bonne ville. Les ordres sont donnés par messire de Marigny pour que le bon peuple soit joyeux et crie *Noël!* sur son chemin: en attendant, il crie : « Malédiction! » sur les bords de la Seine.

GAULTIER.

Et pourquoi?

SAVOISY.

Le fleuve vient de jeter encore un noyé sur sa rive, et le peuple se lasse de cette étrange pêche.

PIERREFONDS.

Ce sont autant d'anathèmes qui retombent sur ce damné Marigny, qui est chargé de la sûreté de la ville... Ma foi, les morts seront les bienvenus si nous pouvons étouffer le premier ministre sous un tas de cadavres.

GAULTIER, remontant vers les Courtisans.

Il se passe d'étranges choses... Personne de vous n'a vu mon frère, messieurs?

PIERREFONDS.

C'est que, si le roi n'y prend pas garde, messeigneurs, il perdra par eau le tiers de sa population la plus noble et la plus riche. Quel diable de vertige pousse donc nos gentilshommes à pareille fin, bonne au plus pour les jeunes chats et les manants?

SAVOISY.

Oh! messeigneurs, irez-vous croire que ceux qui sortent morts de la Seine y descendent volontairement vivants? Non pas.

PIERREFONDS.

A moins qu'ils n'y soient menés par des démons et des feux follets, je ne vois pas trop...

SAVOISY.

La rivière est une indiscrète qui ne conserve pas les secrets qu'on lui confie. On a plus tôt creusé une tombe dans l'eau que dans la terre; seulement, l'eau rejette, et la terre garde. Depuis l'hôtel Saint-Paul jusqu'au Louvre, il y a bien des maisons qui baignent leur pied dans l'eau, et bien des fenêtres à ces maisons...

RAOUL.

Le seigneur de Savoisy a raison, et la tour de Nesle pour son compte...

SAVOISY.

Oui, je suis passé à deux heures du matin au pied du Louvre, et la tour de Nesle était brillante; les flambeaux couraient sur ses vitraux; c'était une nuit de fête à la tour. Je n'aime pas cette grande masse de pierre qui semble, la nuit, un mauvais génie veillant sur la ville, cette grande masse immobile, jetant, par intervalles, du feu de toutes ses ouvertures comme un soupirail de l'enfer, silencieuse sous le ciel noir, avec la rivière bouillonnant à son pied. Si vous saviez ce que le peuple raconte...

GAULTIER.

Messieurs, vous oubliez que c'est une hôtellerie royale.

SAVOISY.

D'ailleurs, le roi arrive demain, et le roi, vous le savez, messieurs, n'aime pas les nouvelles qu'il n'a pas faites lui-même. — N'est-ce pas, monsieur de Marigny?

MARIGNY, entrant.

Que disiez-vous d'abord, messieurs? que je puisse répondre à votre question.

SAVOISY.

Nous disions que le peuple de Paris était un peuple bien heureux d'avoir le roi Louis X pour roi, et M. de Marigny pour premier ministre.

MARIGNY.

Et il y a au moins la moitié de ce bonheur dont il ne jouirait pas longtemps, s'il ne tenait qu'à vous, monsieur de Savoisy.

UN PAGE, annonçant.

La reine, messeigneurs.

SCÈNE III

Les Mêmes, MARGUERITE, Pages, Gardes, puis un Bohémien.

MARGUERITE.

Dieu vous garde, messieurs! Vous savez que le roi mon seigneur et maître arrive demain ; ainsi, si vous avez quelque grâce à demander à la régente, hâtez-vous, car je n'ai plus qu'un jour de puissance.

SAVOISY.

Nous ne vous perdrons pas, madame; vous serez notre reine toujours, reine par le sang, reine par la beauté; et vous serez toujours véritablement régente de France, tant que notre roi, que Dieu garde! conservera des yeux et un cœur.

MARGUERITE.

Vous me flattez, comte. — Bonjour, seigneur Gaultier; vous deviez m'amener votre frère?

GAULTIER.

Et vous me voyez bien inquiet de lui, madame. Oh! la maudite ville de Paris! elle est pleine de bohémiens et de sorciers... Ne haussez pas les épaules, monsieur de Marigny, je ne vous accuse pas; la ville, grandissant tous les jours ainsi qu'elle fait, échappe à votre surveillance. Ce matin encore, on a retrouvé sur la grève, un peu au-dessous de la tour de Nesle, un cadavre.

MARIGNY.

Deux, monsieur.

MARGUERITE, à part.

Deux !

GAULTIER.

Et qui voulez-vous qui fasse ces meurtres, sinon bohémiens et sorciers qui ont besoin de sang pour leurs conjurations ? Croyez-vous qu'on force la nature à révéler ses secrets sans d'horribles profanations ?

MARGUERITE.

Vous oubliez, messire Gaultier, que M. de Marigny ne croit pas à la nécromancie.

SAVOISY, à la fenêtre.

Il n'y croit pas ? Eh ! madame, on n'a qu'à jeter les yeux dans la rue, on n'y voit que nécromanciens et sorciers ; en face même de votre palais, en voici un qui semble attendre qu'on le consulte, tant il fixe les yeux avec acharnement sur cette fenêtre.

MARGUERITE.

Appelez-le, seigneur de Savoisy ; je ne serais pas fâchée qu'il nous annonçât ce qui arrivera à M. de Marigny au retour du roi. — Voulez-vous, messieurs ?

PIERREFONDS.

Notre reine est maîtresse.

SAVOISY, criant à la fenêtre.

Monte ici, bohémien ! et fais provision de bonnes nouvelles : c'est une reine qui veut savoir l'avenir.

MARGUERITE.

Allons, messieurs, il faut recevoir dignement ce savant nécromancien.

SAVOISY.

Oui, sans doute ; mais, comme sa science peut lui venir également de Dieu ou de Satan, à tout hasard signons-nous. (Ils font tous le signe de la croix, à l'exception de Marigny.) Le voici ; pardieu ! il a passé à travers les murs ! (Allant à lui.) Bohémien maudit, la reine t'a fait venir pour que tu dises au premier ministre...

LE BOHÉMIEN, *entrant par la porte de droite.*

Laisse-moi donc aller à lui, si tu veux que je lui parle. Enguerrand de Marigny, me voilà.

MARIGNY.

Écoute, sorcier ; si tu veux être le bienvenu ici, annonce-moi plutôt mille disgrâces qu'une disgrâce, mille morts qu'une mort ; et je puis ajouter encore qu'autant tes prédictions trouveront les autres confiants et joyeux, autant tu me trouveras tranquille et incrédule.

LE BOHÉMIEN.

Enguerrand, je n'ai qu'une disgrâce et une mort à t'annoncer, mais une disgrâce prochaine et une mort terrible. Si tu as quelque compte à régler avec Dieu, hâte-toi, car, par ma voix, il ne te donne que trois jours.

MARIGNY.

Merci, bohémien ; car chacun de nous ne sait pas même s'il a trois heures ; d'autres t'attendent... Merci.

LE BOHÉMIEN.

Que veux-tu que je te dise, à toi, Gaultier d'Aulnay ? A ton âge, le passé, c'est hier, l'avenir, c'est demain.

GAULTIER.

Eh bien, parle-moi du présent.

LE BOHÉMIEN.

Enfant, demande-moi plutôt le passé ; demande-moi plutôt l'avenir ; mais le présent ! non, non !

GAULTIER.

Sorcier, je veux le savoir. Que se passe-t-il maintenant en moi ?

LE BOHÉMIEN.

Tu attends ton frère, et ton frère ne vient pas.

GAULTIER.

Et mon frère, où est il ?

LE BOHÉMIEN.

Le peuple se presse en foule sur le rivage de la Seine.

GAULTIER.

Mon frère !

LE BOHÉMIEN.

Il entoure deux cadavres en criant : « Malheur ! »

GAULTIER.

Mon frère !

LE BOHÉMIEN.

Descends, et cours à la grève.

GAULTIER.

Mon frère!

LE BOHÉMIEN.

Et, là, regarde au bras gauche de l'un des noyés, et une voix de plus criera : « Malheur! malheur! »

GAULTIER, se précipitant hors de l'appartement.

Mon frère! mon frère!

LE BOHÉMIEN, se retournant vers la Reine.

Et vous, Marguerite de Bourgogne, ne voulez-vous rien savoir? ou croyez-vous que je n'aie rien à vous dire? pensez-vous qu'une destinée royale soit surhumaine, et que des yeux mortels ne puissent y lire?

MARGUERITE.

Je ne veux rien savoir, rien.

LE BOHÉMIEN.

Et tu m'as fait venir, cependant; me voici, Marguerite; maintenant, il faut que tu m'entendes.

MARGUERITE, seule, sur son trône.

Ne vous éloignez pas, monsieur de Marigny.

LE BOHÉMIEN.

O Marguerite! Marguerite! à qui faut-il des nuits bien sombres au dehors, bien éclairées au dedans?

MARGUERITE.

Qui donc a appelé ce bohémien? qui l'a appelé? que me veut-il?

LE BOHÉMIEN, mettant le pied sur la première marche du trône.

Marguerite, n'est-ce pas qu'à ton compte il manque un cadavre? n'est-ce pas que tu croyais, ce matin, entendre dire trois au lieu de deux?

MARGUERITE, se levant.

Tais-toi donc, ou dis-moi qui te donne cette puissance de deviner.

LE BOHÉMIEN, lui montrant l'aiguille d'or de sa coiffure.

Voilà mon talisman, Marguerite. Ah! tu portes la main à ta joue! C'est bien, tout est dit. (A part.) C'est elle. (Haut.) Il faut que je te dise un dernier mot que nul n'entende. Arrière, seigneur de Marigny.

MARIGNY.

Bohémien, je n'ai d'ordre à recevoir que de la reine.

MARGUERITE, descendant du trône.

Éloignez-vous, éloignez-vous.

LE BOHÉMIEN.

Tu vois que je sais tout, Marguerite; que ton amour, ton honneur, ta vie sont entre mes mains. Marguerite, ce soir, je t'attendrai après le couvre-feu à la taverne d'Orsini. Il faut que je te parle seul.

MARGUERITE.

Une reine de France peut-elle sortir seule à cette heure?

LE BOHÉMIEN.

Il n'y a pas plus loin d'ici à la porte Saint-Honoré que d'ici à la tour de Nesle.

MARGUERITE.

J'irai, j'irai.

LE BOHÉMIEN.

Tu apporteras un parchemin et le sceau de l'État.

MARGUERITE.

Soit; mais, d'ici là?...

LE BOHÉMIEN.

D'ici là, vous allez rentrer dans votre appartement, qui sera fermé pour tout le monde.

MARGUERITE.

Pour tout le monde?

LE BOHÉMIEN.

Même pour Gaultier d'Aulnay, surtout pour Gaultier d'Aulnay. — Messeigneurs, la reine vous remercie et prie Dieu de vous avoir en garde. — Défendez la porte de vos appartements, madame.

MARGUERITE.

Gardes, ne laissez entrer personne.

LE BOHÉMIEN.

A ce soir chez Orsini, Marguerite.

MARGUERITE, en sortant.

A ce soir.

(Le Bohémien passe au milieu des Seigneurs, qui s'écartent et le regardent avec terreur.)

SAVOISY.

Messeigneurs, concevez-vous quelque chose de pareil? et cet homme n'est-il pas Satan?

PIERREFONDS.

Qu'a-t-il pu dire à la reine?

SAVOISY.

Monsieur de Marigny, vous qui étiez près de Marguerite, avez-vous entendu quelque chose de sa prédiction?

MARIGNY.

Il se peut, messieurs ; mais je ne me rappelle que celle qu'il m'a faite.

SAVOISY.

Eh bien, croirez-vous désormais aux sorciers?

MARIGNY.

Pourquoi plus qu'auparavant? Il m'a annoncé ma disgrâce : je suis encore ministre ; il m'a annoncé ma mort... Vrai-Dieu! messieurs, si l'un de vous est tenté de s'assurer que je suis bien vivant, il n'a qu'à le dire : j'ai au côté une épée qui se chargera, en pareil cas, de répondre pour son maître.

GAULTIER, se précipitant dans la salle.

Justice, justice!

TOUS.

Gaultier!

GAULTIER.

C'était mon frère, messeigneurs, mon frère Philippe, mon seul ami, mon seul parent! Mon frère égorgé! noyé! mon frère sur la grève! malédiction! Il me faut justice, il me faut son assassin, que je l'égorge, que je le foule aux pieds! Son assassin, Savoisy, le connais-tu?

SAVOISY.

Mais tu es insensé.

GAULTIER.

Non, je suis maudit... Mon grade, mon sang, mon or à qui me le nommera. Monsieur de Marigny, prenez-y garde, c'est vous qui m'en répondez; vous êtes le gardien de la ville de Paris; pas une goutte de sang ne s'y verse, qu'elle ne vous tache. Où est la reine? Je veux voir la reine, je veux voir Marguerite; Marguerite me fera justice. Mon frère! mon frère!

(Il se précipite vers la porte du fond.)

SAVOISY.

Gaultier, mon ami...

GAULTIER.

Je n'ai pas d'ami ; je n'avais qu'un frère, il me faut mon frère vivant ou son assassin mort! Marguerite! Marguerite! (Il secoue la porte.) C'est moi, c'est moi, ouvrez!

UN CAPITAINE.

On ne passe pas.

GAULTIER.

Moi ! moi ! je passe, laissez-moi... Marguerite, mon frère ! (Les Gardes le prennent à bras-le-corps et l'éloignent ; il tire son épée.) Il faut que je la voie, je le veux. (Il est désarmé par les Gardes.) Ah ! ah ! malédiction ! (Il tombe et se roule.) Ah ! mon frère, mon frère !...

QUATRIÈME TABLEAU

La taverne d'Orsini (décor du premier acte).

SCÈNE PREMIÈRE

ORSINI, puis MARGUERITE.

ORSINI.

Allons, il paraît qu'il n'y aura rien à faire ce soir à la tour de Nesle ; tant mieux ! car il faudra bien que ce sang versé retombe un jour sur quelqu'un, et malheur à celui qui sera choisi de Dieu pour cette expiation ! (On frappe. Il se lève.) Aurais-je parlé trop tôt ? (On frappe encore.) Qui va là ?

MARGUERITE, en dehors.

Ouvrez, c'est moi.

ORSINI.

La reine !... (Il ouvre.) Seule à cette heure ?

MARGUERITE, s'asseyant.

Oui, seule et à cette heure ; c'est étrange, n'est-ce pas ? C'est que ce qui m'arrive est étrange aussi. Écoute, n'a-t-on pas frappé ?

ORSINI.

Non.

MARGUERITE.

Il faut que tu me cèdes cette chambre pour une demi-heure.

ORSINI

La maison et le maître sont à vous, disposez-en.

(On frappe.)

MARGUERITE, se levant.

Cette fois-ci, l'on a frappé.

ORSINI.

Voulez-vous que j'ouvre ?

MARGUERITE.

Ce soin me regarde ; laissez-moi seule.

ORSINI.

Si la reine a besoin de moi, son serviteur sera là.

MARGUERITE.

C'est bien. Que le serviteur se rappelle seulement qu'il ne doit rien entendre.

ORSINI.

Il sera sourd, comme il sera muet.

(Il sort. — On frappe de nouveau.)

MARGUERITE.

Est-ce vous ?

BURIDAN.

C'est moi.

SCÈNE II

MARGUERITE, BURIDAN.

MARGUERITE, ouvrant et reculant.

Ce n'est pas le bohémien !

BURIDAN.

Non, c'est le capitaine ; mais, si le capitaine est le bohémien, cela reviendra au même, n'est-ce pas ? J'ai préféré ce costume ; il défendrait mieux, au besoin, le maître qui le porte que la robe que le maître portait ce matin ; puis, par le temps qui court, et à cette heure de nuit, les rues sont mauvaises. Enfin, à tort ou à raison, c'est une précaution que j'ai cru devoir prendre.

MARGUERITE.

Vous voyez que je suis venue.

BURIDAN.

Et vous avez bien fait, reine.

MARGUERITE.

Vous reconnaîtrez de ma part, du moins, que c'est un acte de complaisance.

BURIDAN.

Que vous vinssiez ici par complaisance ou par crainte, j'étais sûr de vous y trouver : pour moi, c'était l'essentiel.

MARGUERITE.

Vous n'êtes pas donc de Bohême ?

BURIDAN.

Non, par la grâce de Dieu ; je suis chrétien, ou plutôt je l'étais ; mais il y a longtemps déjà que je n'ai plus de foi, n'ayant plus d'espoir... Parlons d'autre chose.

(Il prend une chaise.)

MARGUERITE, s'asseyant.

J'ai l'habitude qu'on me parle debout et découvert.

BURIDAN.

Je te parlerai debout et découvert, Marguerite, parce que tu es femme et non parce que tu es reine. Regarde autour de nous. Y a-t-il un seul objet auquel tu puisses reconnaître le rang auquel tu te vantes d'appartenir, insensée ? Ces murs noirs et enfumés ressemblent-ils à la tenture d'un appartement de reine ? est-ce un ameublement de reine que cette lampe fumeuse et cette table à demi brisée ? Reine, où sont tes gardes ? reine, où est ton trône ? Il n'y a ici qu'un homme et une femme ; et, puisque l'homme est tranquille et que la femme tremble, c'est l'homme qui est le roi.

MARGUERITE.

Mais qui donc es-tu pour me parler ainsi ? d'où vient que tu me crois en ta puissance, et qui te fait penser que je tremble ?

BURIDAN.

Qui je suis ? Je suis à cette heure Buridan le capitaine... Peut-être ai-je encore un autre nom qui te serait plus connu ; mais, en ce moment, il est inutile que tu le saches... D'où vient que je te crois en ma puissance ?... C'est que, si tu ne pensais pas y être toi-même, tu ne serais pas venue ainsi... Ce qui me fait penser que tu trembles ? C'est qu'à ton compte comme au mien il manque un cadavre ; que la Seine n'en a rejeté et n'en pouvait rejeter que deux cette nuit.

MARGUERITE.

Et le troisième ?

BURIDAN.

Le troisième ?... Le troisième existe, Marguerite ; le troisième, c'est Buridan le capitaine, l'homme qui est devant toi.

MARGUERITE, se levant.

C'est impossible !

BURIDAN.

Impossible?... Écoute, Marguerite ; veux-tu que je te dise ce qui s'est passé cette nuit à la tour de Nesle?

MARGUERITE.

Dis.

BURIDAN.

Il y avait trois femmes ; voici leurs noms : la princesse Jeanne, la princesse Blanche, et la reine Marguerite. Il y avait trois hommes, et voici leurs noms : Hector de Chevreuse, Buridan le capitaine, et Philippe d'Aulnay

MARGUERITE.

Philippe d'Aulnay ?

BURIDAN.

Oui, Philippe d'Aulnay, le frère de Gaultier ; celui-là, c'est celui qui a voulu que tu ôtasses ton masque ; celui-là, c'est celui qui t'a fait à la figure la cicatrice que voici.

MARGUERITE.

Eh bien, Hector et Philippe sont morts, n'est-ce pas, et tu es resté seul vivant, toi ?

BURIDAN.

Seul.

MARGUERITE.

Et voici ce que tu t'es dit : « Je révélerai ce qui s'est passé, et je perdrai la reine ; la reine aime Gaultier d'Aulnay, et je dirai à Gaultier d'Aulnay : « La reine a tué ton frère... » Tu es fou, Buridan, car on ne te croira pas... Tu es bien hardi, car, maintenant que je sais ton secret comme tu sais le mien, je pourrais appeler, faire un signe, et, dans cinq minutes, Buridan le capitaine aurait rejoint Hector de Chevreuse et Philippe d'Aulnay.

BURIDAN.

Fais-le, et, demain, Gaultier d'Aulnay ouvrira, à la dixième heure du matin, des tablettes qu'un moine de Saint-François lui a remises aujourd'hui, et qu'il a juré, sur la croix et l'honneur, d'ouvrir, si, d'ici là, il n'avait pas revu certain capitaine qu'il a rencontré à la taverne d'Orsini... Ce capitaine, c'est moi ; si tu me fais tuer, Marguerite, il ne me verra pas, et il ouvrira les tablettes.

MARGUERITE.

Penses-tu qu'il croira plus à ton écriture qu'à tes paroles?

BURIDAN.

Non, Marguerite, non; mais il croira à l'écriture de son frère, aux dernières paroles de son frère, écrites avec le sang de son frère, signées de la main de son frère; il croira à ces mots qu'il lira : *Je meurs assassiné par Marguerite de Bourgogne.* Tu n'as quitté Philippe qu'un instant, imprudente! ça été assez. Croira-t-il maintenant l'amant trahi? croira-t-il le frère assassiné? Hein! Marguerite, réponds-moi, penses-tu, à cette heure, qu'il n'y ait qu'à faire tuer Buridan le capitaine pour te débarrasser de lui?... Fouille mon cœur avec vingt poignards, et tu n'y trouveras pas mon secret. Envoie-moi rejoindre dans la Seine mes compagnons de nuit, Hector et Philippe, et mon secret surnagera sur la Seine, et, demain, demain, à la dixième heure... Gaultier... Gaultier, mon vengeur, viendra te demander compte du sang de son frère et du mien... Voyons... suis-je un fou, un imprudent, ou mes mesures étaient-elles bien prises?

MARGUERITE.

Si cela est ainsi...

BURIDAN.

Cela est.

MARGUERITE

Que voulez-vous de moi alors? Voulez-vous de l'or? Vous fouillerez à pleines mains dans le trésor de l'État. La mort d'un ennemi vous est-elle nécessaire? Voici le sceau et le parchemin que vous m'avez dit d'apporter. Êtes-vous ambitieux?... Je puis vous faire dans l'État ce que vous désirez être... Parlez, que voulez-vous?

BURIDAN.

Je veux tout cela. (Ils s'asseyent.) Écoute-moi, Marguerite; comme je l'ai dit, il n'y a ici ni roi ni reine... Il y a un homme et une femme qui vont faire un pacte, et malheur à qui des deux le rompra avant de s'être assuré de la mort de l'autre!... Marguerite, je veux assez d'or pour en paver un palais.

MARGUERITE.

Tu l'auras, dussé-je faire fondre le sceptre et la couronne!

BURIDAN.

Je veux être premier ministre.

MARGUERITE.

C'est le sire Enguerrand de Marigny qui tient cette place.

BURIDAN.

Je veux son titre et sa place.

MARGUERITE.

Mais tu ne peux les avoir que par sa mort.

BURIDAN.

Je veux son titre et sa place.

MARGUERITE.

Tu les auras.

BURIDAN.

Et je te laisserai ton amant et je te garderai ton secret... C'est bien. (Il se lève.) A nous deux maintenant, à nous deux le royaume de France ; à nous deux, nous remuerons l'État avec un signe ; à nous deux, nous serons le roi et le véritable roi ; et je garderai le silence, Marguerite ; et tu auras, chaque soir, ta barque amarrée au rivage, et je ferai murer les fenêtres du Louvre qui donnent sur la tour de Nesle. Acceptes-tu, Marguerite ?

MARGUERITE.

J'accepte.

BURIDAN.

Tu entends, Marguerite : demain à pareille heure, je veux être premier ministre ?

MARGUERITE.

Tu le seras.

BURIDAN.

Et demain matin, à dix heures, j'irai à la cour prendre mes tablettes.

MARGUERITE, se levant.

Vous y serez bien reçu.

BURIDAN, prenant un parchemin, et lui présentant la plume.

L'ordre d'arrêter Marigny.

MARGUERITE, signant.

Le voici.

BURIDAN.

C'est bien. Adieu, Marguerite, à demain.

(Il prend son manteau et sort.)

SCÈNE III

MARGUERITE, seule et le suivant des yeux.

A demain, démon! Oh! si je te tiens un jour entre mes mains comme tu m'as tenue ce soir dans les tiennes... si ces tablettes maudites... Malheur, malheur à toi de me venir ainsi braver, moi, fille de duc, moi, femme de roi, moi, régente de France!... Oh! ces tablettes!... la moitié de mon sang à qui me les donnera... Si je pouvais voir Gaultier avant demain dix heures, si je pouvais lui reprendre ces tablettes!... Gaultier, qui ne me parlera que de son frère, qui va me demander justice du meurtre de son frère; mais il m'aime plus que tout au monde, et, s'il craint de me perdre, il oubliera tout, même son frère... Il faut que je le voie ce soir... Où le trouver? Je tremble de me confier encore à cet Italien; il sait déjà tant de mes secrets! Il me semble avoir vu remuer cette porte... Buridan ne l'avait pas fermée... Elle s'ouvre... Un homme!... Orsini! à moi, Orsini!

SCÈNE IV

MARGUERITE, GAULTIER.

GAULTIER.
Marguerite! c'est toi, Marguerite!

MARGUERITE.
Gaultier! (A part.) C'est mon bon génie qui me l'envoie.

GAULTIER.
Je t'ai cherchée toute la journée pour te demander justice, Marguerite... Je venais chez Orsini pour qu'il m'aidât à te voir, car il me faut justice... Te voilà, ma reine... Justice! justice!

MARGUERITE.
Et moi, je venais chez Orsini, comptant t'envoyer chercher par lui; car, avant de me séparer de toi, je voulais te dire adieu.

GAULTIER.
Adieu, dis-tu?... Pardon, je ne comprends pas bien... car une seule idée me poursuit, m'obsède... Je vois toujours sur

cette grève nue le corps de mon frère, noyé, souillé, percé de coups... Il me faut son meurtrier, Marguerite.

MARGUERITE.

Oui ; j'ai donné des ordres... Ton frère sera vengé, Gaultier ;... son meurtrier, nous le trouverons, je te le jure... Mais le roi arrive demain, il faut nous séparer.

GAULTIER.

Nous séparer?... qu'est-ce que tu dis là?... Mes pensées sont comme une nuit d'orage, et ce que tu viens de me dire comme un éclair qui me permet d'y lire un instant... Oui, nous nous séparerons... oui, quand mon frère sera vengé.

MARGUERITE.

Nous nous séparerons demain... Le roi revient demain. Oh! pourquoi, dans le cœur de mon Gaultier, dans ce cœur qui était tout entier à sa Marguerite, un autre sentiment est-il venu remplacer l'amour? Hier encore, il était tout à moi, ce cœur. (Elle met sa main sur la poitrine de Gaultier ; à part.) Les tablettes sont là!

GAULTIER.

Oui, tout entier à la vengeance; puis, après, tout entier à toi.

MARGUERITE.

Qu'as-tu donc là ?

GAULTIER.

Ce sont des tablettes.

MARGUERITE.

Oui, des tablettes qu'un moine t'a remises ce matin : tu es le dépositaire heureux des pensées de quelqu'une des femmes de ma cour.

GAULTIER.

O Marguerite! te railles-tu de moi? Non : ces tablettes me viennent d'un capitaine que je n'ai vu qu'une fois, dont je ne sais pas même le nom, qui me les a envoyées je ne sais pourquoi, et qui était hier ici avec mon frère, mon pauvre frère...

MARGUERITE.

Tu penses que je croirai cela, Gaultier? Mais qu'importe! la jalousie sied-elle à ceux qui vont être séparés à jamais? Adieu, Gaultier, adieu !

GAULTIER.

Que fais-tu, Marguerite? Tu veux donc me rendre fou? Je

viens, désespéré, te redemander mon frère, et tu me parles de départ! un premier malheur m'ébranle, et tu m'écrases avec un second! Pourquoi partir? pourquoi me dire adieu?

MARGUERITE.

Le roi a des soupçons, Gaultier; il ne faut pas qu'il te trouve ici. D'ailleurs, tu emporteras ces tablettes pour te consoler.

GAULTIER.

Tu crois donc réellement que c'est d'une femme?

MARGUERITE.

J'en suis sûre. Déjà mille fois tu m'aurais rassurée en me les montrant.

GAULTIER.

Mais le puis-je? sont-elles à moi? J'ai juré sur l'honneur de ne les ouvrir que demain, ou de les rendre à celui à qui elles appartiennent, s'il me les réclame. Puis-je te rendre plus claire une chose que je ne comprends pas moi-même? J'ai juré sur l'honneur qu'elles ne sortiraient point de mes mains. Voilà tout : j'ai juré.

MARGUERITE.

Et moi, je n'avais rien juré sur l'honneur, n'est-ce pas? je n'ai violé aucun serment pour toi? Oublie que j'ai été pour toi parjure, car le parjure est dans l'amour plutôt encore que dans l'adultère; oublie et garde ta parole, et, moi, je garde ma jalousie. Adieu!

GAULTIER.

Marguerite, au nom du ciel!...

MARGUERITE.

L'honneur! l'honneur d'un homme!... Et l'honneur d'une femme, n'est-ce donc rien? Tu as juré? Mais, moi, un mot, une pensée de toi, m'a fait oublier un serment fait à Dieu, et je l'oublierais encore, et, si tu m'en priais, j'oublierais le monde entier pour toi!

GAULTIER.

Et cependant tu veux que je parte! tu veux que nous nous séparions!

MARGUERITE.

Oui, oui. Je l'ai promise au saint tribunal, cette séparation. Eh bien, si tu l'exigeais, si j'avais la certitude que ces tablettes ne sont pas d'une femme, eh bien, je braverais l'anathème de Dieu comme j'ai bravé celui des hommes; car penses-tu qu'à la cour on croie à la pureté de notre amour! Ils me croient coupable, n'est-ce pas? comme si je l'étais; eh bien, malgré la nécessité de ton départ, si tu me priais comme je te prie, je te dirais : « Reste, mon Gaultier, reste! meure ma réputation, meure ma puissance! mais reste, reste près de moi, près de moi toujours. »

GAULTIER.

Tu ferais cela?

MARGUERITE.

Oui ; mais je suis une femme, moi, dont l'honneur n'est rien, qui peut être parjure impunément et qu'on peut torturer à loisir, pourvu qu'on ne manque pas à sa parole de gentilhomme; qu'on peut faire mourir de jalousie, pourvu qu'on garde son serment.

GAULTIER.

Mais si l'on savait jamais...

MARGUERITE.

Qui le saura? avons-nous des témoins ici?

GAULTIER.

Tu me les rendras demain avant dix heures.

MARGUERITE.

Je te les rendrai à l'instant même.

GAULTIER.

Mon Dieu, pardonnez-moi ! mais est-ce un ange ou un démon qui me fait ainsi oublier mon frère, mes serments, mon honneur?

MARGUERITE, lui prenant des mains les tablettes.

Je les tiens.

(Elle se rapproche vivement de la lampe et examine les tablettes, dont elle arrache un des feuillets.)

GAULTIER.

Marguerite! Marguerite!... O faiblesse humaine!... Oh! pardon, mon frère ! étais-je venu pour parler d'amour ? étais-je venu pour rassurer les craintes frivoles d'une femme? J'étais venu pour te venger; mon frère, pardon !

MARGUERITE, revenant à lui.

Oh! j'étais insensée! Non, non! il n'y avait rien dans ces tablettes; ce n'était point une femme qui te les avait données! Mon Gaultier ne ment pas lorsqu'il dit qu'il m'aime, qu'il n'aime que moi. Eh bien, moi aussi, je n'aime que lui; moi aussi, je tiendrai ma promesse, et nous ne serons pas sépa-

rés; peu m'importent les soupçons du roi ; je serai si heureuse de souffrir pour mon chevalier.
GAULTIER.
Pensons à mon frère, Marguerite.
MARGUERITE.
Eh bien, mon ami, des recherches ont déjà été faites, et l'on soupçonne...
GAULTIER.
Qui soupçonne-t-on?
MARGUERITE
Un capitaine étranger qui n'est ici que depuis quelques jours, qui doit, demain, pour la première fois, venir à la cour.
GAULTIER.
Son nom?
MARGUERITE.
Buridan, je crois.
GAULTIER.
Buridan! et vous avez donné l'ordre qu'il fût arrêté, n'est-ce pas?
MARGUERITE.
C'est ce soir seulement que j'ai su cela, et je n'avais point là mon capitaine des gardes.
GAULTIER.
L'ordre! l'ordre! que j'arrête cet homme-là moi-même! Oh! un autre n'arrêtera pas l'assassin de mon frère! L'ordre, Marguerite! l'ordre, au nom du ciel !
MARGUERITE.
Tu l'arrêteras, toi?
GAULTIER.
Oui, fût-il en prière au pied de l'autel, je l'arracherai du pied de l'autel; oui, je l'arrêterai partout où il sera.
MARGUERITE va à la table et signe un parchemin.
Voici l'ordre.
GAULTIER.
Merci, merci, ma reine.
MARGUERITE, à part, menaçant.
Oh! Buridan, c'est moi maintenant qui tient ta vie entre mes mains!

ACTE TROISIÈME

ENGUERRAND DE MARIGNY

CINQUIÈME TABLEAU

Devant le vieux Louvre. Le talus descendant à la rivière. A gauche, la façade du palais, avec un balcon praticable et une poterne. — Au lever du rideau, Richard regarde couler la rivière; d'autres Manants causent en regardant le Louvre.

SCÈNE PREMIÈRE

RICHARD, SIMON, passant; MANANTS.

SIMON.

Ohé! c'est toi, maître Richard? est-ce que, de savetier, tu es devenu pêcheur?

RICHARD.

Non; mais tu sais que toute la noblesse du royaume s'en va au diable; et, comme il paraît que le chemin est plus court par eau que par terre, elle s'en va par eau.

SIMON.

Et qu'est-ce que tu fais là, le nez à la rivière et le dos au Louvre?

RICHARD.

Je regarde au pied de la vieille tour de Nesle s'il n'y a pas quelque pèlerin qui passe, afin de lui crier bon voyage.

UN ARBALÉTRIER, en faction à la porte de la poterne.

Holà! manants, allez causer plus loin.

RICHARD.

Merci, monsieur le garde. (S'en allant.) Le diable te torde le cou dans ta poivrière, à toi!

SCÈNE II

LES MÊMES, SAVOISY, suivi d'UN PAGE; RAOUL, puis PIERREFONDS.

SAVOISY, se trouvant face à face avec Richard.

Prends le bas du pavé, drôle!

RICHARD, descendant.

Oui, monseigneur. (S'en allant.) Tu prendras le haut de la Seine, toi, quelque jour.

SAVOISY.

Tu parles, je crois?

RICHARD.

Je prie Dieu qu'il vous conserve.

SAVOISY.

Fort bien.

LE PAGE.

La porte du Louvre est fermée, monseigneur.

SAVOISY.

Cela ne se peut pas, Olivier; il est neuf heures.

LE PAGE.

Cela est cependant; voyez vous-même.

SAVOISY.

Voilà qui est étrange. (A un autre Seigneur qui survient avec son Page.) Comprenez-vous, sire Raoul, ce qui arrive?

RAOUL.

Qu'arrive-t-il?

SAVOISY.

Le Louvre fermé à cette heure!

RAOUL.

Attendons un instant; on va l'ouvrir sans doute.

SAVOISY.

Le temps est beau, promenons-nous en attendant.

RAOUL.

Arbalétrier!

L'ARBALÉTRIER.

Monseigneur?

RAOUL.

Sais-tu pourquoi cette porte n'est pas ouverte?

L'ARBALÉTRIER.

Non, monseigneur.

PIERREFONDS, arrivant.

Salut, messires. Il paraît que la reine tient ce matin sa cour sous son balcon.

SAVOISY.

Vous avez deviné du premier coup, sire de Pierrefonds.

SCENE III

Les Mêmes, BURIDAN, suivi de CINQ GARDES.

BURIDAN, plaçant ses Gardes au fond.

Restez là.

SAVOISY.

Puisque vous êtes si excellent sorcier, pouvez-vous me dire quel est ce nouveau venu; et s'il est marquis ou duc, pour avoir une garde de cinq hommes?

PIERREFONDS.

Je ne le connais pas; c'est sans doute quelque Italien qui cherche fortune.

SAVOISY.

Et qui mène derrière lui de quoi la prendre.

BURIDAN, s'arrêtant et les regardant.

Et à son côté de quoi la garder, messeigneurs, une fois qu'il l'aura prise.

SAVOISY.

Alors vous me donnerez votre secret, mon maître?

BURIDAN.

J'espère qu'il ne me faudra qu'une leçon pour vous l'apprendre.

SAVOISY.

Il me semble que j'ai déjà entendu cette voix.

RAOUL et PIERREFONDS.

Moi aussi.

SAVOISY.

Ah! voilà notre digne ministre, sire Enguerrand de Marigny, qui vient monter sa garde avec nous.

BURIDAN, à ses Gardes.

Attention!

SCÈNE IV

Les Mêmes, MARIGNY.

MARIGNY, essayant d'entrer.

D'où vient qu'on n'entre pas au palais?

BURIDAN.

Je vais vous le dire, monseigneur; c'est parce qu'il y avait une arrestation à faire ce matin, et que l'intérieur du palais est lieu d'asile.

MARIGNY.

Une arrestation, sans que j'en sache quelque chose?

BURIDAN.

Aussi vous attendais-je là, monseigneur, pour vous en instruire : lisez.

SAVOISY, aux autres Seigneurs, qui regardent étonnés.

Il me semble que cela se complique.

MARIGNY.

Donnez.

BURIDAN.

Lisez haut.

MARIGNY.

« Ordre de Marguerite de Bourgogne, reine régente de France, au capitaine Buridan, d'arrêter et saisir au corps, partout où il le trouvera, le sire Enguerrand de Marigny. »

BURIDAN.

C'est moi qui suis le capitaine Buridan.

MARIGNY.

Et vous m'arrêtez de par la reine?

BURIDAN.

Votre épée !

MARIGNY.

La voici; tirez-la du fourreau, monsieur ; elle est pure et sans tache, n'est-ce pas? Et maintenant, que le bourreau tire mon âme de mon corps, elle sera comme cette épée...

SCÈNE V

Les Mêmes, MARGUERITE et GAULTIER, au balcon.

GAULTIER.

Est-il parmi ces jeunes seigneurs, Marguerite?

MARGUERITE.

C'est celui qui parle à Marigny, et qui tient l'épée nue.

GAULTIER.

Bien.

(Ils disparaissent tous deux.)

MARIGNY.

Je suis prêt, marchons.

BURIDAN, aux Gardes.

Conduisez le sire Enguerrand de Marigny au château de Vincennes.

MARIGNY.

Et de là ?

BURIDAN.

A Montfaucon probablement, monseigneur : vous avez eu soin de faire élever le gibet, il est juste que vous l'essayiez. Ne vous plaignez donc pas.

MARIGNY.

Capitaine, je l'avais fait élever pour les criminels et non pour les martyrs. La volonté de Dieu soit faite !

SAVOISY.

Eh bien, je réponds que, s'il en réchappe, le ministre croira désormais aux sorciers.

BURIDAN, laissant tomber sa tête sur sa poitrine.

Cet homme est un juste.

PIERREFONDS.

Ah ! miracle ! la poterne s'ouvre, messieurs.

SAVOISY.

Pour laisser sortir, ce me semble, mais non pour laisser entrer.

GAULTIER, sortant avec quatre Gardes, met la main sur l'épaule de Buridan, qui lui tourne le dos.

Est-ce vous qui êtes le capitaine Buridan?

BURIDAN, se retournant.

C'est moi.

GAULTIER.

Eh quoi ! c'est vous, vous qui étiez à la taverne d'Orsini avec mon frère, c'est vous qui êtes Buridan, soupçonné et accusé de sa mort?

BURIDAN, regardant le balcon.

Ah ! c'est moi qu'on accuse ?

GAULTIER.

En effet, c'est vous qui l'excitiez à ce funeste rendez-vous... Je l'en détournais, moi ; vous l'y avez entraîné. Pauvre Philippe ! c'est donc bien vous ! Lisez cet ordre de la reine, monsieur.

SAVOISY.

Ah çà ! mais la reine a donc passé la nuit à signer des ordres?

GAULTIER.

Lisez haut.

BURIDAN.

« Ordre de Marguerite de Bourgogne, reine régente de France, au capitaine Gaultier d'Aulnay, de saisir au corps partout, où il le trouvera, le capitaine Buridan. » Et c'est vous qu'on a choisi pour mon arrestation? On a voulu, je le vois, que vous fussiez exact au rendez-vous que vous avait donné le moine; il est dix heures, et, à dix heures, en effet, nous devions nous rencontrer.

GAULTIER.

Votre épée!

BURIDAN.

La voici. Mes tablettes!...

GAULTIER

Vos tablettes?

BURIDAN.

Oui; ne les avez-vous plus?

SAVOISY.

Bon! il paraît qu'on arrête tout le monde aujourd'hui?

BURIDAN, ouvre vivement ses tablettes et cherche.

Malédiction!... Gaultier! Gaultier! ces tablettes sont sorties de vos mains?

GAULTIER.

Que dites-vous?

BURIDAN.

Ces tablettes sont passées entre les mains de la reine?

GAULTIER.

Comment cela?

BURIDAN.

Un instant, une minute, n'est-ce pas? par force ou par surprise... ces tablettes sont sorties un instant de vos mains? Avouez-le donc.

GAULTIER.

Je l'avoue. Eh bien?

BURIDAN.

Eh bien, cet instant, si court qu'il ait été, a suffi pour signer un arrêt de mort; cet arrêt est le mien; et mon sang retombera sur vous, car c'est vous qui me tuez.

GAULTIER.

Moi?

BURIDAN.

Voyez-vous l'endroit où l'on a déchiré une feuille?

GAULTIER.

Oui.

BURIDAN.

Eh bien, sur cette feuille qui manque, il y avait écrit par votre frère, avec le sang de votre frère, signé de la main de votre frère...

GAULTIER.

Il y avait... quoi? Achevez donc.

BURIDAN.

Oh! vous ne le croirez pas maintenant, maintenant que la feuille est déchirée; car on vous aveugle... car vous êtes un insensé.

GAULTIER.

Il y avait?... Au nom du ciel! achevez-donc. Qu'y avait-il d'écrit sur cette feuille?

BURIDAN.

Il y avait...

MARGUERITE, paraisssant au balcon.

Gardes, conduisez cet homme à la prison du grand Châtelet.

(Les Gardes entourent Buridan.)

GAULTIER.

Mais qu'y avait-il?

BURIDAN.

Il y avait : «Gaultier d'Aulnay est un homme sans foi et sans honneur, qui ne sait pas garder un jour ce qui a été confié à son honneur et à sa foi...» Voilà ce qu'il y avait, gentilhomme déloyal! voilà ce qu'il y avait! (Se retournant vers le balcon.) Bien joué, Marguerite. A toi la première partie, mais à moi la revanche, je l'espère!... Marchons, messieurs.

(Sortie.)

SAVOISY.

Si j'y comprends quelque chose, je veux que Satan m'extermine!

MARGUERITE.

Vous oubliez que la porte du Louvre est ouverte, messeigneurs, et que la reine vous attend.

SAVOISY.

Ah! c'est juste; allons faire notre cour à la reine.

SIXIÈME TABLEAU

Un caveau du grand Châtelet.

SCÈNE PREMIÈRE

BURIDAN, seul, lié et couché.

Un des hommes qui m'ont descendu ici m'a serré la main; mais que pourra-t-il pour moi,... en supposant même que je ne me sois pas trompé?... Me procurer de l'eau un peu plus fraîche, du pain un peu moins noir et un prêtre à l'heure de ma mort... J'ai compté les deux cent vingt marches qu'ils ont descendues, les douze portes qu'ils ont ouvertes... Allons, Buridan, allons, songe à mettre de l'ordre dans ta conscience : tu as à démêler avec Satan un compte long et embrouillé... Insensé! dix fois insensé que j'ai été! je connais les hommes, leur honneur qui se brise comme verre, qui fond comme neige, quand l'haleine ardente d'une femme souffle dessus... et j'ai été suspendre ma vie à ce fil!... Insensé! cent fois, mille fois insensé!... Comme elle est contente à cette heure! comme elle raille! comme elle serre son amant entre ses bras!... comme chacun de ses baisers arrache à Gaultier un remords du cœur! tandis que, moi... moi, je me roule sur la terre de ce cachot... J'aurais dû éloigner le jeune homme... Si jamais!... (Riant.) C'est possible!... c'est une seule étoile dans un ciel sombre; c'est un feu follet pour le voyageur perdu. Elle ne me laissera pas mourir ainsi : elle voudra me voir, ne fût-ce que pour insulter à ma mort... O démons!... démons qui faites le cœur des femmes... oh! j'espère que vous n'aurez oublié dans le sien aucun des sentiments pervers que je lui crois, car c'est sur l'un d'eux que je compte.... Mais quel peut être cet homme qui m'a serré la main en me descendant ici? Peut-être vais-je le savoir, la porte s'ouvre.

SCÈNE II

BURIDAN, LANDRY.

LANDRY.

Capitaine, où êtes-vous?

BURIDAN.

Ici.

LANDRY.

C'est moi.

BURIDAN.

Qui, toi? Je n'y vois pas.

LANDRY.

A-t-on besoin de voir ses amis pour les reconnaître?

BURIDAN.

C'est la voix de Landry!

LANDRY.

A la bonne heure.

BURIDAN.

Peux-tu me sauver?

LANDRY.

Impossible.

BURIDAN.

Que diable alors viens-tu faire ici?

LANDRY.

J'y suis guichetier depuis hier.

BURIDAN.

Il paraît que tu cumules: guichetier au Châtelet, assassin à la tour de Nesle!... Marguerite de Bourgogne doit te donner bien de l'occupation dans ces deux emplois?

LANDRY.

Mais oui, assez.

BURIDAN.

Et tu ne peux ici rien pour moi, pas même faire venir un confesseur, celui que je te désignerais?

LANDRY.

Non; mais je puis écouter votre confession, pour la répéter mot à mot à un prêtre; et, s'il y a une pénitence à faire, foi de soldat, je la ferai pour vous.

BURIDAN.

Imbécile! Peux-tu me donner de quoi écrire?

LANDRY.

Impossible.

BURIDAN.

Peux-tu fouiller dans ma poche et y prendre une bourse pleine d'or?

LANDRY.

Oui, capitaine.

BURIDAN.

Prends donc, dans cette poche... celle-ci.

LANDRY.

Après?

BURIDAN.

Combien touches-tu de livres par an?

LANDRY.

Six livres.

BURIDAN.

Compte ce qu'il y a dans cette bourse pendant que je vais réfléchir. (Pause d'un instant.) As-tu compté?

LANDRY.

Avez-vous réfléchi?

BURIDAN.

Oui; combien y a-t-il?

LANDRY,

Trois marcs d'or.

BURIDAN.

Cent soixante-cinq livres tournois. Écoute. Il te faudra passer ici, dans une prison, vingt-huit ans de ta vie pour gagner cette somme. Jure-moi, sur ton salut éternel, de faire ce que je vais te prescrire, et cette somme est à toi: c'est tout ce que je possède. Si j'avais davantage, je te donnerais davantage.

LANDRY.

Et vous?

BURIDAN.

Si l'on me pend, ce qui est probable, le bourreau se chargera des frais d'enterrement, et je n'ai pas besoin de cette somme; si je me sauve, ce qui est possible, tu auras quatre fois cette somme, et moi, mille.

LANDRY.

Qu'y a-t-il à faire, capitaine?

BURIDAN.

Une chose bien simple. Tu peux sortir du Châtelet, et, une fois sorti, n'y plus rentrer.

LANDRY.

Je ne demande pas mieux.

BURIDAN.

Tu iras te loger chez Pierre de Bourges, le tavernier, par devers les Innocents ; c'est là que je logeais. Tu demanderas la chambre du capitaine ; on te donnera la mienne.

LANDRY.

Jusqu'à présent, cela ne me paraît pas difficile.

BURIDAN.

Écoute : une fois entré dans cette chambre, tu t'y renfermeras ; tu compteras les dalles qui la pavent à partir du coin où se trouve un crucifix. (Landry se signe.) Écoute-moi donc. Sur la septième, tu verras une croix : tu la soulèveras avec ton poignard ; et, sous une couche de sable, tu trouveras une petite boîte de fer dont la clef est dans cette bourse ; tu pourras l'ouvrir pour t'assurer que ce sont des papiers, que ce n'est pas de l'or. Puis, si demain, à l'heure de la rentrée du roi dans Paris, tu ne m'as pas revu sain et sauf ; si je ne t'ai pas dit : « Rends-moi cette boîte et cette clef, » tu les remettras toutes deux à Louis X, roi de France, et, si je suis mort, tu m'auras vengé. Voilà tout : mon âme sera tranquille, et c'est à toi que je le devrai.

LANDRY.

Et je ne courrai pas d'autre risque ?

BURIDAN.

Pas d'autre.

LANDRY.

Vous pouvez compter sur moi.

BURIDAN.

Sur ton salut éternel, tu promets de faire ce que je t'ai dit ?

LANDRY.

Sur la part que j'espère dans le paradis, je le jure.

BURIDAN.

Maintenant, adieu, Landry. Sois honnête homme, si tu peux.

LANDRY.

Je ferai ce que je pourrai, mon capitaine ; mais c'est bien difficile.

(Il sort.)

SCÈNE III

BURIDAN, seul.

Allons ! allons ! viennent le bourreau et la corde, et la vengeance est assise au pied du gibet... La vengeance ! mot joyeux et sublime lorsqu'il est prononcé par une bouche vivante ; mot sonore et vide prononcé sur une tombe, et qui, si haut qu'il retentisse, ne réveille pas le cadavre endormi dans le tombeau.

SCÈNE IV

BURIDAN, MARGUERITE, ORSINI.

MARGUERITE, entrant par une porte secrète, tenant une lampe à la main ; à Orsini.

Est-il lié de manière à ce que je puisse m'approcher de lui sans crainte ?

ORSINI.

Oui, madame.

MARGUERITE.

Eh bien, attendez-moi là, Orsini ; et, au moindre cri, soyez à moi.

(Orsini sort.)

SCÈNE V

BURIDAN, MARGUERITE.

BURIDAN.

Une lumière ! Quelqu'un vient !

MARGUERITE, s'approchant.

Oui, quelqu'un ! Ne comptais-tu pas revoir quelqu'un avant de mourir ?

BURIDAN, riant.

Je l'espérais ; mais je n'y comptais pas. Ah ! Marguerite, tu t'es dit : « Il ne mourra pas sans que je jouisse de mon triomphe, sans qu'il sache que c'est bien moi qui le tue. Femme de toutes les voluptés, à moi, à moi celle-là! » Ah! Marguerite, oui, oui, j'avais compté sur ta présence, tu as raison.

MARGUERITE.

Mais sans espoir, n'est-ce pas? tu me connais assez pour savoir qu'après m'avoir réduite à la crainte, abaissée à la prière, il n'y a ni crainte ni prières qui me fléchissent le cœur. Oh! tes mesures étaient bien prises, Buridan; seulement, tu avais oublié que, dès que l'amour, l'amour effréné, entre dans le cœur d'un homme, il y ronge tous les autres sentiments, il y vit aux dépens de l'honneur, de la foi, du serment; et tu as été confier au serment, à la foi, à l'honneur d'un homme amoureux, amoureux de moi, la preuve, la seule preuve que tu eusses contre moi! Tiens, la voilà, cette précieuse page de tes tablettes, la voilà! *Je meurs assassiné de la main de Marguerite. Philippe d'Aulnay.* Dernier adieu du frère au frère, et que le frère m'a remis. Tiens, tiens, regarde! (Prenant la lampe.) Meure, avec cette dernière flamme, ta dernière espérance!... Suis-je libre maintenant, Buridan? Puis-je faire de toi ce que je voudrai?

BURIDAN.

Qu'en feras-tu?

MARGUERITE.

N'es-tu pas arrêté comme meurtrier de Philippe d'Aulnay? que fait-on des meurtriers?

BURIDAN.

Et quel tribunal me jugera sans m'entendre?

MARGUERITE.

Un tribunal? Mais tu es fou! est-ce qu'on juge les hommes qui portent en eux de tels secrets? Il y a des poisons si violents, qu'ils brisent le vase qui les renferme. Ton secret est un de ces poisons. Buridan, quand un homme comme toi est arrêté, on le lie comme tu es lié, on le met dans un cachot pareil à celui-ci. Si l'on ne veut pas perdre à la fois et son âme et son corps, à minuit on fait entrer, dans sa prison, un prêtre et un bourreau : le prêtre commence. Il y a, dans cette prison, un anneau de fer pareil à celui-ci, des murs aussi sourds et aussi épais que ceux-ci, des murs qui étouffent les cris, eteignent les sanglots, absorbent l'agonie. Le prêtre sort le premier, et le bourreau ensuite; puis, lorsque, le lendemain, le guichetier entre dans la prison, il remonte tout effrayé, disant que le condamné, à qui l'on avait eu l'imprudence de laisser les mains libres, s'est étranglé lui-même, preuve qu'il était coupable.

BURIDAN.

Je vois que nous avons même franchise, Marguerite ; je t'avais dit mes projets et tu me dis les tiens.

MARGUERITE.

Tu railles, ou plutôt tu veux railler ; ton orgueil se révolte de ma victoire ; tu voudrais me laisser croire que tu as quelque moyen de m'échapper pour tourmenter mon sommeil ou mes plaisirs ; mais non, non, ton sourire ne me trompe pas ; les damnés rient aussi, pour faire croire à l'absence de la douleur. Non, tu ne peux m'échapper, n'est-ce pas ? C'est impossible, tu es bien lié, ces murs sont bien épais, ces portes bien solides ; non, non, tu ne peux pas m'échapper, et je m'en vais... Adieu, Buridan ; as-tu quelque chose à me dire?

BURIDAN.

Une seule.

MARGUERITE.

Parle.

BURIDAN.

C'est un souvenir de jeunesse que je veux te raconter. En 1293, il y a vingt ans de cela, la Bourgogne était heureuse ; car elle avait pour duc bien-aimé Robert II... Ne m'interromps pas, et accorde dix minutes à celui pour qui va s'ouvrir l'éternité... Le duc Robert avait une fille jeune et belle, l'enveloppe d'un ange, et l'âme d'un démon ; on l'appelait Marguerite de Bourgogne... Laisse-moi achever... Le duc Robert avait un page jeune et beau, au cœur candide et croyant, aux cheveux blonds et au teint rosé ; on l'appelait Lyonnet de Bournonville... Ah ! tu écoutes avec plus d'attention, ce me semble ! Le page et la jeune fille s'aimèrent ; celui qui les aurait vus tous deux à cette époque et qui les reverrait maintenant ne les reconnaîtrait certes plus ; et peut-être, s'ils se rencontraient, ne se reconnaîtraient-ils pas eux-mêmes.

MARGUERITE.

Où veut-il en venir ?

BURIDAN.

Oh ! tu vas voir, c'est une histoire bizarre. Le page et la jeune fille s'aimèrent donc à l'insu de tout le monde. Chaque

nuit, une échelle de soie conduisait l'amant dans les bras de
sa maîtresse, et, chaque nuit, la maîtresse et l'amant prenaient
rendez-vous pour la nuit suivante. Un jour, la fille du duc
Robert annonça en pleurant à Lyonnet de Bournonville qu'elle
allait être mère.

MARGUERITE.

Grand Dieu !

BURIDAN.

Aide-moi à changer de place, Marguerite ; cette position
me fatigue. (Marguerite l'aide ; Buridan, riant.) Merci... Où en étais-je,
Marguerite?

MARGUERITE.

La fille du duc allait être mère.

BURIDAN.

Ah ! oui, c'est cela... Huit jours après, ce secret n'en était
plus un pour son père, et le duc annonça à sa fille que, le
lendemain, les portes d'un couvent s'ouvriraient pour elle, et,
comme celles du tombeau, se refermeraient sur elle pour l'éternité. La nuit réunit les deux amants. Oh! ce fut une nuit
affreuse; Lyonnet aimait Marguerite comme Gaultier t'aime;
nuit de sanglots et d'imprécations ! Oh ! la jeune Marguerite,
comme elle promettait d'être ce qu'elle a été !

MARGUERITE.

Après ? après ?

BURIDAN.

Ces cordes m'entrent dans les chairs et me font mal, Marguerite. (Marguerite coupe les cordes qui lient les bras de Buridan ; il la
regarde faire en riant.) Elle tenait un poignard comme tu en tiens
un, la jeune Marguerite, et elle disait : « Lyonnet, Lyonnet,
si, d'ici à demain, mourait mon père, il n'y aurait plus de
couvent, il n'y aurait plus de séparation, il n'y aurait que de
l'amour. » Je ne sais comment cela se fit, mais le poignard
passa de ses mains dans celles de Lyonnet de Bournonville;
un bras le prit, le conduisit dans l'ombre, le guida comme à
travers les détours de l'enfer, souleva un rideau, et le page
armé et le duc endormi se trouvèrent en face l'un de l'autre.
C'était une noble tête de vieillard, calme et belle, que l'assassin
a revue bien des fois dans ses rêves ; car il l'assassina, l'infâme!
Mais Marguerite, la jeune et belle Marguerite n'entra point au
couvent, et elle devint reine de Navarre, puis de France. Le
lendemain, le page reçut, par un homme nommé Orsini, une

lettre et de l'or; Marguerite le suppliait de s'éloigner pour toujours : elle disait qu'après leur crime commun, ils ne pouvaient plus se revoir.

MARGUERITE.

Imprudente!

BURIDAN.

Oui, imprudente! n'est-ce pas? car cette lettre, tout entière de son écriture, signée d'elle, reproduisait le crime dans tous ses détails et dans toute sa complicité. Marguerite la reine ne ferait plus maintenant ce qu'a fait Marguerite la jeune fille, n'est-ce pas, imprudente?

MARGUERITE.

Eh bien, Lyonnet de Bournonville partit, n'est-ce pas? et l'on ne sait ce qu'il est devenu, on ne le reverra jamais. La lettre est perdue ou déchirée, et ne peut être une preuve. Que peut donc avoir de commun avec cette histoire Marguerite, reine régente de France?

BURIDAN.

Lyonnet de Bournonville n'est pas mort; et tu le sais bien, Marguerite; car je t'ai vue tressaillir tout à l'heure en le reconnaissant.

MARGUERITE.

Et la lettre, la lettre?

BURIDAN.

La lettre, c'est le premier placet qui sera offert demain à Louis X, roi de France, rentrant dans Paris.

MARGUERITE.

Tu dis cela pour m'épouvanter; cela n'est pas, cela ne peut être; tu te serais servi de ce moyen d'abord.

BURIDAN.

Tu as pris soin de m'en fournir un autre; j'ai réservé celui-là pour une seconde occasion; n'ai-je pas mieux fait?

MARGUERITE.

La lettre?

BURIDAN.

Demain, ton époux te la rendra... Tu m'as dit quel était le supplice des meurtriers. Marguerite, sais-tu quel est celui des parricides et des adultères? Écoute : on leur rase les cheveux avec des ciseaux rougis; on leur ouvre, vivants, la poitrine pour leur arracher le cœur; on le brûle, on en jette la cendre au vent, et, trois jours, on traîne dans la ville le cadavre sur une claie.

MARGUERITE.

Grâce ! grâce !

BURIDAN.

Allons, allons, un dernier service, Marguerite: délie ces cordes. (Il tend les mains, Marguerite les délie.) Ah ! il est bon d'être libre ! Vienne le bourreau maintenant ! voilà des cordes. Eh bien, qu'as-tu? Demain, on criera par la ville : « Buridan, le meurtrier de Philippe d'Aulnay, s'est étranglé dans sa prison. » Un autre cri lui répondra du Louvre : « Marguerite de Bourgogne est condamnée à la peine des adultères et des parricides. »

MARGUERITE.

Grâce, Buridan !

BURIDAN.

Je ne suis plus Buridan; je suis Lyonnet de Bournonville... le page de Marguerite... l'assassin du duc Robert.

MARGUERITE.

Ne crie pas ainsi.

BURIDAN.

Et que peux-tu craindre ? Ces murs étouffent les cris, éteignent les sanglots, absorbent l'agonie.

MARGUERITE.

Que veux-tu ? que veux-tu ?

BURIDAN.

Tu rentres demain à la droite du roi, dans la ville de Paris; je veux rentrer à sa gauche; nous irons au-devant de lui ensemble.

MARGUERITE.

Nous irons.

BURIDAN.

C'est bien.

MARGUERITE.

Et cette lettre ?...

BURIDAN.

Eh bien, quand on la lui présentera, c'est moi qui la prendrai; ne serai-je pas premier ministre?

MARGUERITE.

Marigny n'est point encore mort.

BURIDAN.

Hier, à la taverne d'Orsini, tu m'avais juré qu'à la dixième heure ce serait fait de lui.

MARGUERITE.

Il me reste une heure encore, c'est plus qu'il n'en faut pour accomplir ma promesse, et je vais donner l'ordre...

BURIDAN.

Attends; une dernière question, Marguerite. Les enfants de Marguerite de Bourgogne et de Lyonnet de Bournonville, que sont-ils devenus?

MARGUERITE.

Je les ai confiés à un homme.

BURIDAN.

Le nom de cet homme?

MARGUERITE.

Je ne m'en souviens pas...

BURIDAN.

Cherche, Marguerite, et tu te le rappelleras.

MARGUERITE.

Orsini, je crois.

BURIDAN, appelant.

Orsini! Orsini!

MARGUERITE.

Que fais-tu?

BURIDAN.

N'est-il pas là?

MARGUERITE.

Non.

(Orsini entre.)

BURIDAN.

Le voici. Approche, Orsini. Demain, je suis premier ministre... Tu ne le crois pas? Dites-le-lui, madame, pour qu'il le croie.

MARGUERITE.

C'est la vérité.

BURIDAN.

Le premier acte de mon pouvoir sera de faire donner la question à un certain Orsini, qui était à la cour du duc Robert II.

ORSINI.

Et pourquoi, monseigneur? pourquoi?

BURIDAN.

Pour savoir de lui comment il a accompli les ordres qu'il avait reçus de sa souveraine Marguerite de Bourgogne, relativement à deux enfants.

ORSINI.

Oh! pardon, monseigneur, pardon de ne les avoir pas fait mourir, comme on me l'avait ordonné.

MARGUERITE.

Ce n'était pas moi qui avais donné cet ordre... c'était...

BURIDAN.

Tais-toi, Marguerite.

ORSINI.

Pardon si je n'en ai pas eu le courage; c'étaient deux fils si faibles et si beaux!

BURIDAN.

Qu'en as-tu fait, malheureux?

ORSINI.

Je les ai donnés, pour les exposer, à un de mes hommes; et j'ai dit qu'ils étaient morts.

BURIDAN.

Et cet homme?

ORSINI.

C'est un des guichetiers de cette prison; on le nomme Landry... Pardon!

BURIDAN.

C'est bien, Orsini; voilà un trait qui te fait honneur! une idée qui t'est venue à toi et qui n'est pas venue à une mère qu'on n'avait pas besoin de tuer ses enfants lorsqu'on pouvait les exposer. Orsini, eusses-tu commis bien des crimes, voilà une action qui les rachète; il te reste donc un cœur! il te reste donc une âme! embrasse-moi, Orsini! embrasse-moi. Oh! tu auras de l'or ce que pesaient ces enfants; deux garçons, n'est-ce pas? O mes enfants! mes enfants!... Ah! assez, assez, tu vois bien que la reine me prend en pitié.

ORSINI.

Que me reste-t-il à faire, monseigneur?

BURIDAN.

Prends cette lampe, et éclaire le chemin... Prenez mon bras, madame.

MARGUERITE.

Où allons-nous?

IV. 4.

BURIDAN.

Au-devant du roi Louis X, qui rentre demain dans sa bonne ville de Paris.

ACTE QUATRIÈME

BURIDAN

SEPTIÈME TABLEAU

Une salle du Louvre; porte au fond, avec deux portes latérales; deux autres, à gauche, une à droite au deuxième plan, et une croisée du même côté au premier plan.

SCÈNE PREMIÈRE

GAULTIER, puis CHARLOTTE.

GAULTIER, entrant.

Marguerite! Marguerite! elle ne sera point encore sortie de sa chambre.

CHARLOTTE, paraissant à la porte de la reine.

Est-ce vous, madame la reine?... Le seigneur Gaultier!

GAULTIER.

Charlotte, notre souveraine, que Dieu conserve! est en bonne santé, j'espère?...

CHARLOTTE.

Je n'en sais rien, monseigneur; je sors de sa chambre.

GAULTIER.

Eh bien?

CHARLOTTE.

Elle n'y a point couché.

GAULTIER.

Que dis-tu là, Charlotte?

CHARLOTTE.

La vérité... Ah! mon Dieu! je suis bien inquiète

GAULTIER.

Que dis-tu?

CHARLOTTE.

Je dis, monseigneur, que je venais voir si la reine n'était pas dans cette salle.

GAULTIER.

La reine n'est point dans son appartement, elle n'est point ici, elle n'est point au palais... Oh! mon Dieu! mais ne sais-tu rien, enfant, ne sais-tu rien qui puisse nous indiquer où elle pourrait être?

CHARLOTTE.

Hier au soir, elle m'a demandé sa mante pour sortir, et je ne l'ai pas revue depuis.

GAULTIER.

Tu ne l'a pas revue?... Mais tu sais peut-être où elle allait... Dis-le-moi, que je coure sur ses pas, que je sache ce qu'elle est devenue, que je la retrouve.

CHARLOTTE.

Je ne sais point où elle allait, monseigneur.

GAULTIER.

Écoute, ne crains rien; si c'est un secret qu'elle t'a confié, dis-le-moi, car elle me confie, à moi aussi, tous ses secrets; ne crains rien et répète-moi ce que tu sais; je lui dirai que je t'ai forcée de me le dire, et elle te pardonnera; et moi, moi, Charlotte, tu me tireras un poignard du cœur; n'est-ce pas, elle t'a dit où elle allait?

CHARLOTTE.

Elle ne m'a rien dit, je vous le jure.

GAULTIER.

Oui, oui, elle t'a recommandé la discrétion; tu fais bien, enfant, de la lui garder... Mais, moi, moi, tu sais, elle m'aurait dit comme à toi où elle allait; dis-le moi... Attends, désires-tu quelque chose que tu n'espérais pas obtenir dans ce monde?

CHARLOTTE.

Je ne désire rien, que de savoir ce qu'est devenue la reine.

GAULTIER.

Demande ce que tu voudras, et dis-moi où elle est, car tu dois le savoir, n'est-ce pas? demande ce que tu voudras; des bijoux, je t'en couvrirai; as-tu un fiancé pauvre, je le doterai; veux-tu l'avoir près de toi, je le ferai entrer dans mes gardes;

ce que n'espérerait pas la fille d'un comte ou d'un baron, tu l'obtiendras, toi, sur une seule réponse... Charlotte, où est Marguerite? où est la reine?

CHARLOTTE.

Hélas! hélas! monseigneur, je ne sais pas; mais peut-être...

GAULTIER.

Dis! dis!

CHARLOTTE.

Cet Italien, Orsini...

GAULTIER.

Oui, oui, tu as raison, et j'y cours, Charlotte... Oh! si elle revient en mon absence, dis-lui qu'elle m'accorde un instant avant la rentrée du roi; tu la supplieras, n'est-ce pas? tu lui diras que c'est moi, moi, son serviteur fidèle et dévoué, moi qui l'en prie ; tu lui diras que je suis au désespoir, que je deviendrai fou si elle ne me dit pas un mot, un mot qui me rassure et me console.

CHARLOTTE.

Sortez, sortez, voici qu'on ouvre les appartements.

GAULTIER.

Oui, oui.

CHARLOTTE.

Bon courage, monseigneur! je vais prier pour vous.

(Gaultier sort, et Charlotte rentre chez la reine.)

SCÈNE II

SAVOISY, PIERREFONDS, Seigneurs, puis RAOUL.

SAVOISY.

Vous n'êtes pas allé au-devant du roi, sire de Pierrefonds?

PIERREFONDS.

Non, monseigneur; si la reine y va, je l'accompagnerai; et vous?

SAVOISY.

J'attendrai notre sire ici : il y a sur la route une si grande affluence de peuple, qu'on ne peut y passer... Je ne veux pas me confondre avec tous ces manants.

PIERREFONDS.

Et puis vous avez pensé que, le véritable roi s'appelant non pas Louis le Hutin, mais Marguerite de Bourgogne, mieux valait faire sa cour à Marguerite de Bourgogne qu'à Louis le Hutin?

SAVOISY.

Peut-être y a-t-il quelque chose comme cela (A sire Raoul, qui entre.) Bonjour, baron; quelle nouvelle?

RAOUL.

Que voici le roi qui vient, messeigneurs.

SAVOISY.

Et la reine ne paraît-elle pas?

RAOUL.

La reine est allée au-devant de lui, elle rentre à sa droite.

LE PEUPLE, au dehors.

Vive le roi! vive le roi!

RAOUL.

Tenez, entendez-vous les cris des manants?

SAVOISY.

Nous avons fait une faute.

RAOUL.

Mais peut-être vous étonnerais-je bien, si je vous disais qui est à sa gauche.

SAVOISY.

Pardieu! il serait plaisant que ce fût un autre que Gaultier d'Aulnay!

RAOUL.

Gaultier d'Aulnay n'est pas même dans le cortége.

SAVOISY.

Il n'est pas dans le cortége, il n'est pas ici; est-ce qu'il y aurait eu fête cette nuit à la tour de Nesle? est-ce qu'il y aurait encore un cadavre ou deux sur les rives de la Seine?... Voyons, qui était à la gauche du roi?

RAOUL.

Messeigneurs, à sa gauche était, sur un cheval superbe, ce capitaine italien que nous avons vu arrêter hier par Gaultier sous le balcon du Louvre et conduire au grand Châtelet.

SAVOISY.

C'est impossible.

RAOUL.

Vous allez le voir.

PIERREFONDS.

Que dites-vous de cela, Savoisy?

SAVOISY.

Je dis que nous vivons dans un temps bien étrange... Hier, Marigny premier ministre... aujourd'hui, Marigny arrêté... Hier, ce capitaine arrêté... peut-être, aujourd'hui, ce capitaine sera-t-il premier ministre... On croirait, sur mon honneur, que Dieu joue aux dés avec Satan ce beau royaume de France.

LE PEUPLE, au dehors.

Noël! Noël! vive le roi!

PIERREFONDS.

Et voici le peuple qui s'inquiète peu qui on arrête ou qui on fait premier ministre, qui crie : *Noël!* à tue-tête sur le passage du roi.

SCÈNE III

Les Mêmes, LE ROI, MARGUERITE, BURIDAN,
PLUSIEURS SEIGNEURS.

LES SEIGNEURS, entrant.

Le roi, messieurs! le roi!

LE PEUPLE.

Noël! Noël! vive le roi!

LE ROI, entrant.

Salut, messeigneurs, salut! nous sommes heureux d'avoir laissé dans la Champagne une aussi belle armée, et de retrouver ici une aussi belle noblesse.

SAVOISY.

Sire, le jour où vous réunirez armée et noblesse pour marcher contre vos ennemis sera un beau jour pour nous.

LE ROI.

Et, pour vous aider à faire les frais de la campagne, messieurs, je vais donner l'ordre qu'une taxe soit levée sur la ville de Paris à l'occasion de ma rentrée.

LE PEUPLE, au-dessous de la croisée.

Vive le roi! vive le roi!

LE ROI, allant au balcon.

Oui, mes enfants, je m'occupe de diminuer les impôts, je veux que vous soyez heureux, car je vous aime.

BURIDAN, à la Reine.

Rappelez-vous nos conventions : à nous deux le pouvoir, à nous deux la France.

MARGUERITE.

A compter d'aujourd'hui, vous prenez place avec moi au conseil.

BURIDAN.

Soyez-y de mon avis, je serai du vôtre.

LE PEUPLE, au-dessous de la croisée.

Vive le roi ! vive le roi !

LE ROI, du balcon.

Oui, oui, mes enfants. (Se retournant vers Buridan.) Vous entendez, sire Lyonnet de Bournonville? vous ferez faire un nouveau relevé des états et métiers de la ville de Paris, afin que chacun ne paye, pour cette nouvelle taxe, que ce qu'il a payé pour l'autre, il faut être juste.

SAVOISY.

Lyonnet de Bournonville ! Il paraît que ce n'est pas un chevalier de fortune, c'est un vieux nom.

LE ROI.

Nous rentrons au conseil. Messires, avant de prendre congé de nous, voici notre main à baiser.

(Il va s'asseoir sur un fauteuil qu'un Page a placé dans le milieu du théâtre, un peu au fond. Le groupe de Seigneurs qui se forme autour du Roi laisse les deux côtés du théâtre libres.)

GAULTIER, entrant vivement.

La reine! on m'a dit... La voilà.

MARGUERITE.

Gaultier !... Approchez-vous, sire capitaine, et baisez la main du roi. (Bas, pendant qu'il passe devant elle.) Je t'aime, je n'aime que toi, je t'aimerai toujours !

GAULTIER.

Buridan ! Buridan ici !

MARGUERITE.

Silence !.

(Landry paraît au balcon.)

SCÈNE IV

Les Mêmes, LANDRY, sur le balcon.

BURIDAN, regardant le balcon et apercevant Landry.

Landry !

LANDRY, montrant la boîte de fer.

Capitaine ?

BURIDAN.

Tu vois !

LANDRY.

Bien.

BURIDAN.

La boîte ?

LANDRY.

Les douze marcs d'or ?

BURIDAN.

Ce soir, je te les porterai.

LANDRY.

Où ?

BURIDAN.

A mon ancien logement, chez Pierre de Bourges, le tavernier.

LANDRY.

Ce soir, je vous remettrai la boîte.

BURIDAN.

J'ai à t'interroger sur beaucoup de choses.

LANDRY.

Je vous répondrai sur toutes.

BURIDAN.

C'est bien. (Se retournant, aux Gardes.) Faites éloigner ces hommes.

LES GARDES.

Arrière, manants ! arrière !

DES GENS DU PEUPLE, grimpant au balcon.

Vive le roi ! vive le roi !

(Les Gardes font descendre le peuple à coups de manche de hallebarde.)

LE ROI.

Maintenant, occupons-nous des affaires du royaume... Adieu, messeigneurs.

UN OFFICIER.

Place au roi ! (Le Roi sort par le fond.) Place à la reine. (La Reine passe.) Place au premier ministre !

(Buridan passe et entre au conseil; les Gardes sortent.)

SCÈNE V

SAVOISY, PIERREFONDS, GAULTIER, RAOUL, Seigneurs.

SAVOISY.

Çà, sommes-nous éveillés? dormons-nous, messeigneurs? Quant à moi, je m'installe ici... (Il s'assied.) Si je dors, on m'éveillera; si je veille, on me mettra à la porte; mais je veux savoir comment finiront ces choses.

PIERREFONDS.

Si nous demandions à Gaultier, peut-être est-il dans le secret. Gaultier!

GAULTIER, se jetant sur un fauteuil de l'autre côté.

Oh! laissez-moi, messeigneurs; je ne sais rien, je ne devine rien... Laissez-moi, je vous prie.

SAVOISY.

La porte s'ouvre.

L'OFFICIER, entrant par le fond.

Le sire de Pierrefonds?

PIERREFONDS.

Voici.

L'OFFICIER.

Ordre du roi.

(Il sort. Tous les Courtisans se groupent autour de Pierrefonds.)

PIERREFONDS, lisant.

« Ordre d'aller prendre à Vincennes le sire Enguerrand de Marigny, et de le conduire à Montfaucon. »

SAVOISY.

Bien! c'est au bas d'un arrêt de mort que le roi a mis sa première signature; cela promet. Bien des compliments sur la missio

PIERREFONDS.

J'en aimerais mieux une autre; mais, quelle qu'elle soit, je vais l'accomplir. Adieu, messieurs.

(Il sort.)

SAVOISY.

Nous voilà toujours fixés sur un point : c'est que le premier ministre sera pendu... Le roi avait promis de faire quelque chose pour son peuple.

L'OFFICIER, entrant.

Le sire comte de Savoisy?

SAVOISY.

Voici.

L'OFFICIER.

Lettres patentes du roi.

(Il sort.)

TOUS, se rapprochant de Savoisy.

Ah! voyons, voyons.

SAVOISY.

Sang-Dieu! messeigneurs, vous êtes plus pressés que moi : le premier ordre ne m'invite pas beaucoup à ouvrir le second; et, si par hasard c'était l'un de vous que je dusse aussi mener pendre, celui-là m'aurait quelque obligation du retard... (Il déplie lentement le parchemin.) Ma commission de capitaine dans les gardes! Y savez-vous une place vacante, messieurs?

RAOUL.

Non; à moins que Gaultier...

SAVOISY, regardant Gaultier.

Sur Dieu! vous m'y faites songer.

RAOUL.

N'importe; recevez nos félicitations.

SAVOISY.

C'est bien, messieurs, c'est bien. Je dois à l'instant prendre mon poste dans les appartements... Restez ici, si tel est votre bon plaisir. Messieurs, j'ai appris pour mon compte ce que je voulais savoir. (Riant.) Le roi est un grand roi, et le nouveau ministre un grand homme.

(Il sort.)

L'OFFICIER, rentrant.

Sire Gaultier d'Aulnay!

GAULTIER.

Hein?

L'OFFICIER.

Lettres patentes du roi.

GAULTIER, se levant.

Du roi!

(Il les prend, étonné.)

L'OFFICIER.

Messeigneurs, le roi, notre sire, ne recevra pas après le conseil ; vous pouvez vous retirer.

GAULTIER, lisant.

« Lettres patentes du roi, donnant au sire d'Aulnay le commandement de la comté de Champagne. » A moi le commandement d'une province !... « Ordre de quitter demain Paris pour se rendre à Troyes. » Moi, quitter Paris !....

RAOUL.

Sire d'Aulnay, nous vous félicitons ; justice est faite, et la reine ne pouvait mieux choisir.

GAULTIER.

Félicitez Satan ; car, d'archange qu'il était, il est devenu roi des enfers. (Il déchire l'ordre.) Je ne partirai pas ! (S'adressant aux Seigneurs.) Le roi n'a-t-il pas dit que vous pouviez vous retirer, messieurs ?

RAOUL.

Et vous ?

GAULTIER.

Moi, je reste.

RAOUL.

Si nous ne vous revoyons pas avant votre départ, bon voyage, sire Gaultier.

GAULTIER.

Dieu vous garde !

(Ils sortent.)

SCÈNE VI

GAULTIER, seul.

Partir !... partir, quitter Paris !... Est-ce cela qu'on m'avait promis ?... Mais qui me dira donc sur quel terrain je marche depuis quelques jours ? Autour de moi, tout n'est que déception ; chaque objet me paraît réel jusqu'à ce que je le touche, puis alors il s'évanouit entre mes mains... Fantômes !

SCÈNE VII

GAULTIER, MARGUERITE.

MARGUERITE, entrant par le fond.

Gaultier !

GAULTIER.

Ah! c'est vous enfin, madame!

MARGUERITE.

Silence!

GAULTIER.

Assez longtemps je me suis tu, il faut que je vous parle, dût chaque parole me coûter une année d'existence... Vous raillez-vous de moi, Marguerite, pour promettre et retirer en même temps votre parole?... Suis-je un jouet dont on s'amuse? suis-je un enfant dont on se rit?... Hier, vous me jurez que rien ne nous séparera, et aujourd'hui... l'on m'envoie bien loin de Paris dans je ne sais quelle comté!

MARGUERITE.

Vous avez reçu l'ordre du roi?

GAULTIER, montrant les morceaux qui sont à terre.

Et le voilà, tenez.

MARGUERITE.

Modérez-vous.

GAULTIER.

Vous avez pu approuver cet ordre?

MARGUERITE.

J'ai été forcée.

GAULTIER.

Forcée! et par qui? qui peut forcer la reine?

MARGUERITE.

Un démon qui en a le pouvoir.

GAULTIER.

Mais quel est-il? Dites-le-moi.

MARGUERITE.

Feins d'obéir, et peut-être, d'ici à demain, pourrai-je te voir et tout t'expliquer.

GAULTIER.

Et tu veux que je me retire sur une pareille assurance?

MARGUERITE.

Tu ne partiras pas; mais va-t'en, va-t'en!

GAULTIER.

Je reviendrai: il me faut l'explication de ce secret.

MARGUERITE.

Oui, oui, tu reviendras; voici quelqu'un, quelqu'un vient

GAULTIER.

Souviens-toi de ta promesse. Adieu.

(Il s'élance dehors.)

MARGUERITE.

Il était temps !

SCÈNE VIII

MARGUERITE, BURIDAN, entrant par le fond.

BURIDAN.

Pardonne-moi si j'interromps tes adieux, Marguerite.

MARGUERITE.

Tu as mal vu, Buridan.

BURIDAN.

N'est-ce donc point Gaultier qui s'éloigne ?

MARGUERITE.

Alors tu as mal entendu, ce n'étaient point des adieux.

BURIDAN.

Comment cela ?

MARGUERITE.

C'est qu'il ne part pas.

BURIDAN.

Le roi le lui ordonne.

MARGUERITE.

Et moi, je le lui défends.

BURIDAN.

Marguerite, tu oublies nos conventions ?

MARGUERITE.

Je t'ai promis de te faire ministre, et j'ai tenu parole ; tu m'avais promis de me laisser Gaultier, et tu exiges qu'il parte !

BURIDAN.

Nous avons dit : « A nous deux la France, » et non : « A nous trois ; » ce jeune homme serait en tiers dans le pouvoir et les secrets, c'est impossible !

MARGUERITE.

Cela sera pourtant.

BURIDAN.

As-tu oublié que tu étais en ma puissance ?

MARGUERITE.

Oui, hier que tu n'étais que Buridan prisonnier, non aujourd'hui que tu es Lyonnet de Bournonville, premier ministre.

BURIDAN.

Comment cela ?

MARGUERITE.

Tu ne peux pas me perdre sans te perdre toi-même.

BURIDAN.

Cela m'aurait-il arrêté hier ?

MARGUERITE.

Cela t'arrêtera aujourd'hui. Hier, tu avais tout à gagner et rien à perdre que la vie... Aujourd'hui, avec la vie, tu as à perdre honneurs, rang, fortune, richesses, pouvoir... Tu tomberais de trop haut, n'est-ce pas? pour que l'espoir de me briser dans ta chute te décide à te précipiter!... Nous sommes arrivés ensemble au faîte d'une montagne escarpée et glissante; crois-moi, Buridan, soutenons-nous l'un l'autre, plutôt que de nous menacer tous deux.

BURIDAN.

Tu l'aimes donc bien ?

MARGUERITE.

Plus que ma vie.

BURIDAN.

L'amour dans le cœur de Marguerite ! j'aurais cru qu'on pouvait le presser et le tordre sans qu'il en sortît un seul sentiment humain... Tu es au-dessous de ce que j'espérais de toi. Si nous voulons, Marguerite, que rien n'arrête notre volonté où nous lui dirons d'aller, il faut que cette volonté soit assez forte pour briser sur sa route tout ce qu'elle rencontrera, sans coûter une larme à nos yeux, un regret à notre cœur... Nous sommes devenus des choses qui gouvernent, et non des créatures qui s'attendrissent. Oh! malheur, malheur à toi, Marguerite! je te croyais un démon, et tu n'es qu'un ange déchu.

MARGUERITE.

Écoute : si ce n'est pas de l'amour, invente un nom pour ma faiblesse; mais qu'il ne parte pas, je t'en prie.

BURIDAN, à part.

Ils seraient deux contre moi, c'est trop.

MARGUERITE.

Que dis-tu ?

BURIDAN, à part.

Je suis perdu si je ne les perds. (Haut.) Qu'il ne parte pas ?...

MARGUERITE.

Oui, je t'en prie.

BURIDAN.

Et si je suis jaloux de lui, moi ?

MARGUERITE.

Toi, jaloux !

BURIDAN.

Si le souvenir de ce que j'ai été pour toi me rend intolérable la pensée qu'un autre est aimé de toi ; si ce que tu as pris pour de l'ambition, pour de la haine, pour de la vengeance ; si tout cela n'était qu'un amour que je n'ai pu éteindre, et qui se reproduisait sous toutes les formes ; si je ne voulais monter que pour arriver à toi ; si, maintenant que je suis arrivé, je ne voulais que toi ; si, pour mes anciens droits, mes droits antérieurs aux siens, je te sacrifiais tout ; si, en échange d'une de ces nuits où le page Lyonnet se glissait tremblant chez la jeune Marguerite pour n'en sortir qu'au jour naissant, je te rendais ces lettres auxquelles je dois d'être arrivé où je suis ; si je te livrais mes moyens de fortune pour te prouver que ma fortune n'avait qu'un but, que, ce but atteint, peu m'importe le reste ; dis, dis, si tu trouvais en moi ce dévouement, cet amour, ne consentirais-tu pas à ce qu'il partît ?

MARGUERITE.

Parles-tu sincèrement, ou railles-tu, Lyonnet ?

BURIDAN.

Un rendez-vous ce soir, et, ce soir, je te rends tes lettres ; mais non plus, Marguerite, un rendez-vous comme celui de la taverne et de la prison, non plus un rendez-vous de haine et de menaces ; non, non, un rendez-vous d'amour ; et demain, demain, tu pourras le garder et me perdre, puisque tout ce qui fait ma force te sera rendu.

MARGUERITE.

Mais, en supposant que j'y consente, je ne puis te recevoir ici, dans ce palais.

BURIDAN.

N'en sors-tu pas comme tu le veux ?

MARGUERITE.

Puis-je sans me perdre te voir ailleurs ?

BURIDAN.

La tour de Nesle?

MARGUERITE.

Tu y viendrais?

BURIDAN.

N'y ai-je pas été déjà sans savoir que tu m'y attendais?

MARGUERITE, à part.

Il se livre! (Haut.) Écoute, Buridan, c'est une étrange faiblesse; mais ta vue me rappelle tant de moments de bonheur, ta voix éveille tant de souvenirs d'amour que je croyais morts au fond de mon cœur...

BURIDAN.

Marguerite!...

MARGUERITE.

Lyonnet!...

BURIDAN.

Gaultier partira-t-il demain?

MARGUERITE.

Je te le dirai ce soir. (Lui donnant la clef.) Voici la clef de la tour de Nesle; séparons-nous. (A part.) Ah! Buridan, si cette fois tu m'échappes...

(Elle sort.)

BURIDAN.

C'est la clef de ton tombeau, Marguerite! mais, sois tranquille, je ne t'y renfermerai pas seule.

(Il sort.)

SCÈNE IX

MARGUERITE, rentrant; puis ORSINI.

MARGUERITE, à demi-voix, allant à une porte latérale.

Orsini! Orsini!

ORSINI.

Me voici, reine.

MARGUERITE.

Ce soir, à la tour de Nesle, quatre hommes armés et vous.

ORSINI.

Avez-vous d'autres ordres?

MARGUERITE.

Non, pas pour le moment; je vous dirai là-bas ce que vous

aurez à faire ; allez. (Orsini sort ; elle se retourne et regarde autour d'elle.) Personne, c'est bien.

(Elle sort.)

SCÈNE X

BURIDAN, puis SAVOISY.

BURIDAN, entrant par l'autre porte latérale, un parchemin à la main.
Comte de Savoisy ! comte de Savoisy !

SAVOISY.
Me voici, monseigneur.

BURIDAN.
Le roi a appris avec peine les massacres qui désolent sa bonne ville de Paris ; il suppose, avec quelque raison, que les meurtriers se réunissent à la tour de Nesle. Ce soir, à neuf heures et demie, vous vous y rendrez avec dix hommes, et vous arrêterez tous ceux qui s'y trouveront, quels que soient leur titre et leur rang ; voici l'ordre.

SAVOISY.
Eh bien, je n'aurai pas tardé à entrer en fonction.

BURIDAN.
Et vous pouvez dire que celle-là est une des plus importantes que vous remplirez jamais !

(Il sort par une porte latérale et Savoisy par l'autre.)

ACTE CINQUIÈME

GAULTIER D'AULNAY

HUITIÈME TABLEAU

La taverne de Pierre de Bourges.

SCÈNE PREMIÈRE

LANDRY, seul, calculant.

Douze marcs d'or !... cela fait, si je compte bien, six cent dix-huit livres tournois... Si le capitaine tient sa parole et me compte cette somme en échange de cette petite boîte de fer dont je ne donnerais pas six sous parisis, je pourrai suivre son conseil et devenir honnête homme... Cependant il faudra faire quelque chose... Que ferais-je ?... Ma foi ! avec mon argent, je lèverai une compagnie ; j'en prendrai le commandement ; je me mettrai au service de quelque grand seigneur ; j'empocherai ma solde tout entière, et je ferai vivre mes hommes sur les manants. Vive-Dieu ! c'est un état où ni le vin ni les femmes ne manquent ; puis, s'il passe quelque voyageur un peu trop chargé d'or ou de marchandises, comme le royaume des cieux est surtout pour les pauvres, on leur en facilite l'entrée. Sang-Dieu ! voilà, si je ne me trompe, une honnête et joyeuse vie ; et, pourvu qu'on accomplisse fidèlement ses devoirs de chrétien, qu'on rosse de temps en temps quelque bohème, qu'on écorche quelque juif, le salut m'y paraît une chose aussi facile que d'avaler ce verre de vin... Ah ! voici le capitaine.

SCÈNE II

LANDRY, BURIDAN.

BURIDAN.

C'est bien, Landry.

LANDRY.

Vous voyez que je vous attends.

BURIDAN.

Et tu bois, en m'attendant ?

LANDRY.

Je ne connais pas de meilleur compagnon que le vin

BURIDAN, tirant sa bourse.

Si ce n'est l'or avec lequel on l'achète.

LANDRY.

Voici votre boîte.

BURIDAN.

Voici tes douze marcs d'or.

LANDRY.

Merci.

BURIDAN.

Maintenant, j'ai donné rendez-vous ici à un jeune homme:

il va venir, laisse-moi cette chambre un instant. Aussitôt que tu le verras sortir, reviens, j'ai à causer avec toi.

(On entend du bruit dans l'escalier.)

LANDRY.

Pardieu! il vous suivait de près. Tenez, le voilà qui se casse le cou dans l'escalier.

BURIDAN.

Bien : laisse-nous.

GAULTIER, sur la porte.

Le capitaine Buridan?

LANDRY.

Le voici.

SCÈNE III

BURIDAN, GAULTIER.

BURIDAN, souriant.

Je croyais que vous connaissiez mon nouveau titre et mon nouveau nom, messire Gaultier? Je me trompais, ce me semble ; depuis ce matin, on me nomme Lyonnet de Bournonville, et l'on m'appelle premier ministre.

GAULTIER.

Peu m'importe de quel nom on vous nomme, peu m'importe quel titre est le vôtre ; vous êtes un homme qu'un autre homme vient sommer de tenir sa promesse : êtes-vous en mesure de la remplir?

BURIDAN.

Je vous ai promis de vous faire connaître le meurtrier de votre frère.

GAULTIER.

Ce n'est pas cela : vous m'avez promis autre chose.

BURIDAN.

Je vous ai promis de vous dire comment Enguerrand de Marigny est passé en un jour du palais du Louvre au gibet de Montfaucon.

GAULTIER.

Ce n'est point cela : qu'il soit coupable ou non, c'est un débat entre ses juges et Dieu ; vous m'avez promis autre chose.

BURIDAN.

Est-ce de vous apprendre comment l'homme arrêté par vous hier est aujourd'hui premier ministre?

GAULTIER.

Non, non : que ses moyens lui viennent de Dieu ou de Satan, peu m'importe; il y a dans tout cela des secrets terribles que je ne veux pas approfondir. Mon frère est mort, Dieu le vengera; Marigny est mort, Dieu le jugera... Ce n'est pas cela; vous m'avez promis autre chose.

BURIDAN.

Expliquez-vous.

GAULTIER.

Vous m'avez promis de me faire voir Marguerite.

BURIDAN.

Ainsi votre amour pour cette femme étouffe tout autre sentiment!... L'amitié fraternelle n'est plus qu'un mot, les intrigues sanglantes de la cour ne sont plus qu'un jeu... Oh! vous êtes bien insensé!

GAULTIER.

Vous m'avez promis de me faire voir Marguerite.

BURIDAN.

Avez-vous besoin de moi pour cela? Ne pouvez-vous entrer par la porte secrète de l'alcôve, ou tremblez-vous que, cette nuit comme l'autre, Marguerite ne rentre pas au Louvre?

GAULTIER, anéanti.

Qui t'a dit cela?

BURIDAN.

Celui avec lequel Marguerite a passé la nuit.

GAULTIER.

Blasphème!... Mais c'est toi qui es fou, Buridan.

BURIDAN.

Calme-toi, enfant; et ne tourmente pas ton épée dans le fourreau... C'est une femme belle et passionnée que Marguerite, n'est-ce pas? Que t'a-t-elle dit quand tu lui as demandé d'où lui venait cette blessure à la joue?

GAULTIER.

Mon Dieu! mon Dieu! prenez pitié de moi!

BURIDAN.

Sans doute elle t'a écrit?

GAULTIER.

Que t'importe

BURIDAN.

C'est d'un style magique et ardent qu'elle peint la passion, n'est-ce pas?

GAULTIER.

Tes yeux damnés n'ont jamais vu, je l'espère, l'écriture sacrée de la reine?

BURIDAN, ouvrant la boîte de fer.

La reconnais-tu?... Lis : « Ta Marguerite bien aimée. »

GAULTIER.

C'est un prestige! c'est un enfer!

BURIDAN.

N'est-ce pas, quand on est près d'elle, quand elle vous parle d'amour, n'est-ce pas qu'il est doux de passer la main dans ses longs cheveux qu'elle laisse si voluptueusement flotter, d'en couper une tresse comme celle-ci?

(Il lui montre une tresse de cheveux qu'il a tirée de la boîte.)

GAULTIER.

C'est son écriture!... la couleur de ses cheveux!... Dis-moi que tu lui as volé cette lettre; dis-moi que tu lui as coupé ces cheveux par surprise.

BURIDAN.

Tu le lui demanderas à elle-même : je t'ai promis de te la faire voir.

GAULTIER.

A l'instant! à l'instant!

BURIDAN.

Mais peut-être n'est-elle pas encore au rendez-vous.

GAULTIER.

Un rendez-vous!... Qui a un rendez-vous avec elle?... Nomme-moi celui-là... Oh! j'ai soif de son sang et de sa vie!

BURIDAN.

Ingrat! et si celui-là t'y cédait sa place?

GAULTIER.

A moi!

BURIDAN.

Si, soit lassitude pour lui, soit compassion pour toi, il ne veut plus de cette femme; s'il te la cède, s'il te la ren s'il te la donne?

GAULTIER, tirant son poignard.

Ah! malédiction!...

BURIDAN.

Jeune homme!...

GAULTIER.

O mon Dieu!... pitié!...

BURIDAN.

Il est huit heures et demie, Marguerite attend : Gaultier, la feras-tu attendre?

GAULTIER.

Où est-elle? où est-elle?

BURIDAN.

A la tour de Nesle!

GAULTIER.

Bien.

(Il va pour sortir.)

BURIDAN.

Tu oublies la clef.

GAULTIER.

Donne.

BURIDAN.

Un mot encore.

GAULTIER.

Dis.

BURIDAN.

C'est elle qui a tué ton frère.

GAULTIER.

Damnation!...

(Il disparaît.)

SCÈNE IV

BURIDAN, seul.

C'est bien, va la rejoindre, et perdez-vous l'un par l'autre; c'est bien. Si Savoisy est aussi exact qu'eux, il fera d'étranges prisonniers. Maintenant, une seule chose me reste à savoir : ce que sont devenus ces deux malheureux enfants. Oh! si je les avais pour leur faire partager ma fortune et m'appuyer sur eux!... Landry sera bien fin si je ne parviens à apprendre de lui ce qu'ils sont devenus. Le voilà.

SCÈNE V

BURIDAN, LANDRY.

LANDRY.

Vous avez encore quelque chose à me dire, capitaine?

BURIDAN.

Oh! rien... Dis-moi, combien faut-il de temps à ce jeune homme pour aller d'ici à la tour de Nesle?

LANDRY.

Vu qu'il n'y a pas de bateaux maintenant, il faudra qu'il remonte jusqu'au pont aux Moulins; c'est une demi-heure à peu près.

BURIDAN.

C'est bien; mets ce sablier sur cette table. Je voulais causer de notre ancienne connaissance, Landry, de nos guerres d'Italie. Ajoute un verre et assieds-toi.

LANDRY.

Oui, oui, c'étaient de rudes guerres et un bon temps; les jours se passaient en batailles et les nuits en orgies. Vous rappelez-vous, capitaine, les vins de ce riche prieur de Gênes, dont nous bûmes jusqu'à la dernière goutte; ce couvent de jeunes filles dont nous enlevâmes jusqu'à la dernière nonne? Toutes ces choses sont de joyeux souvenirs, mais de gros péchés, capitaine.

BURIDAN.

Au jour de la mort, on mettra nos péchés d'un côté de la balance et nos bonnes actions de l'autre: j'espère que tu as fait assez provision de ces dernières pour que le bassin l'emporte?

LANDRY.

Oui, oui, j'ai bien quelques œuvres méritantes, et dans lesquelles j'espère...

(Ils boivent.)

BURIDAN.

Raconte-les-moi, cela m'édifiera.

LANDRY.

Dans le procès des templiers, qui a eu lieu au commencement de cette année, il manquait un témoin pour faire triompher la cause de Dieu, et condamner Jacques de Molay, le grand maître; un digne bénédictin jeta les yeux sur moi et me dicta un faux témoignage, que je répétai saintement mot à mot devant la justice, comme s'il était vrai; le surlendemain, les hérétiques furent brûlés, à la grande gloire de Dieu et de notre sainte religion.

BURIDAN.

Continue, mon brave; on m'a raconté une histoire d'enfants...

(Ils boivent.)

LANDRY.

Oui, c'était en Allemagne; pauvre petit ange! j'espère qu'il prie là-haut pour moi, celui-là. Imaginez-vous, capitaine, que nous donnions la chasse à des bohémiens, qui sont, comme vous savez, païens, idolâtres et infidèles; nous traversions leur village, qui était tout en feu. J'entends pleurer dans une maison qui brûlait, j'entre; il y avait un pauvre petit enfant de bohème, abandonné. Je cherche autour de moi, je trouve de l'eau dans un vase; en un tour de main, je le baptise; le voilà chrétien; c'est bon. J'allais le mettre dans un endroit où le feu ne pût l'atteindre, quand je réfléchis que, le lendemain, les parents reviendraient, et le baptême au diable! Alors je le couchai proprement dans son berceau, et je rejoignis les camarades; derrière moi, le toit s'abîma.

BURIDAN, avec distraction.

Et l'enfant périt?

LANDRY.

Oui; mais qui fut bien penaud? C'est Satan, qui croyait venir chercher une âme idolâtre, et qui se brûla les doigts à une âme chrétienne.

BURIDAN.

Oui, je vois que tu as toujours eu une religion bien dirigée; mais je voulais parler d'autres enfants... de deux enfants qu'Orsini...

LANDRY.

Je sais ce que vous voulez dire.

BURIDAN.

Ah!

LANDRY.

Oui, oui, c'étaient deux pauvres petits qu'Orsini m'avait dit de jeter à l'eau comme des chats qui n'y voient pas encore clair, et que j'eus la tentation de conserver de ce monde, vu qu'il m'assura qu'ils étaient chrétiens.

BURIDAN, vivement.

Et qu'en fis-tu ?

LANDRY.

Je les exposai au parvis Notre-Dame, où l'on met d'habitude ces petites créatures.

BURIDAN.

Sais-tu ce qu'ils devinrent ?

LANDRY.

Non ; je sais qu'ils ont été recueillis, voilà tout ; car, le soir, ils n'y étaient plus.

BURIDAN.

Et ne leur imprimas-tu aucun signe afin de les reconnaitre?

LANDRY.

Si fait, si fait... Je leur fis — ils pleurèrent même bien fort, mais c'était pour leur bien — je leur fis, avec mon poignard, une croix sur le bras gauche.

BURIDAN, se levant.

Une croix rouge? une croix au bras gauche? une croix pareille à tous deux? Oh! dis que ce n'est pas une croix que tu leur as faite, dis que ce n'était pas au bras gauche, dis que c'était un autre signe...

LANDRY.

C'était une croix et pas autre chose ; c'était au bras gauche et pas autre part.

BURIDAN.

Oh! malheur! malheur! mes enfants! Philippe! Gaultier! l'un mort, l'autre près de mourir!... tous deux assassinés, l'un par elle, l'autre par moi! justice de Dieu!... Landry, où peut-on avoir une barque, que nous arrivions avant ce jeune homme?

LANDRY.

Chez Simon le pêcheur.

BURIDAN.

Alors une échelle, une épée, et suis-moi.

LANDRY.

Où cela, capitaine ?

BURIDAN.
A la tour de Nesle, malheureux !

NEUVIÈME TABLEAU

La tour de Nesle.

SCÈNE PREMIÈRE

MARGUERITE, ORSINI.

MARGUERITE.

Tu comprends, Orsini? c'est une dernière nécessité, c'est un meurtre encore, mais c'est le dernier. Cet homme connaît tous nos secrets, nos secrets de vie ou de mort; les tiens et les miens. Si je n'avais lutté depuis trois jours contre lui au point d'être lasse de la lutte, nous serions déjà perdus tous deux.

ORSINI.

Mais cet homme a donc des démons à ses ordres, pour être instruit ainsi de tout ce que nous faisons?

MARGUERITE.

Peu importe de quelle manière il a appris, mais enfin il sait. Avec un mot, cet homme m'a jetée à ses genoux comme une esclave; il m'a vue lui détacher un à un les liens dont je l'avais fait charger... et cet homme-là, qui sait nos secrets, qui m'a vue ainsi, qui peut nous perdre; cet homme a eu l'imprudence de me demander un rendez-vous, un rendez-vous à la tour de Nesle ! J'ai hésité cependant; mais, n'est-ce pas? c'était bien imprudent à lui ! c'était tenter Dieu ! Au moins, il s'est invité, lui; c'est encore autant de moins pour le remords.

ORSINI.

Eh bien, encore celui-ci ; moi qui vous demandais du repos, je suis le premier à vous dire : « Il le faut. »

MARGUERITE.

Ah! n'est-ce pas qu'il le faut, Orsini? Tu vois bien, tu veux aussi qu'il meure; quand je ne te l'ordonnerais pas, pour ta propre sûreté tu le frapperais?

ORSINI.

Oui, oui ! mais une trêve après ; si votre cœur n'est point blasé, notre fer s'émousse, et ce sera assez, ce sera trop pour notre repos éternel.

MARGUERITE.

Oui ; mais notre tranquillité en ce monde l'exige. Tant que cet homme vivra, je ne serai pas reine, je ne serai maîtresse, ni de ma puissance, ni de mes trésors, ni de ma vie ; mais lui mort !... oh ! je te le jure, plus de nuits passées hors du Louvre, plus d'orgies à la tour, plus de cadavres à la Seine ! Puis je te donnerai assez d'or pour acheter une province, et tu seras libre de retourner dans ta belle Italie ou de rester en France. Écoute : je ferai raser cette tour ; je bâtirai un couvent à la place, je doterai une communauté de moines, et ils passeront leur vie à prier nu-pieds sur la pierre nue, à prier pour moi et pour toi ; car, je te le dis, Orsini, je suis lasse autant que toi de toutes ces amours et de tous ces massacres... et il me semble que Dieu me les pardonnerait si je n'y ajoutais pas ce dernier meurtre.

ORSINI.

Il sait nos secrets, il peut nous perdre. Par où va-t-il venir ?

MARGUERITE.

Par cet escalier.

ORSINI.

Après lui, pas d'autres ?

MARGUERITE.

Par le sang du Christ ! je te le jure.

ORSINI.

Je vais placer mes hommes.

MARGUERITE.

Écoute ! ne vois-tu rien ?

ORSINI.

Une barque conduite par deux hommes.

MARGUERITE.

L'un de ces hommes, c'est lui. Il n'y a pas de temps à perdre : va, va ; mais ferme cette porte, qu'il ne puisse venir jusqu'à moi. Je ne peux pas, je ne veux pas le revoir ; peut-être a-t-il encore quelque secret qui lui sauverait la vie... Va, va, et enferme-moi.

(Orsini sort et ferme la porte.)

SCÈNE II

MARGUERITE, seule.

Ah! Gaultier, mon gentilhomme bien-aimé! il a voulu nous séparer, cet homme, nous séparer avant que nous fussions l'un à l'autre! Tant qu'il n'a voulu que de l'or, je lui en ai donné; des honneurs, il les a eus; mais il a voulu nous séparer, et il meurt. Oh! si tu savais qu'il a voulu nous séparer, Gaultier, toi-même me pardonnerais sa mort. Oh! ce Lyonnet, ce Buridan, ce démon, qu'il rentre dans l'enfer d'où il est sorti! C'est à lui que je dois tous mes crimes! c'est lui qui m'a faite toute de sang! Oh! si Dieu est juste, tout retombera sur lui. Et moi, oh! moi, moi! si j'étais mon propre juge, je ne sais pas si j'oserais m'absoudre. (Elle écoute à la porte.) On n'entend rien encore... rien.

LANDRY, du bas de la tour.

Y êtes-vous?

BURIDAN, du balcon.

Oui.

MARGUERITE.

Quelqu'un à cette fenêtre! Ah!

SCÈNE III

MARGUERITE, BURIDAN.

BURIDAN, faisant voler la fenêtre en morceaux et se présentant.

Marguerite! Marguerite! seule! ah! seule encore, Dieu soit loué!

MARGUERITE, reculant.

A moi! à moi!

BURIDAN.

Ne crains rien.

MARGUERITE.

Toi, toi! venant par cette fenêtre! C'est une apparition, un fantôme.

BURIDAN.

Ne crains rien, te dis-je.

MARGUERITE.

Mais pourquoi par cette fenêtre et non par cette porte?

BURIDAN.

Je te le dirai tout à l'heure; mais, auparavant, il faut que je te parle; chaque minute que nous perdons est un trésor jeté dans un gouffre. Écoute-moi.

MARGUERITE.

Viens-tu encore me faire quelque menace, m'imposer quelque condition?

BURIDAN.

Non, non, tu n'as plus rien à craindre. Tiens, regarde, voilà loin de moi mon épée! loin de moi mon poignard! loin de moi cette boîte où sont tous nos secrets! Maintenant, tu peux me tuer, je n'ai pas d'arme, pas d'armure; me tuer, puis prendre cette boîte, brûler ce qui s'y trouve, et dormir tranquille sur mon tombeau. Non, je ne viens pas te menacer. Je viens te dire... Oh! si tu savais ce que je viens te dire! ce qui peut nous rester encore de jours de bonheur, à nous qui nous sommes crus maudits...

MARGUERITE.

Parle, je ne te comprends pas.

BURIDAN.

Marguerite, ne te reste-t-il rien dans le cœur, rien d'une femme, rien d'une mère?

MARGUERITE.

Où veux-tu en venir?

BURIDAN.

Celle que j'ai connue si pure n'est-elle plus accessible à rien de ce qui est sacré pour Dieu et les hommes?

MARGUERITE.

C'est toi qui viens me parler de vertus et de pureté! Satan qui se fait convertisseur! C'est étrange, tu en conviendras toi-même.

BURIDAN.

Peu importe quel nom tu me donnes, pourvu que ma parole te touche... Marguerite, n'as-tu jamais eu un instant de repentir? Oh! réponds-moi comme tu répondrais à Dieu; car, ainsi que Dieu, je puis tout en ce moment pour ton bonheur ou ton désespoir... Je puis te damner ou t'absoudre; je puis, à ton gré, t'ouvrir l'enfer ou le ciel... Suppose que rien ne s'est passé entre nous depuis trois jours... oublie tout, excepté ton ancienne confiance envers moi... N'as-tu pas besoin de dire à quelqu'un tout ce que tu as souffert ?

MARGUERITE.

Oh ! oui, oui, car il n'est point de prêtre à qui on ose confier de pareils secrets !... Il n'y a qu'un complice, et tu es le mien, le mien, de tous mes crimes ! Oui, Buridan... ou plutôt Lyonnet, oui, tous mes crimes sont dans ma première faute !... Si la jeune fille n'avait pas manqué pour toi, malheureux, à ses devoirs, son premier crime, le plus horrible, n'aurait pas été commis ; pour qu'on ne me soupçonnât pas de la mort de mon père, j'ai perdu mes fils !... Poursuivie par le remords, je me suis réfugiée dans le crime !... j'ai voulu étouffer dans le sang et les plaisirs cette voix de la conscience qui me criait incessamment : « Malheur !... » Autour de moi, pas un mot pour me rappeler à la vertu, des bouches de courtisans qui me souriaient, qui me disaient que j'étais belle, que le monde était à moi, que je pouvais le bouleverser pour un moment de plaisir !... Pas de force pour lutter !... des passions, des remords... des nuits pleines de spectres si elles ne l'étaient de volupté !... Oh ! oui, oui, il n'y a qu'à un complice qu'on puisse dire de pareilles choses !

BURIDAN.

Mais, dis-moi, si près de toi tu avais eu tes fils ?

MARGUERITE.

Oh ! alors, aurais-je osé, sous leurs yeux, quand la voix de mes enfants m'eût appelée ma mère !... aurais-je osé faire des projets de meurtre et d'amour ! Oh ! mes fils m'eussent sauvée, ils m'eussent rendue à la vertu peut-être... Mais je ne pouvais garder mes fils ! Mes fils ! oh ! je n'osais pas prononcer ces mots !... car, parmi les spectres que j'ai revus, je n'ai point revu mes fils, et je tremblais, en les appelant, d'évoquer leurs ombres !

BURIDAN.

Malheureuse ! ils étaient près de toi, et rien ne t'a dit : « Marguerite, voilà tes fils ! »

MARGUERITE.

Près de moi ?

BURIDAN.

L'un d'eux, malheureuse mère, l'un d'eux... tu l'as vu à tes genoux, demandant merci contre le poignard des assassins !

Tu étais là, tu entendais ses prières... et tu n'as pas reconnu ton enfant, et tu as dit : « Frappez ! »

MARGUERITE.

Moi, moi !... où cela ?

BURIDAN.

Ici, à cette place où nous sommes.

MARGUERITE.

Ah ! quand ?

BURIDAN.

Avant-hier.

MARGUERITE.

Philippe d'Aulnay ? Vengeance de Dieu !

BURIDAN.

Voilà ce qu'est devenu l'un... Marguerite, pense à ce qu'est l'autre.

MARGUERITE.

Gaultier ?

BURIDAN.

L'amant de sa mère !

MARGUERITE.

Oh ! non, non ; grâce au ciel, cela n'est pas, et j'en remercie Dieu, je l'en remercie à genoux... Non, non, je puis encore appeler Gaultier mon fils, et Gaultier peut m'appeler sa mère.

BURIDAN.

Dis-tu vrai ?

MARGUERITE.

Par le sang du martyr qui a coulé là, je te le jure !... Oh ! oui, oui, c'est la main de Dieu qui a dirigé tout cela, qui m'a mis au cœur cet amour bizarre, tout de mère et pas d'amante !... c'est Dieu... Dieu bon, Dieu Sauveur qui voulait qu'avec le repentir le bonheur revînt dans ma vie !... O mon Dieu ! merci, merci !

(Elle prie.)

BURIDAN.

Eh bien, Marguerite, me pardonnes-tu ? vois-tu encore en moi un ennemi ?

MARGUERITE.

Oh ! non, non, le père de Gaultier !

BURIDAN.

Ainsi, tu le vois, nous pouvons être heureux encore !... Nos vœux d'ambition sont remplis, plus de lutte entre nous... Notre fils est le lien qui nous attache l'un à l'autre... Notre secret sera enseveli entre nous trois!

MARGUERITE.

Oui, oui.

BURIDAN.

Crois-tu que tu puisses encore être heureuse?

MARGUERITE.

Oh! si je le crois! et, il y a dix minutes, cependant, je ne l'espérais plus.

BURIDAN.

Une seule chose manque à notre bonheur, n'est-ce pas?

MARGUERITE.

Notre fils, notre fils là, entre nous deux... notre Gaultier.

BURIDAN.

Il va venir.

MARGUERITE.

Comment?

BURIDAN.

Je lui ai remis la clef que tu m'avais donnée. Il va venir par cet escalier, par où je devais venir, moi.

MARGUERITE.

Malédiction! comme c'était toi que j'attendais, j'avais placé... damnation!... j'avais placé des assassins sur ton passage!

BURIDAN.

Je te reconnais bien là, Marguerite!

(On entend un cri dans l'escalier.)

MARGUERITE.

C'est lui qu'on égorge!

BURIDAN.

Courons!...

(Ils vont à la porte, qu'ils secouent.)

MARGUERITE.

Qui donc a fait fermer cette porte? Oh! c'est moi... moi! Orsini! Orsini! ne frappe pas, malheureux!

BURIDAN, secouant la porte.

Porte d'enfer!... Mon fils! mon fils!

MARGUERITE.

Gaultier!

BURIDAN.

Orsini!... démon!... enfer!... Orsini!

MARGUERITE.

Pitié! pitié!

GAULTIER, en dehors, criant et appelant au secours.

A moi! à moi! au secours!

MARGUERITE.

La porte s'ouvre!

(Elle recule.)

SCÈNE IV

Les Mêmes, GAULTIER.

GAULTIER, entrant, tout ensanglanté.

Marguerite! Marguerite! je te rapporte la clef de la tour.

MARGUERITE.

Malheureux, malheureux! je suis ta mère!

GAULTIER.

Ma mère?... Eh bien, ma mère, soyez maudite

(Il tombe et meurt.)

BURIDAN, se penchant sur son fils, et à genoux.

Marguerite, Landry leur avait fait à chacun une marque sur le bras gauche. (Il déchire la manche de Gaultier et regarde le bras.) Tu le vois, ce sont bien eux... Enfants damnés au sein de leur mère... Un meurtre a présidé à leur naissance, un meurtre a abrégé leur vie.

MARGUERITE.

Grâce! grâce!

SCÈNE V

Les Mêmes, ORSINI, SAVOISY, Gardes.

ORSINI, entre deux Gardes qui le tiennent.

Monseigneur, voilà les véritables assassins; ce sont eux et non pas moi.

SAVOISY, s'avançant.

Vous êtes mes prisonniers.

MARGUERITE et BURIDAN.

Prisonniers, nous?

MARGUERITE.

Moi, la reine ?

BURIDAN.

Moi, le premier ministre ?

SAVOISY.

Il n'y a ici ni reine ni premier ministre; il y a un cadavre, deux assassins, et l'ordre signé de la main du roi d'arrêter cette nuit, quels qu'ils soient, ceux que je trouverai dans la tour de Nesle.

FIN DE LA TOUR DE NESLE

ANGÈLE

DRAME EN CINQ ACTES, EN PROSE

Porte-Saint-Martin. — 28 décembre 1833.

AUX ACTEURS QUI ONT JOUÉ DANS ANGÈLE

MES AMIS,

Nous avons eu un succès de famille, prenons et partageons.

A vous.

ALEX. DUMAS.

Paris, 8 janvier 1834.

DISTRIBUTION

ALFRED D'ALVIMAR.......................................	MM. BOCAGE.
HENRI MULLER..	LOCKROY.
JULES RAYMOND, jeune peintre.....................	CHILLY.
MULLER père..	HÉRET.
DOMINIQUE, domestique d'Alfred.....................	VISSOT.
UN NOTAIRE..	TOURNAN.
UN CHASSEUR...	TOURNOIS.
UN INVITÉ..	DAVESNE.
UN DOMESTIQUE..	FONBONNE.
LA COMTESSE DE GASTON.............................	Mlles VERNEUIL.
ANGÈLE...	IDA.
ERNESTINE, MARQUISE DE RIEUX....................	MÉLANIE.
MADAME ANGÉLIQUE, tante d'Angèle................	Mme ADOLPHE.
LOUISE, femme de chambre d'Angèle.................	Mlles OGDRY.
FANNY, femme de chambre de la comtesse.........	ADÈLE.
UNE DAME..	CLOURT.
INVITÉS, DOMESTIQUES.	

— Le premier et le second acte, à Cauterets, dans les Pyrénées; les trois derniers, à Paris. —

ACTE PREMIER

ALFRED D'ALVIMAR

Un appartement de l'hôtel des Bains à Cauterets ; sur le premier plan, deux fenêtres latérales ; sur le deuxième, deux portes ; au fond, une alcôve fermant avec des rideaux ; de chaque côté de l'alcôve, cabinets de toilette.

SCÈNE PREMIÈRE

ERNESTINE, puis LOUISE.

ERNESTINE, regardant par la fenêtre à gauche.

Depuis une heure, il se promène avec elle, sans daigner s'apercevoir que je suis là, le regardant et pleurant ; ou plutôt il m'a vue ; mais, maintenant, que lui importe, et qu'a-t-il besoin de se cacher ? ne me suis-je pas mise entièrement à sa merci ? — Oh ! je ne puis supporter plus longtemps ce supplice ! (Elle sonne.) Louise ! Louise !

LOUISE, entrant.

Madame ?...

ERNESTINE.

Allez dire à M. d'Alvimar que sa sœur l'attend pour prendre le thé.

LOUISE.

Où le trouverai-je ?

ERNESTINE.

Tenez, là. Ne le voyez-vous pas dans le jardin ?

LOUISE.

Avec mademoiselle Angèle ?... Oui, oui ; j'y vais, madame.

(Elle sort.)

ERNESTINE.

Depuis la nouvelle de la révolution qui a éclaté à Paris, il a complétement changé à mon égard. Cette enfant, qu'il ne songeait pas même à regarder, maintenant il ne la quitte plus ; ses yeux la poursuivent et la fascinent à son tour, comme ils m'ont fascinée et poursuivie... Oh ! cet homme a un but caché que Dieu connaît seul.

(Alfred entre par une des portes du cabinet de toilette.)

SCÈNE II
ERNESTINE, ALFRED.

ERNESTINE.
Eh quoi! vous entrez de ce côté?

ALFRED.
N'est-ce point pour cela que vous m'avez donné cette clef?

ERNESTINE.
Mais, si l'on voyait entrer chez moi par cette porte dérobée, que voudriez-vous qu'on pensât?

ALFRED.
Il m'aurait fallu faire le tour par le grand escalier.

ERNESTINE.
Au fait, ce serait prendre trop de peine, quand il ne s'agit que de l'honneur d'une femme.

ALFRED.
Est-ce pour me faire faire un cours de prud'hommie que vous m'avez dérangé?

ERNESTINE.
Dérangé!... le mot est gracieux.

ALFRED.
Il a le mérite d'exprimer exactement ma pensée.

ERNESTINE.
Et vous ne prenez plus la peine de la cacher, n'est-ce pas?

ALFRED, se versant du thé.
Ma chère Ernestine, vous êtes, depuis quelques jours, dans une disposition d'esprit bien fâcheuse.

ERNESTINE.
Vous mettez tant de soin à l'entretenir?

ALFRED.
Prenez-vous une tasse de thé?

ERNESTINE.
Merci.

ALFRED, feuilletant le journal.
Ah! il est question de votre mari.

ERNESTINE.
Du marquis de Rieux?... Et comment?

ALFRED.
Il suit la famille déchue.

ERNESTINE.
Dans sa position auprès d'elle, c'est presque un devoir.

ALFRED.
Qu'il remplit par ostentation.
ERNESTINE.
Vous calomniez jusqu'au dévouement.
ALFRED.
Jusqu'à ce qu'on m'en cite un véritablement désintéressé.
ERNESTINE.
Celui du marquis.
ALFRED.
Pourquoi plus qu'un autre?
ERNESTINE.
Mais c'est celui du lierre qui s'attache aux débris.
ALFRED.
Parce qu'il ne sait comment s'accrocher aux murs neufs.
ERNESTINE.
Athée!
ALFRED.
Sceptique, tout au plus... — Hélas! la vie humaine est ainsi faite, Ernestine; sa superficie est resplendissante de passions généreuses et d'actions désintéressées. C'est l'eau d'un étang dont la surface réflète les rayons du soleil. Mais, regardez au fond, elle est sombre et boueuse. Certes, votre mari fera sonner bien haut son attachement à ses princes légitimes, son exil volontaire près d'un exil forcé; en le répétant aux autres, il finira peut-être par croire lui-même qu'il est un modèle de générosité; il ne fera pas attention que sa grandeur d'âme n'est qu'un composé de petites bassesses; qu'il bâtit une pyramide avec des cailloux. Il y a plus; si quelqu'un allait lui dire : « Vous quittez la France, non que vous soyez dévoué à vos princes légitimes, non parce que les grands malheurs réclament les grands dévouements, mais parce que votre titre de marquis vous fait plaisir à entendre prononcer, et qu'à la cour du roi déchu seulement, on vous appellera marquis; parce que vous aviez trois ou quatre croix qui ne vont bien que sur un habit à la française, et que vous tenez à conserver votre habit à la française et à porter vos croix, lesquelles font la seule différence qui existe entre vous et le valet de chambre de Sa Majesté; parce que toutes vos habitudes enfin étaient enfermées dans un cercle qui s'est déplacé, et que vous avez suivi, comme l'atmosphère suit la terre. » Je crois que celui qui lui dirait cela l'étonnerait tout le premier.

ERNESTINE.
Mais je ne vous ai jamais entendu parler ainsi.

ALFRED.
C'est que, pour la première fois, je pense tout haut devant vous.

ERNESTINE.
Je ne vous eusse pas aimé, Alfred.

ALFRED.
Et vous eussiez bien fait, Ernestine.

ERNESTINE.
Oh! mon Dieu!

ALFRED.
Je désirais être pour vous l'objet d'un caprice et non d'une passion; pourquoi m'avez-vous donné plus que je ne demandais?

ERNESTINE.
Mais dites-moi donc que tout cela n'est qu'une plaisanterie atroce! N'est-ce pas, n'est-ce pas que vous raillez?

ALFRED.
Je n'ai jamais parlé si sérieusement.

ERNESTINE.
Vous me torturez à plaisir.

ALFRED.
Non, je vous éclaire à regret. Rappelez-vous ma conduite, et vous me rendrez plus de justice. Quand je vis ce que je n'avais envisagé que comme une liaison passagère devenir, de votre part, un sentiment profond, je pensai qu'il était temps de l'arrêter là : je prétextai un voyage aux eaux. Je suis venu ici ; car je présumais que vous finiriez par faire quelque imprudence qui nous perdrait tous deux. Cette imprudence n'a pas tardé ; et, un jour, sous prétexte que vous ne pouviez vivre sans moi, vous êtes arrivée ici sous le titre de ma sœur.

ERNESTINE.
Malheur! mais je vous aimais tant, que je ne pouvais supporter votre absence.

ALFRED.
Un jour de plus, peut-être, et vous eussiez craint mon retour.

ERNESTINE.
Mais, malheureux! vous ne croyez donc à rien?

ALFRED.

Vous vous trompez, Ernestine; je ne révoque pas les choses en doute; je vois au delà; voilà tout.

ERNESTINE.

Vous êtes glaçant.

ALFRED.

Je suis vrai.

ERNESTINE.

Mais où donc avez-vous étudié le monde?

ALFRED.

Dans le monde.

ERNESTINE.

Et sans doute vous vous croyez meilleur que les autres?

ALFRED.

Je le fus.

ERNESTINE.

Et vous vous êtes lassé de l'être?

ALFRED.

La vie humaine se divise généralement en deux parties bien tranchées : la première se passe à être dupe des hommes.

ERNESTINE.

Et la seconde?

ALFRED.

A prendre sa revanche.

ERNESTINE.

Vous en êtes à la dernière?

ALFRED.

J'ai trente-trois ans.

ERNESTINE.

Est-ce un rêve?

ALFRED.

Tenez, Ernestine, vous n'êtes point une femme ordinaire. Écoutez, et vous me connaîtrez.

ERNESTINE.

Je ne vous connais que trop pour mon malheur!

ALFRED.

Et, si je guéris, avec des paroles vraies, l'amour que j'ai fait naître avec des paroles fausses, ne demeurerez-vous pas mon obligée, puisque vous aurez l'expérience de plus?

ERNESTINE.

Parlez donc.

ALFRED.

Je n'ai pas toujours été désenchanté de tout, comme je le suis, Ernestine. Je suis entré dans la vie par une porte dorée. Mon père était maître d'une fortune immense et j'étais son seul enfant. En 1819, j'avais vingt et un ans : la mort m'enleva mon père ; un procès injuste, ma fortune. C'est de là que date mon premier doute. Le doute, quand il naît, commence aux hommes et ne s'arrête pas même à Dieu. Je rassemblai les débris de ma fortune, vingt mille francs, à peu près. Ce n'était pas tout à fait la moitié de ce que je dépensais en un an. L'éducation universitaire que j'avais reçue et qui m'avait fait vingt fois le premier du collège ne m'avait rien appris pour la vie réelle. J'avais tout effleuré, rien approfondi. Au milieu d'un salon, je paraissais apte à tout ; rentré chez moi, j'étais accablé moi-même de la conviction de mon impuissance. N'importe, je ne voulus pas me rendre sans lutter. Je divisai la faible somme qui me restait, je me donnai quatre ans pour rétablir ma position, ou pour m'en créer une autre, par tous les moyens honorables que l'industrie met aux mains des hommes. Ce fut une espèce de défi porté au monde et à Dieu, et après lequel je pensai que je ne devrais plus rien ni à l'un ni à l'autre, si je ne réussissais pas. Je tentai tout. En quatre ans, j'usai en forces et en courage ce qui suffirait à une existence tout entière de douleurs. A la fin de ce terme, les derniers restes de ma fortune glissèrent petit à petit entre mes mains, et je me trouvai, à vingt-cinq ans, ruiné, las de tout, isolé, sans un seul ami sur la terre, sans un seul parent au monde, malheureux autant qu'il est donné à une créature humaine de le devenir, et cependant n'ayant pas en face de Dieu une seule action mauvaise à me reprocher, je vous le jure, Ernestine, sur tout ce que je regardais autrefois comme sacré. Je balançai un instant entre le suicide et la vie nouvelle où j'allais entrer.

ERNESTINE.

Mais c'est tout un monde nouveau que vous m'ouvrez là.

ALFRED.

Oui, n'est-ce pas ? vous ne pouviez vous douter, quand vous voyiez l'homme des salons et des femmes, l'homme des petits soins futiles et de la galanterie empressée, que cette tête éventée et ce cœur joyeux eussent jamais pu renfermer une pensée profonde et une amère agonie ! Cela est pourtant ainsi :

il y a en moi deux hommes, dont le second, dans quelque temps, n'aura rien conservé du premier... Du moment que je m'étais décidé à vivre, je jetai les yeux sur le monde; il semblait qu'un voile fût tombé de ma vue, tant chaque chose m'apparut sous sa véritable forme. Je reconnus des hommes qui étaient encore ce que j'avais été, et je me pris à rire en voyant comme, autour d'eux, chacun tirait à soi un lambeau de leur honneur ou de leur fortune, jusqu'à ce qu'à la fin il se trouvassent nus et désespérés comme je l'étais. Puis, dès que je fus convaincu que le mal particulier concourait au bien général, il me parut de droit incontestable de rendre aux individus le mal que la société m'avait fait, du moment que du mal des autres naîtrait un bien pour moi ; car faire le mal pour le plaisir du mal est un travail inutile. Alors je me pris à réfléchir. Je me dis qu'il serait d'un homme de génie de rebâtir, avec les mains frêles et délicates des femmes, cet échafaudage de fortune que la main de fer des événements et des hommes avait renversé. Ce calcul en valait un autre, et j'y trouvais, de plus, le plaisir. Dès lors je devins courtisan de caresses; les boudoirs furent mes antichambres; une déclaration d'amour me valut une place; un premier baiser, la croix. Les femmes sont d'admirables solliciteuses : j'utilisai le crédit de chacune d'elles; j'obtins pour moi et je n'ôtai rien à personne; une brouille leur laissait leur crédit, où je voyais qu'elles allaient l'user en ma faveur; c'est de la délicatesse ou je ne m'y connais pas.

ERNESTINE.
Mais aucune ne vous a donc aimé?

ALFRED.
Toutes en ont eu l'air; mais, comme, jusqu'à présent, aucun malheur n'en est résulté, je commence à en douter. Je vous en fais juge vous-même, Ernestine. Vous connaissez quelques-unes des femmes qui m'ont porté où je suis : je dus à madame de Breuil un secrétariat d'ambassade à Madrid. J'y restai trois mois; quand je revins, je n'eus pas besoin de me brouiller avec elle. La jolie madame d'Orsay voulait un amant titré : grâce à elle, je devins baron. Nous nous séparâmes; son amour n'en devint que plus aristocratique, et je fus remplacé par un comte. A vous, Ernestine, je dus cette croix et un bonheur si réel, que je tremblai de le voir finir, et cela est si vrai, que, dès que je m'aperçus que votre amour prenait

les symptômes d'une passion, je partis. Ce qui devait nous sauver tous deux vous perdit seule ; vous vîntes me rejoindre, et vous eûtes tort. Eh bien, comprenez-vous maintenant? Cet ouragan de trois journées qui a soufflé sur la vieille cour, en l'emportant avec lui, vient de renverser l'édifice que six ans de calculs et de peine avaient bâti. Pensions, titres, croix, le bras nu du peuple vient de m'arracher tout cela ; tout est à recommencer, tout est à refaire, et j'ai trente-trois ans !... et là, là... (frappant son cœur) du dégoût, comme un homme qui sort vieux de la vie. Oh! je crois que j'échangerais volontiers cette existence pleine de force et de santé contre l'existence de ce jeune Henri Muller, le fils de notre hôte, qui mourra avant un an peut-être, qui mourra du moins les yeux sur la vie, regrettant ce monde et croyant à un autre.

ERNESTINE.

Oh! Alfred, qui m'eût dit que ce serait vous que je plaindrais ?

ALFRED.

Oui, plaignez-moi! car vous êtes la seule femme qui, me connaissant, puisse me plaindre. Et il a fallu, pour que je vous dise ces choses, il a fallu que mon cœur fût brisé, et ce n'a pu être que par une blessure que sortît à vos yeux tout le secret de ma vie passée et future.

ERNESTINE.

Et maintenant?...

ALFRED.

Maintenant, je vous l'ai dit, j'ai tout perdu.

ERNESTINE.

Tout... Écoutez, Alfred ; moi aussi, j'ai tout perdu : la fortune du marquis était en pensions et en places ; mais il me reste pour quarante mille francs, à peu près, de diamants ; partageons.

ALFRED.

erci, Ernestine, vous êtes bonne ; gardez-les : je vois que vous ne m'avez pas compris.

ERNESTINE.

Mais qu'allez-vous devenir ?

ALFRED.

Je vous ai dit que c'était tout un édifice à rebâtir.

ERNESTINE.

Et vous allez vous remettre à l'œuvre ?

ALFRED.

Je m'y suis remis.

ERNESTINE.

Comment! cette jeune Angèle?...

ALFRED.

En sera la première pierre.

ERNESTINE, sonnant Louise qui entr

Faites préparer ma voiture.

ALFRED.

Vous partez?

ERNESTINE.

Je pars.

ALFRED.

Je n'ai pas besoin de vous dire que je ne vous accompagne pas.

ERNESTINE.

Je le devine.

ALFRED.

Et où allez-vous?

ERNESTINE.

Le sais-je?... M'enfermer... m'ensevelir dans une retraite.

ALFRED.

A quoi bon ? et qu'y ferez-vous?

ERNESTINE.

J'y pleurerai ma faute!

ALFRED.

Ernestine!... avant un an, je vous donne rendez-vous dans le monde, des perles au cou, des fleurs sur le front.

ERNESTINE.

Mais vous oubliez, malheureux!... que, par vous, j'ai tout perdu... fortune et position...

ALFRED.

Vous changerez de position et vous referez une fortune.

ERNESTINE.

Par quels moyens?

ALFRED.

Je vous promets, quand nous nous rencontrerons, de ne pas exiger de vous cette confidence.

ERNESTINE.

Oh! vous feriez douter une fille de la vertu de sa mère.

LOUISE, entrant.

Madame, le postillon attelle.

ERNESTINE.

C'est bien; venez m'aider à faire mes préparatifs de départ.

(Elles entrent toutes deux dans la chambre voisine.)

SCÈNE III

ALFRED, puis DOMINIQUE.

ALFRED.

Oh! ces événements qui retombent sur moi, comme le rocher de Sisyphe, quand je commence à croire que ma fortune a pris son équilibre... Oui, je l'aurais aimée et aimée longtemps... J'ai fait avec elle le fanfaron d'égoïsme, et, au fond du cœur... Ah!

DOMINIQUE, entrant.

Monsieur part-il aussi?

ALFRED.

Non, Dominique.

DOMINIQUE.

Ah! c'est que l'ami de monsieur, ce jeune peintre...

ALFRED.

Jules Raymond?

DOMINIQUE.

C'est cela. Il arrive de sa tournée dans les Pyrénées, et, comme il retourne à Paris,... si monsieur était parti, il aurait eu bonne compagnie.

ALFRED.

Il s'est informé de moi?

DOMINIQUE.

Tout de suite; ai-je eu tort de lui dire que monsieur était ici?

ALFRED.

Pas du tout.

JULES, dans l'escalier.

Dominique! Dominique! mais où diable est-il donc, que je l'embrasse?

ALFRED.

Par ici, cher ami. (A Dominique.) Passe chez madame, et vois si tu peux lui être bon à quelque chose.

SCÈNE IV

ALFRED, JULES RAYMOND

JULES.

Dieu te soit en garde, mon don Juan! que fais-tu de la vie?

ALFRED.

Demande-lui plutôt ce qu'elle fait de moi, et nous verrons ce qu'elle osera te répondre.

JULES.

Ah! de l'ingratitude! tu la traites comme une maîtresse.

ALFRED.

Crois-moi, Jules, il est facile d'être reconnaissant envers elle quand on la traverse comme toi, n'en acceptant que ce qu'elle a de bon; riche assez pour repousser avec de l'or ce qu'elle a de mauvais, et une palette à la main pour railler ce qu'elle a de ridicule.

JULES.

Allons, tu es dans ton jour de fièvre... Parlons d'autre chose.

ALFRED.

Oui... Je te croyais de l'autre côté de la sierra Morena.

JULES.

J'ai repris la poste, mon ami, et je brûle les routes. Je veux revoir Paris, en ce moment. Je retrouverai toujours la sierra, les Alpes, les Cordillères; mais le Paris de juillet, tout chaud de sa révolution,... avec ses pavés mouvants,... ses maisons criblées de balles, cela se voit une fois, non dans la vie d'un homme, mais dans la durée d'un monde! et je veux le voir, entends-tu?

ALFRED.

Hâte-toi donc alors, enthousiaste!... car il ne faut qu'un jour pour remettre en place des milliers de pavés... Il ne faut qu'un peu de plâtre pour effacer la trace de bien des balles... et vienne une pluie d'été, le sang que la liberté aura versé dans les rues sera lavé à tout jamais... et alors... va, enthousiaste! va, poëte, artiste!... et tâche de deviner qu'une révolution a passé par là.

JULES.

Mon ami, permis à toi de la calomnier. Je connais ton opinion.

ALFRED.

Mon opinion!... Est-ce que j'en ai une?

JULES.

Tu étais un gentilhomme de l'ancienne cour.

ALFRED.

Je serai un citoyen de la nouvelle.

JULES.

Que feras-tu de la marquise de Rieux?

ALFRED.

Demande-moi plutôt ce que j'en ai fait.

JULES.

Il n'y a qu'un mois que tu étais au mieux avec elle.

ALFRED.

Il y a une heure que j'y suis au plus mal.

JULES.

Elle est donc à Cauterets?

ALFRED, montrant la porte.

Elle est là.

JULES.

Et qu'y fait-elle?

ALFRED.

Ses malles.

JULES.

Elle retourne à Paris?

ALFRED.

Dans dix minutes.

JULES.

Je te laisse.

ALFRED.

Pourquoi cela?

JULES.

Il y aura une scène d'adieux...

ALFRED.

En restant, tu me l'épargneras.

JULES.

Ma foi, non.

ALFRED.

Je t'en prie.

JULES.

La voilà.

SCÈNE V

Les Mêmes, ERNESTINE.

ERNESTINE, sans voir Jules.

Adieu, monsieur. (L'apercevant.) Ah! pardon, vous êtes en compagnie...

ALFRED.

Aviez-vous quelque chose à me dire?

ERNESTINE.

Oh! rien, je vous jure.

ALFRED, lui tendant la main.

Ernestine, soyez heureuse.

ERNESTINE.

J'aurais envie, par pitié, de faire le même vœu pour vous.

ALFRED.

Qui vous en empêche?

ERNESTINE.

Ce serait presque un blasphème contre la Providence.

ALFRED.

Au revoir.

ERNESTINE.

Oh! adieu, j'espère... (A Jules.) Monsieur, je vous salue. (A Alfred.) Vous permettez que votre domestique m'accompagne jusqu'à ma voiture?

ALFRED.

Disposez de lui.

ERNESTINE

Venez, Dominique.

(Elle sort.)

SCÈNE VI

JULES, ALFRED.

JULES.

Cette femme-là t'aimait véritablement, Alfred.

ALFRED.
Je le crois.
JULES.
Et tu as eu le courage de rompre avec elle!
ALFRED.
Monsieur le peintre, comment représenteriez-vous la Nécessité?
JULES.
Sourde et aveugle.
ALFRED.
Et tu aurais raison; c'est ainsi qu'elle est faite, et cependant, si tu n'avais pas été là, peut-être aurais-je eu la faiblesse de retenir cette femme.
JULES.
Il n'y a pas de temps perdu. (Allant vers une croisée.) Par cette fenêtre, tu peux la rappeler.
ALFRED.
Ce serait une folie. Merci, Jules.
JULES.
Elle monte en voiture.
ALFRED.
C'est bien.
JULES.
Elle regarde de ce côté... Un signe, Alfred, un regard de toi, et elle ne part pas.
ALFRED.
Il faut qu'elle parte.
JULES.
Le postillon monte à cheval; elle dit adieu à ton domestique; elle lui jette une bourse; la voiture s'ébranle... Adieu, belle marquise, adieu!
ALFRED, se levant lentement et allant à la fenêtre.
Oui, la voiture s'éloigne; à peine si on l'aperçoit dans le nuage de poussière que soulèvent ses roues... Elle tourne le coude que fait la route... Le chemin reste vide; tout ce qui s'est passé n'était qu'un rêve; je me réveille libre : je respire.
JULES.
Libre! Mais, de cette fenêtre, et avec cette femme, tu vois s'envoler tout ton espoir d'avenir.
ALFRED.
Elle me laisse plus qu'elle ne m'emporte.

JULES.

Comment?

ALFRED.

Regarde par cette autre fenêtre : il ne s'agit, dans ce monde, que de savoir changer à temps ses points de vue : c'est un axiome de peinture.

JULES.

Eh bien, c'est le jardin de l'établissement de bains.

ALFRED.

Qu'aperçois-tu sous ce mélèze?

JULES.

Une jeune personne de quinze à seize ans.

ALFRED.

Comment trouves-tu cette enfant?

JULES.

Elle me paraît charmante.

ALFRED.

C'est la fille du général comte de Gaston.

JULES.

Son père a été tué en 1815.

ALFRED.

Elle porte un noble nom, n'est-ce pas?

JULES.

Certes.

ALFRED.

Avant un mois, elle sera ma femme.

JULES.

Tu es fou.

ALFRED.

En ai-je l'air?

JULES.

Et ses parents?

ALFRED.

Elle n'a que sa mère.

JULES.

Elle ne consentira jamais.

ALFRED.

La jeune fille m'aime.

JULES.

Et... riche?

ALFRED.

Non; mais, comprends-tu, Jules? le nouveau gouvernement, chancelant encore sur sa base demi-populaire, trop faible pour fonder un système nouveau, n'a d'autre ressource que de se jeter entre les bras des hommes de Napoléon; un mois encore, et toutes les capacités de 1812 seront rentrées aux affaires. La comtesse de Gaston a conservé sur cette noblesse d'épée et d'épaulettes toute l'influence que lui donne le nom de son mari. Sais-tu une place à laquelle ne puisse parvenir son gendre?

JULES.

Voilà justement pourquoi tu as peu de chances de le devenir.

ALFRED.

Je croyais t'avoir dit que cette enfant m'aimait.

JULES.

Eh bien?

ALFRED.

Dans quelques jours, la mère revient de Madrid, où elle sollicite la levée du séquestre de biens assez considérables que son mari y acheta pendant le règne de Joseph : je lui demanderai la main d'Angèle.

JULES.

Elle te la refusera.

ALFRED.

Oui, si je lui en laisse la possibilité.

JULES, riant.

Tu es un infâme!... Pauvre enfant! innocente et belle, entrant dans la vie à peine, et qui ne se doute pas que sa vie ne lui appartient déjà plus; qu'un démon l'a enlacée dans un cercle invisible d'où elle ne pourra sortir, et que ses jours vont se faner comme les fleurs dont elle se fait une couronne! Adieu; je me perdrais en restant plus longtemps avec toi. A propos, si tu as besoin de moi, tu sais que mon amitié, ma bourse, tout est à ton service.

ALFRED.

Merci de ton amitié; je l'ai, et je la garde; quant à ta bourse, tu connais mes principes là-dessus.

JULES.

C'est une bizarre délicatesse.

ALFRED.

Que je pousse à l'excès.

JULES.

Nous nous reverrons à Paris.

ALFRED.

A l'hôtel de ma belle-mère. Chut! Henri Muller.

JULES.

Oh! comme il est changé depuis mon passage ici.

SCÈNE VII

Les Mêmes, HENRI.

HENRI.

Salut, messieurs! Vous ne me reconnaissiez pas, monsieur Jules; je comprends : il y a bientôt trois mois que nous ne nous étions vus.

JULES.

Mais non : je vous trouve mieux.

HENRI.

Merci; mais vous oubliez que je suis médecin. (A Alfred.) Je venais vous demander, monsieur, si madame votre sœur retourne à Paris, ou ne fait qu'une excursion dans nos montagnes.

ALFRED.

Elle retourne à Paris.

HENRI.

Ainsi, cet appartement qu'elle occupait demeure libre?

ALFRED.

Dès ce moment, il est à votre disposition.

HENRI.

C'est que, comme il est le plus commode de l'établissement, mon père compte l'offrir à mademoiselle Angèle de Gaston.

ALFRED.

Au fait, il est très-convenable.

HENRI.

Et la comtesse arrivant...

ALFRED.

Quand?

HENRI.

Demain.

ALFRED.

Ah!

JULES, bas, à Alfred

Demain : tu entends.

ALFRED, de même, à Jules.

J'ai vingt-quatre heures devant moi, et j'ai une double clef de l'appartement. (A Henri.) C'est avec le plus grand plaisir, monsieur, que je saisis cette occasion de vous être agréable.

HENRI.

Merci; mademoiselle Angèle craignait...

ALFRED.

Je vais moi-même la rassurer.

HENRI.

Elle est au jardin avec sa tante.

ALFRED.

Je le sais; mille grâces. Je vais envoyer Dominique, afin qu'il enlève de cette chambre les effets qui pourraient m'appartenir. — Viens-tu, Jules?

JULES.

Adieu, monsieur Muller; si vous venez à Paris, nous nous reverrons, je l'espère.

HENRI.

Vous partez?

JULES.

A l'instant. Au revoir.

HENRI.

Dieu le veuille!

SCÈNE VIII

HENRI, puis DOMINIQUE.

HENRI.

Cet appartement est donc celui que va habiter Angèle! cette chambre sera la sienne! Sur cette causeuse où je suis, elle fera sa prière du soir, et peut-être y mêlera-t-elle mon nom, car elle doit prier pour tous ceux qui souffrent; et puis c'est là qu'elle dormira d'un sommeil aux rêves purs comme ceux des anges. O jeune fille! que la vie est pour toi fraîche et joyeuse à parcourir! car, en la voyant si innocente et si pure, quel est, je ne dirai pas l'homme, mais le démon même, qui tenterait de la souiller?... Dieu te la fasse longue de tous les jours qui manqueront à la mienne!...

(Pendant ces quelques mots, dits lentement et avec faiblesse, deux Femmes de chambre sont entrées, ont préparé le lit; Dominique a pris quelques objets.)

DOMINIQUE, à Henri.

Je crois que c'est tout, monsieur.

HENRI.

Très-bien. — Et la clef?

DOMINIQUE.

Elle est à la porte.

HENRI.

Allez dire à ces dames qu'elles peuvent venir. (Il va lentement à la fenêtre.) La voici! Qu'elle a l'air heureux! Cet Alfred qui ne la quitte pas; il revient de ce côté avec elle; qu'a-t-il donc besoin de l'accompagner sans cesse? (Il tousse, et porte sa main avec douleur à sa poitrine.) Cette chaleur me tue.

ALFRED, dans le corridor.

Par ici, mesdames, par ici.

SCÈNE IX

HENRI, MADAME ANGÉLIQUE, ALFRED, ANGÈLE

MADAME ANGÉLIQUE, achevant une histoire.

Et cette aventure est arrivée à une de mes amies qui me l'a racontée elle-même.

ALFRED.

C'est horrible! heureusement que, de nos jours, de pareilles choses ne se renouvellent pas. (A part.) Encore cet Henri! (A Henri.) Vous avez voulu, comme fils du maître de l'établissement, installer vous-même ces dames.

HENRI.

J'ai veillé à ce que rien ne leur manquât.

ANGÈLE.

Et je vous en remercie.

MADAME ANGÉLIQUE.

Est-ce que ma chambre est aussi grande que celle-ci? J'y mourrai de peur.

HENRI.

Beaucoup moins grande.

MADAME ANGÉLIQUE.

Tant mieux; et où est-elle?

HENRI.

En voici la porte.

MADAME ANGÉLIQUE.

Monsieur Henri, ayez la bonté de m'y accompagner.

ANGÈLE.

Oh! je vous livre ma tante pour la plus grande peureuse...

HENRI.

Je suis prêt, madame, à faire avec vous la visite de votre appartement.

MADAME ANGÉLIQUE.

C'est qu'il arrive tant de choses! Tenez, une dame du couvent où j'étais m'a vingt fois raconté...

(Elle sort avec Henri.)

SCÈNE X

ALFRED, ANGÈLE.

ANGÈLE.

Ma pauvre tante, elle devrait bien se corriger de ses frayeurs.

ALFRED.

Ce n'est pas moi qui le lui conseillerai.

ANGÈLE.

Et pourquoi cela?

ALFRED.

Parce que j'en profite, et que je dois à la dernière d'être un instant seul avec vous.

ANGÈLE.

Égoïste!

ALFRED.

Ne le deviendrez-vous donc jamais?

ANGÈLE.

N'ai-je point assez de défauts?

ALFRED.

Je donnerais une de vos vertus pour vous voir celui-là.

ANGÈLE.
Parlons d'autre chose. Votre sœur est donc partie?
ALFRED.
Vous l'avez vue monter en voiture.
ANGÈLE.
Je croyais qu'elle devait rester plus longtemps.
ALFRED.
C'était son intention d'abord.
ANGÈLE.
Se trouvait-elle mal ici?
ALFRED.
Une petite querelle entre nous...
ANGÈLE.
Fi! entre frère et sœur. Je parie que vous aviez tort.
ALFRED.
Voilà bien un jugement de femme!
ANGÈLE.
C'est-à-dire?...
ALFRED.
Partial.
ANGÈLE.
Et pourquoi?
ALFRED.
Vous ne savez pas la cause de la querelle, et, d'avance, vous la jugez.
ANGÈLE.
J'ai tort, et je ne demande pas mieux que de me rétracter.
ALFRED.
Et, pour cela, il faut que je vous raconte...
ANGÈLE.
Sans doute, ou je persiste dans ma première opinion.
ALFRED.
Plus tard.
ANGÈLE.
Pourquoi pas tout de suite?
ALFRED.
Il y a encore dans vos yeux trop de curiosité et pas assez d'indulgence.
ANGÈLE.
Ai-je donc l'air bien sévère?

ALFRED.

Regardez-moi en face, que j'en juge.

ANGÈLE, souriant.

Voyez.

ALFRED.

Je me hasarde.

ANGÈLE.

Et moi, j'écoute.

ALFRED.

Ma sœur avait pour moi des projets de mariage avec une amie de pension.

ANGÈLE.

Jolie?

ALFRED

Ma sœur le dit.

ANGÈLE.

Et vous?

ALFRED.

Je le croyais il y a trois mois.

ANGÈLE.

Après?

ALFRED.

Aujourd'hui, je lui ai dit positivement qu'elle devait renoncer à cet espoir.

ANGÈLE.

Et pourquoi?

ALFRED.

Parce que j'en aimais une autre.

ANGÈLE.

Vous?

ALFRED.

Je croyais que vous le saviez.

ANGÈLE.

M'avez-vous jamais confié ce secret?

ALFRED.

Non; mais peut-être auriez-vous pu le deviner.

ANGÈLE, embarrassée.

Et?...

ALFRED.

Et, comme la mère de la personne que j'aime arrive demain;

que, demain, je compte avouer à la mère ce que je n'ai point encore osé dire à la fille...

ANGÈLE, étourdiment.

Ma mère répondra que je suis trop jeune encore.

ALFRED, avec passion.

Vous savez donc de qui il est question? Ah!...

ANGÈLE.

Que vous êtes cruel!

ALFRED.

Et que répondra sa fille?...

ANGÈLE.

Hélas!... la consultera-t-on?

ALFRED.

Mais si on la consulte?

ANGÈLE.

Il me semble que seulement alors il sera temps qu'elle donne son avis, en supposant encore que cet avis lui soit demandé par sa mère.

ALFRED.

Angèle! c'est vous qui êtes cruelle; pourquoi ne pas vouloir que je sois fort de votre aveu?

ANGÈLE.

Oh!

ALFRED.

Ou du moins de votre consentement. Pourquoi ne pas vouloir que je puisse dire à votre mère : « C'est non-seulement en mon nom, mais en celui de votre fille, que je viens vous la demander à genoux? » Quelle influence voulez-vous que mes paroles prennent sur elle, ces paroles d'un étranger qu'elle n'a jamais vu, qu'elle ne connaît pas, qu'elle ne reverra jamais? Mais, si je puis lui dire en même temps : « Le bonheur de votre fille, de votre jeune et belle Angèle, est lié au mien, et notre bonheur à tous deux est dans un mot de votre bouche! » dites, dites Angèle, votre mère aura-t-elle le courage de ne pas le prononcer? Dites-moi, au nom du ciel, dites-moi si je puis prier pour nous deux?

ANGÈLE.

Voici ma tante.

SCÈNE XI

Les Mêmes, MADAME ANGÉLIQUE, HENRI.

ALFRED, faisant semblant de continuer une conversation, et feignant de ne pas voir les arrivants.

J'étais en Espagne, alors. Vous ne connaissez pas l'Espagne, mademoiselle? Des villes et des hommes du moyen âge; le xve siècle exhumé vivant avec ses moines, ses cavaliers, ses amours.

MADAME ANGÉLIQUE.

Et ses voleurs.

ALFRED, se retournant.

Ah!

HENRI.

Rassurez-vous, madame, ils ne passent pas la Bidassoa.

ALFRED.

Demandez à M. Henri s'il n'est pas de mon avis.

HENRI.

Je ne connais pas l'Espagne.

ALFRED.

Quoi! si près que vous en êtes, vous n'avez pas été curieux de voir Madrid avec ses balcons de fer et son Escurial sombre comme un couvent; Barcelone, étendant ses deux bras à la mer comme un nageur qui s'élance; Grenade la Mauresque, avec ses palais à dentelles de pierre; Cadix, qui semble un vaisseau prêt à mettre à la voile, et que la terre retient par un ruban; puis, au milieu de l'Espagne, comme un bouquet sur le sein d'une femme, Séville l'Andalouse, la favorite du soleil, aux bosquets d'orangers, aux haies de lauriers-roses? Oh! le ciel de l'Andalousie et l'amour d'une Française, ce serait le paradis dans ce monde!

ANGÈLE.

Enthousiaste!

ALFRED.

Oui, vous avez raison. Vous me faites souvenir que l'enthousiasme est une fleur de la jeunesse, dont le désenchantement est le fruit. Oh! n'en veuillez pas à mon cœur de s'être conservé plus jeune que mon âge.

ANGÈLE.

Et vous, monsieur Henri, êtes-vous enthousiaste?

HENRI.

L'enthousiasme est le partage de l'homme heureux; la croyance seule reste à celui qui souffre. Je crois, voilà tout; et c'est mon âge, à moi, qui est moins vieux que mon cœur.

ANGÈLE.

Mais quelle différence d'années y a-t-il donc entre vous deux?

ALFRED.

Dix ans, je crois.

MADAME ANGÉLIQUE.

Mais ce n'est rien que dix ans.

HENRI.

Dix ans ne sont rien, dites-vous? Si Dieu me les accordait, je croirais qu'il me fait don de l'éternité.

LOUISE, entrant.

Monsieur Henri, M. Muller vous demande.

HENRI, prenant son chapeau.

Vous le voyez, mesdames, mon père est comme moi : il calcule la rapidité du temps, et il veut que je le passe près de lui.

MADAME ANGÉLIQUE.

Je le lui pardonne, si vous promettez de revenir demain nous faire un instant compagnie.

HENRI.

Pour vous attrister encore!

ANGÈLE.

Qu'importe que vous nous laissiez un peu de votre mélancolie, si vous emportez un peu de notre gaieté.

HENRI.

Merci. Votre gaieté est dans la candeur de votre âme ; soyez longtemps gaie.

MADAME ANGÉLIQUE, à Louise.

Prenez cette bougie pour éclairer M. Henri, nous avons assez de la lampe. — Bonsoir, monsieur Henri.

HENRI, se retournant.

Bonsoir, mesdames.

(Pendant qu'il sort et que madame Angélique le reconduit, Alfred baise vivement la main d'Angèle.)

ANGÈLE.

Que faites-vous !...

MADAME ANGÉLIQUE, se retournant.

Hein ?

ALFRED, ramassant l'ouvrage d'Adèle et le lui présentant.

L'ouvrage de mademoiselle qui était tombé... (A Angèle.) Le voici.

SCÈNE XII

Les Mêmes, hors HENRI.

Madame Angélique s'assied de l'autre côté d'une petite table à laquelle est Angèle; Alfred au milieu d'elles, plus près d'Angèle. Toutes deux prennent leur ouvrage et travaillent.

MADAME ANGÉLIQUE.

Comment, monsieur d'Alvimar, votre sœur osait coucher seule ici ?

ALFRED, à madame Angélique.

Sans la moindre crainte. (A Angèle.) Votre main, Angèle.

MADAME ANGÉLIQUE.

Dans ces grands appartements ?

ALFRED, à madame Angélique.

Quel danger voulez-vous qu'il y ait ? (A Angèle.) Oh! de grâce!...

MADAME ANGÉLIQUE.

Il me semble toujours, au moindre vent qui agite ces rideaux, qu'il y a quelqu'un caché derrière.

ALFRED, bas, à Angèle.

Oh! Angèle, Angèle! (Haut, à madame Angélique.) Je ferai avec vous, si vous le voulez, une visite domiciliaire. (Bas, à Angèle toute pensive, qui lui abandonne sa main.) Merci, merci.

MADAME ANGÉLIQUE.

Nous l'avons faite avec M. Henri... et, cette nuit, je n'aurai pas peur... Mais c'est une précaution qu'il faut toujours prendre. Tenez, une dame de mes amies — tu sais, Angèle, madame de Caumont — me racontait souvent une aventure arrivée à sa mère... Tu ne travailles pas, Angèle.

ANGÈLE, tressaillant.

Si, ma tante.

ALFRED.

Mademoiselle vous écoute.

MADAME ANGÉLIQUE.

C'est une aventure horrible qui me fait frémir toutes les fois que j'y songe.

ANGÈLE, à Alfred, qui pose sa tête sur son épaule.

Monsieur Alfred... ah!

ALFRED.

Laissez vos cheveux..., vos beaux cheveux toucher mon visage...

MADAME ANGÉLIQUE, approchant la lampe du bord de la table, et se baissant pour chercher.

Pardon, ma laine est tombée.

ALFRED.

L'aile d'un ange qui m'effleurerait en passant ne me ferait pas plus délicieusement tressaillir. (A madame Angélique.) Voulez-vous permettre, madame?

MADAME ANGÉLIQUE. (Pendant ce récit, Alfred s'approche d'Angèle, lui saisit la main à plusieurs reprises; une scène muette s'établit entre eux.)

Merci ; je l'ai... La mère de madame de Caumont voyageait donc toute seule, avec un petit épagneul qu'elle aimait beaucoup. En traversant la forêt de Compiègne, elle fut surprise par un orage qui devint si violent, que les chevaux s'effrayèrent, et que le postillon fut emporté par eux. Heureusement, ils accrochèrent, sur le revers de la route, une borne milliaire ; une roue se brisa, mais la voiture fut arrêtée. C'était auprès d'une maison isolée où l'on apercevait une lumière. Le postillon frappa à la porte et demanda l'hospitalité, qu'on lui refusa d'abord ; mais, lorsqu'il eut dit que c'était pour une dame seule, la porte s'ouvrit, et un homme qui avait l'air d'un braconnier parut sur le seuil. Quand madame de Caumont le vit, elle eût donné la moitié de sa fortune pour pouvoir continuer sa route ; mais c'était impossible. Elle affecta de la tranquillité, cacha son petit chien sous son manteau et pria son hôte de la conduire à sa chambre. Quant au postillon, il déclara qu'il passerait la nuit près de ses chevaux. Cette chambre était effrayante d'humidité et de délabrement ; les murs étaient nus et noirs, et de mauvais rideaux d'étoffe rouge pendaient devant les fenêtres. Au fond était une espèce de grabat. Quand l'homme se fut retiré, la frayeur de madame de Caumont devint telle, qu'elle n'osa pas même visiter la chambre ; elle alla droit au lit, s'y jeta tout habillée, plaça sur une chaise la lumière qui n'éclairait que bien faiblement, et posa son petit chien près d'elle. Le pauvre animal tremblait de tous ses membres, et grognait continuellement ; elle avait beau lui parler avec la voix la plus douce qu'elle pût faire, il continuait de gémir. Tout à coup ses yeux se tournèrent vers un côté de la chambre, et ne quittèrent plus cette direction ; ses poils se hérissèrent; aux gémissements sourds qu'il avait fait entendre succédèrent des aboiements. Madame de Caumont vit bien qu'il y avait là quelque chose d'extraordinaire ; elle chercha à percer l'obscurité, et enfin, au-dessous du lambeau de rideau qui tremblait devant la fenêtre, elle aperçut... Monsieur Alfred, levez un peu cette lampe, s'il vous plaît... Elle aperçut les deux jambes d'un homme ! (Alfred tourne le bouton de la lampe du côté opposé; elle s'éteint.) Ah!

ALFRED.

Que je suis maladroit !

MADAME ANGÉLIQUE.

Appelez, sonnez.

ALFRED.

Oui, oui. (Prenant Angèle dans ses bras.) Angèle, chère âme! (Angèle veut parler.) Prenez garde !

ANGÈLE.

Alfred, Alfred, grâce!

MADAME ANGÉLIQUE.

Monsieur Alfred, ayez la bonté d'appeler.

ALFRED.

Oh! un mot, un mot d'amour!

(Il l'embrasse.)

ANGÈLE.

Ah !...

MADAME ANGÉLIQUE.

Qu'as-tu?

ANGÈLE, tombant sur une chaise.

Rien, rien !... Je meurs.

ALFRED, sonnant.

Votre histoire l'a effrayée. (A Angèle.) Remets-toi, Angèle, remets-toi, mon amour. Oh! je t'aime, va, je t'aime! (S'élançant vers la porte du corridor.) Mais venez donc ! vous êtes d'une lenteur...

(Louise paraît avec deux bougies.)

MADAME ANGÉLIQUE.

Ah ! je renais.

ANGÈLE, accablée, à Alfred.

Oh! monsieur !...

MADAME ANGÉLIQUE.

Que vous êtes bon, monsieur Alfred !

ALFRED.

J'avais commis la faute, c'était à moi de la réparer. Mais il se fait tard, j'abuse de votre hospitalité... (A Angèle.) Êtes-vous mieux ?

ANGÈLE.

Oui.

ALFRED, à madame Angélique.

Je vous conseille de laisser la porte de communication ouverte.

MADAME ANGÉLIQUE.

Point du tout, je me renferme chez moi, je me barricade

ALFRED.

Très-bien. — Bonsoir, madame. Bonsoir, mademoiselle. (A madame Angélique, en montrant Angèle.) Voyez, nous sommes encore toute tremblante de la peur que vous nous avez faite. (Prenant la main d'Angèle.) Angèle, chère Angèle !

MADAME ANGÉLIQUE.

Il ne faut pas t'effrayer ainsi, petite; cette maison est sûre.

ALFRED.

Oui, oui, et songez surtout qu'il n'y a aucun danger. Si, cette nuit, par hasard, vous entendiez du bruit, il ne faudrait pas donner l'alarme à votre tante, entendez-vous? Répétez-lui que cette maison est sûre, madame.

MADAME ANGÉLIQUE.

Je te proteste qu'il n'y a aucun danger.

ALFRED.

Vous entendez, mademoiselle?

ANGÈLE.

Plaît-il? Je ne comprends pas. (A part.) Qu'est-ce donc que j'éprouve?

ALFRED.

Est-ce de l'amour?

ANGÈLE.

J'en ai bien peur.

ALFRED, sortant.

Bonsoir, mesdames, bonsoir.

SCÈNE XIII

ANGÈLE, MADAME ANGÉLIQUE.

MADAME ANGÉLIQUE.
Ce jeune homme est charmant, n'est-ce pas, Angèle?
ANGÈLE, préoccupée.
Oui, ma tante.
MADAME ANGÉLIQUE.
Une pureté de sentiments, une exaltation de jeunesse! Oh! Angèle, voilà l'homme que je voudrais te donner pour mari.
ANGÈLE.
Oui, ma tante.
MADAME ANGÉLIQUE.
Mais, quoique j'aie quelque pouvoir sur toi comme tante et marraine, tu dépends de ta mère, de ta mère qui t'aime, et qui cependant t'a toujours tenue éloignée d'elle... Tiens, j'ai eu parfois une singulière idée : c'est que ta mère voulait se remarier, et qu'elle craignait que ta présence ne nuisît à ce projet. N'est-ce pas?
ANGÈLE, distraite.
Oui, ma tante.
MADAME ANGÉLIQUE.
Qu'as-tu donc? Tu me réponds sans me comprendre.
ANGÈLE.
Moi? Je n'ai rien, je suis fatiguée, j'ai sommeil.
MADAME ANGÉLIQUE.
Veux-tu que je t'aide à faire la visite de ta chambre?
ANGÈLE.
Comme vous voudrez.
MADAME ANGÉLIQUE.
D'abord, je vais fermer la porte. (Elle ferme la porte d'entrée et met la clef en dedans; puis d'une main elle prend la bougie, et de l'autre le bras d'Angèle, qui la suit préoccupée.) Voyons ces cabinets. (Elle ouvre celui qui est au pied du lit.) Rien. L'autre. (Elle l'ouvre.) Angèle!
ANGÈLE.
Eh bien?
MADAME ANGÉLIQUE.
Il y a une porte dans celui-ci.

ANGÈLE.

Une porte? Oui.

MADAME ANGÉLIQUE.

En as-tu la clef?

ANGÈLE.

La clef? Je le crois. Bonsoir, ma tante.

MADAME ANGÉLIQUE.

Bonsoir, chère enfant. Dors bien, et, si tu entends quelqu'un, ne crie pas : « Au voleur! » personne ne viendrait; crie : « Au feu ! » Adieu, petite.

ANGÈLE.

Adieu ! (Madame Angélique entre dans sa chambre et s'enferme à double tour.) Oh! qu'est-ce que j'éprouve donc?... Alfred!... Je lui ai dit que je l'aimais, je crois... Est-ce que l'on peut vivre ainsi, la poitrine oppressée et le front brûlant?... Est-ce de l'amour, cela?... et l'amour fait-il tant souffrir?... Il faut qu'il y ait dans la vie des choses que j'ignore, que l'on m'ait cachées.

MADAME ANGÉLIQUE.

Angèle, es-tu couchée ?

ANGÈLE, à genoux dans sa causeuse, et essayant de prier.

Je fais ma prière, ma tante.—Alfred, Alfred!... Mon Dieu!... demain, demain, je le reverrai encore, il pressera encore ma main, il me dira avec sa voix si tendre : « Angèle, chère Angèle ! » Oh! c'est la première fois que mon nom me semble si doux... « Angèle! chère Angèle ! » Alfred ! cher Alfred ! (Priant encore.) Mon Dieu, prenez mon cœur. (S'interrompant.) Je ne puis penser qu'à lui, parler que de lui, prier que lui. Oh! un sommeil profond qui me conduise bien vite à demain, mon Dieu, mon Dieu !

(Elle entre dans l'alcôve.)

MADAME ANGÉLIQUE.

Es-tu couchée, Angèle?

ANGÈLE, dans l'alcôve.

Dans un instant je vais l'être.

MADAME ANGÉLIQUE.

Tu n'as pas peur?

ANGÈLE.

Non.

MADAME ANGÉLIQUE.

Bonsoir !

ANGÈLE, passant sa tête entre les rideaux et soufflant la bougie
qui est sur la petite table.

Bonsoir, ma tante !

(Elle referme les rideaux de l'alcôve.)

ACTE DEUXIÈME

LA COMTESSE DE GASTON

Salle à manger, au rez-de-chaussée ; porte au fond, donnant sur la grande
route ; deux portes latérales ; cheminée.

SCÈNE PREMIÈRE

MADAME ANGÉLIQUE, ANGÈLE et ALFRED prenant le thé ;
HENRI, debout et adossé à la cheminée ; puis MULLER.

HENRI.

Vous me permettez d'assister à votre déjeuner, mesdames ?

MADAME ANGÉLIQUE.

Bien plus, nous vous prions de le partager.

HENRI.

Je vous rends grâce ; je ne prends le matin qu'une tasse de lait.

ALFRED, à madame Angélique.

Eh bien, madame, la nuit s'est passée sans accident ?

MADAME ANGÉLIQUE.

J'ai eu un instant bien peur... J'ai cru entendre du bruit dans la chambre d'Angèle... Mais je rêvais probablement. Je t'ai appelée, petite ; mais tu ne m'as pas répondu... M'as-tu entendue ?

ANGÈLE, les yeux baissés.

Non, ma tante.

MADAME ANGÉLIQUE.

A ton âge, on dort si bien !

HENRI.

Cependant, mademoiselle est pâle ce matin, et paraît souffrante.

ANGÈLE.

Moi?... vous trouvez, monsieur Henri?... Mais non, vous vous trompez...

MADAME ANGÉLIQUE.

C'est vrai, au moins; n'est-ce pas, monsieur Alfred?

ALFRED.

Je ne trouve pas... Mademoiselle est comme de coutume, fraîche et jolie.

MADAME ANGÉLIQUE.

Docteur, faites attention que vous me répondez d'elle.

ANGÈLE, bas, à Alfred.

Je suis au supplice, parlez d'autre chose.

ALFRED.

Quelle heure avez-vous, monsieur Henri?

HENRI.

Dix heures.

ALFRED.

Madame de Gaston tarde bien à arriver, mademoiselle...

ANGÈLE.

Pourvu qu'aucun accident...

HENRI.

Que voulez-vous qu'il y ait à craindre?

MULLER, entrant.

Ces dames me permettront-elles de leur présenter mes hommages?

MADAME ANGÉLIQUE.

Mais certainement, monsieur Muller; soyez le bienvenu.

MULLER.

Comment ces dames se trouvent-elles dans leur nouveau logement?

MADAME ANGÉLIQUE.

Parfaitement, monsieur Muller. Asseyez-vous, je vous prie.

MULLER, s'asseyant près de son fils, qui est debout.

Je pensais te rencontrer ici. Comment te trouves-tu?...

HENRI, lui donnant la main.

Bien, mon père, bien.

MULLER.

Ta main est bien brûlante?

HENRI.

Ce n'est rien, mon père.

ALFRED, vivement.

Monsieur Muller, sans être indiscret, puis-je vous demander si le tableau que je vous ai vu porter ce matin dans cette chambre est de mon ami Jules Raymond?

MULLER.

Non, monsieur, c'est un portrait de mon fils.

ALFRED.

Peint par?...

MULLER.

Lui-même.

MADAME ANGÉLIQUE.

Comment!... vous êtes peintre, monsieur Henri?

HENRI.

Oui, madame; j'avais d'abord eu l'intention de me livrer aux arts.

MULLER.

Mais les médecins lui ont défendu de continuer; l'odeur des couleurs lui faisait mal à la poitrine. J'ai interposé mon autorité paternelle, et j'ai tant fait, que l'artiste est devenu docteur.

HENRI.

Et le docteur vous a désobéi, mon père, en redevenant artiste.

MULLER.

Je n'ai pas le courage de te gronder de cette faute, mon ami, lorsque je pense que, dans quelques mois, tu vas me quitter!...

MADAME ANGÉLIQUE.

Pour voyager?

HENRI.

Dans le midi de la France d'abord; puis, de là, peut-être irai-je à Paris. L'air trop vif de ces montagnes m'est contraire, et mon père me tourmente pour les quitter... J'ai voulu, en partant, lui laisser un souvenir de moi... Lorsqu'on se sépare, Dieu seul sait combien de temps doit durer l'absence.

MULLER.

Et, pendant ce temps, au moins, en voyant ton portrait si ressemblant, je croirai te voir toi-même; et, si tu ne peux pas me répondre, je pourrai au moins te parler.

HENRI, lui prenant la main.

Pauvre père!

MADAME ANGÉLIQUE.

Monsieur Muller, voulez-vous nous faire voir ce portrait?

MULLER.

Bien volontiers, mesdames; Henri, offre ton bras à mademoiselle...

ALFRED, bas.

Restez, Angèle.

ANGÈLE.

Pardon, monsieur Henri; mais j'attends ma mère de moment en moment, et je ne voudrais pas quitter cet appartement, dont les fenêtres donnent sur la route.

HENRI.

Avez-vous besoin de moi, mon père?

MADAME ANGÉLIQUE, prenant son bras.

Oui, certes, pour recevoir nos compliments.

SCÈNE II

ALFRED, ANGÈLE.

ALFRED.

Angèle, chère Angèle... Mais remettez-vous donc!...

ANGÈLE.

Oh! mon Dieu! mon Dieu!...

ALFRED.

Mon amour!...

ANGÈLE.

Oh! Alfred! qu'ils ont raison quand il s'étonnent de me voir ainsi!... Je me sens rougir et pâlir dix fois dans une minute, mes larmes m'étouffent... Oh! que je voudrais pleurer!

ALFRED.

Reprends quelque empire sur toi, chère enfant...

ANGÈLE.

Il devait m'arriver malheur: c'était la première fois que je m'endormais sans prier Dieu.

ALFRED.

Les anges ont-ils besoin de prier?

ANGÈLE.

C'est un crime, n'est-ce pas?

ALFRED.

Oh! si c'est un crime, il est à moi seul, il est à mon amour... Oh! non, non, il n'y a pas de crime, car tu es mon épouse devant Dieu, Angèle. Il n'y a pas de crime, car, si j'étais coupable, je ne serais pas si heureux.

ANGÈLE.

Vous êtes donc heureux?...

ALFRED.

Je suis au ciel!

ANGÈLE.

Et c'est à moi que vous devez ce bonheur?

ALFRED.

A toi, oui, oui... A toi seule.

ANGÈLE.

Redites-le-moi encore, que je souffre moins.

ALFRED.

A toi, oui, à toi seule. Tel est ici-bas le sort fortuné de la femme, Angèle; Dieu l'a fait descendre sur la terre pour être la source de tout bien, et chaque faveur qu'elle accorde à celui qu'elle aime est un bonheur de plus qu'elle sème sur la vie.

ANGÈLE, tristement.

Oui, c'est cela, elle donne le bonheur et elle garde la honte.

ALFRED.

La honte, Angèle? Oh! qui saura jamais qu'il y a un secret entre nos deux âmes?

ANGÈLE.

Qui le saura? Celui à qui, hier, pour la première fois, je n'ai pas adressé ma prière.

ALFRED.

Il l'oubliera, en nous voyant à genoux devant l'autel, et, comme un bon père, il ne songera plus qu'à bénir.

ANGÈLE.

Oh! que ce soit le plus tôt possible, mon Alfred, car j'aurai jusque-là bien du doute dans l'esprit et bien du remords dans l'âme.

ALFRED.

Aujourd'hui même, je parlerai à ta mère.

ANGÈLE.

Ma mère!... elle va venir, elle va m'embrasser au front,

comme lorsque mon front était pur et innocent!... Oh! Alfred, êtes vous bien sûre que Dieu n'a pas donné anx mères le don de la double vue?...

ALFRED.

Non, mon Angèle... Abandonne-toi à moi.

ANGÈLE.

Oui!... vous avez raison, prenez ma vie, je vous la donne; n'est-ce pas à vous, à vous seul maintenant, qu'il appartient de la faire heureuse ou désespérée?... Oh! ne l'oubliez jamais, Alfred, c'est une vie bien jeune et bien pure que je vous livre... Car elle n'est plus à moi, quand même je ne voudrais pas vous la donner... Tout mon pouvoir sur elle s'est évanoui... J'étais faible, je me suis appuyée contre vous;... maintenant, voyez-vous, c'est vous seul qui serez mon Dieu; votre volonté fera ma joie ou ma douleur... Je vivrai... voilà tout... C'est vous qui respirerez et agirez pour moi.

ALFRED.

Oh! repose-toi en mon amour.

ANGÈLE.

Vous ne seriez pas heureux, voyez-vous, si vous me trompiez... vous ne pourriez pas l'être... Vous auriez au fond du cœur une voix qui vous crierait: « Il y avait sous le ciel une enfant pure, innocente et heureuse; son bonheur lui venait de Dieu, et moi, homme... je lui ai ravi ce bonheur, en jouant, dans un moment de caprice; et cette action, cette action infâme, qui n'est dans ma vie qu'un souvenir d'une minute... est pour elle, la malheureuse, une éternité de honte et de désespoir!...» Oh! Alfred! Alfred! cela ne sera pas!... cela ne peut pas être!...

ALFRED.

Non... Je te le jure, Angèle, sur ce qu'il y a de plus sacré...

ANGÈLE.

Oh! merci, mon ami; vous êtes bon... et puis... vous m'aimez, n'est-ce pas?

ALFRED.

Avec passion... Et toi?...

ANGÈLE.

Moi!... je ne puis vous dire si je vous aime, car je ne sais pas ce que c'est que l'amour; mais ce que je sais... oh! c'est que je donnerais mon sang, que je donnerais ma vie pour vous épargner une douleur.

ALFRED.

Ange à moi !... Ainsi tout est dit, tu n'as plus de craintes?...

ANGÈLE.

Je n'en veux plus avoir, du moins...

ALFRED.

Tu te fies à moi?...

ANGÈLE.

Entièrement.

ALFRED.

Eh bien, écoute, Angèle; va les rejoindre, car notre absence à tous deux pourrait leur donner des soupçons... Pendant ce temps-là, moi, j'irai sur la route d'Espagne au-devant de ta mère; je voudrais la voir le premier; je voudrais aussi qu'elle me vît avant les autres. Elle n'osera descendre la montagne en voiture; je la rencontrerai, je lui parlerai, et, en arrivant ici, je ne serai déjà plus un étranger pour elle.

ANGÈLE.

Oh ! oui... c'est bien... Dieu vous conduise au-devant l'un de l'autre !...

ALFRED.

Comment la reconnaîtrai-je ?

ANGÈLE.

Brune, jeune, jolie.

ALFRED.

Jeune?

ANGÈLE.

Oui... ma mère n'a que trente et un ans, et elle est belle, plus belle que moi... N'allez pas devenir amoureux de ma mère, monsieur !...

ALFRED.

Oh ! quelle idée folle !...

ANGÈLE.

Adieu, mon ami; adieu, mon Alfred... et pensez à votre pauvre Angèle, qui ne pense qu'à vous...

ALFRED.

Toujours !... (A lui-même.) Ma foi, j'aurai là une femme charmante !

(Il va pour sortir par la porte du fond, lorsque Henri paraît à la porte latérale.)

SCÈNE III

HENRI, ALFRED.

HENRI.

Monsieur d'Alvimar, deux mots, s'il vous plaît.

ALFRED.

A vos ordres, monsieur.

HENRI.

Je voudrais avoir l'honneur de vous parler de mademoiselle Angèle de Gaston.

ALFRED.

Je vous écoute.

HENRI.

Puis-je exiger de vous la promesse que cette conversation restera à jamais entre nous deux?

ALFRED.

Je vous la donne.

HENRI.

Sur l'honneur?

ALFRED.

Sur l'honneur.

HENRI.

Vous aimez Angèle?

ALFRED.

La question est franche.

HENRI.

Que la réponse soit de même.

ALFRED.

Il faudrait que je susse d'abord dans quel intérêt vous la faites?

HENRI.

J'aime mademoiselle de Gaston, monsieur.

ALFRED.

Alors nous sommes rivaux.

HENRI.

Seulement, moi, monsieur, je l'aime d'un amour discret, triste et profond; d'un amour qu'elle ne connaîtra jamais, que personne ne connaîtra jamais; car j'ai votre parole que cet entretien n'aura point d'écho.

ALFRED.

Permettez-moi de vous dire, monsieur, que je ne comprends pas trop le but de cette confidence.

HENRI.

Je vais vous l'expliquer : je ne dirai jamais à Angèle : « Je vous aime; » car je ne peux pas être son époux; mais vous comprendrez que celui auquel je céderai la place, et qui lui dira : « Je vous aime ! » doit le devenir.

ALFRED.

Tout en reconnaissant en bonne morale la vérité de cet axiome, vous conviendrez que je pourrais, vis-à-vis de vous, me soustraire à son application. Cependant, monsieur, comme mes intentions sont pures et honorables, je n'hésiterai point à vous répondre. Ma position sociale, et je dis cela sans craindre que personne m'accuse de présomption, me permet d'aspirer à la main de mademoiselle de Gaston, et je compte, aujourd'hui même, la demander à sa mère.

HENRI.

Et sans doute, vous vous sentez dans le cœur tout ce qu'il faut d'amour pour rendre cette enfant heureuse.

ALFRED.

Ici, monsieur, cesse, je le crois, votre droit d'interrogation, ou du moins ma volonté de répondre : mademoiselle de Gaston me paraît devoir être la seule appréciatrice de mes sentiments à son égard, et je ne répondrai qu'un mot à votre question : elle m'aime, monsieur.

HENRI.

Elle vous aime?

ALFRED.

J'en suis sûr.

HENRI.

Tout est dit alors; faites le bonheur d'Angèle.

ALFRED.

Aviez-vous autre chose à me dire?

HENRI.

Non, monsieur

ALFRED.

Alors vous permettez?...

(Henri s'incline. Alfred sort.)

HENRI, avec un soupir.

Il y a des hommes heureux !... Dieu a versé à pleines mains

dans leur berceau tous les biens de cette vie !... Il y a des hommes heureux !...

SCÈNE IV

HENRI, MADAME ANGÉLIQUE, ANGÈLE, MULLER.

ANGÈLE.

Oh! c'est d'une ressemblance parfaite, monsieur Henri. (Allant à la fenêtre.) On n'aperçoit point encore la voiture de ma mère?...

MULLER.

Je vais envoyer un homme à cheval sur la route?

ANGÈLE.

Oui, si vous le voulez bien.

(Muller sort.)

HENRI.

Je crois la chose inutile, mademoiselle; M. d'Alvimar, que je quitte, s'est dirigé de ce côté.

ANGÈLE.

Ah ! vous quittez M. d'Alvimar ?

HENRI.

J'avais une explication à lui demander; il me l'a donnée.

ANGÈLE.

Une explication !...

MADAME ANGÉLIQUE.

Qu'as-tu donc, Angèle ?

ANGÈLE.

Rien ma tante.

MADAME ANGÉLIQUE.

Prends ton ouvrage.

ANGÈLE.

J'ai fini la pèlerine que je brodais pour ma mère.

MADAME ANGÉLIQUE.

Alors assieds-toi près de moi.

ANGÈLE.

Ma bonne tante !...

MADAME ANGÉLIQUE.

Eh bien, ta bonne tante... que lui veux-tu?... Sais-tu une chose, Angèle? c'est que, lorsque tu étais enfant et que tu venais t'asseoir ainsi à mes pieds en m'appelant ta bonne tante, tu avais toujours une petite faute à te faire pardonner.

ANGÈLE.
Mais, ma tante, je n'ai rien fait.
MADAME ANGÉLIQUE.
Je ne t'accuse pas, mon Angèle ; d'ailleurs, tu n'es plus un enfant, tu vas avoir seize ans.
HENRI.
Vous souffrez?
ANGÈLE.
Non, monsieur Henri ; pourquoi cela?
HENRI.
Voilà deux ou trois fois, depuis un instant, que vous changez de couleur.
ANGÈLE.
Mais... vous-même, en ce moment... vous êtes très-pâle...
HENRI.
Eh bien, c'est cela... Moi, je souffre.
MADAME ANGÉLIQUE.
Comme vous ressemblez en ce moment à votre portrait!... Pourquoi donc lui avez-vous donné cette expression de douleur?...
HENRI.
Pour qu'il fût ressemblant.
MADAME ANGÉLIQUE.
Voulez-vous que je vous dise une chose, monsieur Henri ; c'est que j'ai quelquefois pensé qu'il y avait au fond de ce jeune cœur-là un amour caché.
HENRI.
Un amour!... est-ce que je puis aimer, moi!...
ANGÈLE.
Douteriez-vous que ce sentiment existât?
HENRI.
Douter de l'amour!... Dieu m'en garde, mademoiselle... Je n'ai point encore assez connu les biens de ce monde pour les blasphémer, et, en supposant que je les connaisse jamais, je prendrai trop tôt congé d'eux pour en être las et en douter... Douter de l'amour!... moi!... est-ce que je doute du soleil qui seul me fait vivre, qui, le matin, tire de la nuit ces montagnes, qui les anime à midi, en ruisselant sur elles, et qui, le soir, dore encore leur sommet au moment de leur dire adieu?.. Oh! non, non ! j'y crois, et le ciel m'en est témoin, à cet amour ardent, profond, immense, qui s'empare de

toute la vie, qui nous donne en ce monde une compagne
que nous espérons retrouver dans l'éternité, et qui permet
qu'après nous, sur cette terre, notre nom revive dans d'autres
êtres que cet amour à leur tour fera heureux comme nous.

MADAME ANGÉLIQUE.

Et pourquoi, mon cher Henri, renonceriez-vous à éprouver un bonheur que vous peignez si bien?...

HENRI.

Pourquoi?... Pourquoi mademoiselle Angèle me disait-elle tout à l'heure que j'étais pâle?... pourquoi me disait-elle que je pleurais en embrassant mon père?... Pourquoi?... C'est que j'hésite à marcher dans ma vie, parce que je sens que l'air m'y manque et que l'horizon y est trop étroit;... parce que ma mère est morte à mon âge;... parce que j'ai perdu un frère et une sœur aînés à l'âge de vingt-quatre ou vingt-cinq ans;... parce que mon père, enfin... (riant amèrement), comme il vous disait ce matin, m'a fait renoncer à la peinture, dont les couleurs me faisaient mal à la poitrine.

ANGÈLE.

Eh bien, en supposant qu'il existe pour votre santé de pareilles craintes, il a voulu, en faisant de vous un médecin, que vous puissiez veiller vous-même sur cette santé filiale qui lui est si chère, et à laquelle prennent tant d'intérêt tous ceux qui vous connaissent.

HENRI.

Et à quoi a-t-il réussi?... Croyez-vous qu'il serait heureux, l'homme à qui Dieu aurait permis de lire dans sa vie, en lui marquant d'avance l'heure à laquelle il doit mourir?... Eh bien, cet homme, c'est moi... Je regarde dans ma vie... et je m'y trouve face à face avec la mort... Je ne la crains pas, et cependant je me révolte contre elle, quoique je sente l'impossibilité de la combattre. Chaque soir, dévoré par ce feu intérieur qui fait bouillir mon sang, je compte quelques pulsations de plus dans mes artères; chaque matin, après une nuit fiévreuse, je me lève plus faible et plus fatigué de mon sommeil qu'un autre ne l'est de sa veille... Chaque heure qui apporte autour de moi un bonheur, enlève une espérance en moi... Et vous voulez que j'aime!... vous voulez que je sois aimé!... que je fasse une épouse veuve avant de la faire heureuse!... que je lègue à des enfants qui mourront jeunes, comme je dois mourir jeune, une maladie que ma mère m'a léguée en mourant jeune!... vous voulez que je connaisse l'amour!... Oh! si je le sentais dans mon cœur mourant, de peur qu'une femme ne le partageât, je l'y enfermerais, je l'y cacherais à tous les yeux, je l'y étoufferais entre mes deux mains, dussé-je, en l'étouffant, me briser la poitrine!...

ANGÈLE.

Henri!... monsieur Henri!...

HENRI.

Je crois si bien à la vie, moi, à l'honneur des hommes, à la pureté des femmes; je devine tant de bonheur, tant de félicité au delà de cet horizon qui borne ma vue!... Oh! Angèle! Angèle! plaignez-moi!... Etre plaint par vous... cela me consolera peut-être...

ANGÈLE.

Oui, je vous plains, mais je ne vous crois pas.

HENRI.

Et puis, de bon que j'étais, Angèle, cela me rend envieux et mauvais. Je ne puis voir un homme destiné par sa force à vivre de longues années, à aimer, à être aimé, — car l'amour, Angèle, c'est tout ce que je regrette de la vie, je vous le jure ; — je ne puis voir cet homme sans dire : « Mon Dieu, qu'a-t-il donc fait de bien, et, moi, qu'ai-je fait de mal?... » Quand, tout haletant, je monte sur nos Pyrénées, espérant qu'un air plus pur me sera plus facile à respirer, si, sur mon chemin, s'élève un jeune arbre plein de séve, je deviens jaloux de cette force végétative qui me manque, et je la brise; si sous mes pas s'ouvre une pauvre fleur, fraîche et tremblante au soleil, je la foule aux pieds... Enfin il y a des moments de désespoir... où, trouvant encore trop longue cette vie de souffrance, je suis prêt à l'abréger par le suicide.

ANGÈLE.

Oh!...

HENRI.

Oui ; car, en mourant de ma main, il me resterait, au moment suprême, le doute que j'aurais pu vivre et que Dieu ne m'avait pas condamné. Pardon... pardon si je vous dis tout cela... mais, depuis que les anges ne descendent plus sur la terre, il faut bien se plaindre aux femmes! Devant un homme!..... oh! pour des années d'existence, je n'aurais pas laissé échapper une de ces ridicules lamentations.

MADAME ANGÉLIQUE.

Mon pauvre enfant!

ANGÈLE.

Monsieur Henri!...

HENRI.

Oh! qu'Alfred est heureux! (Tressaillant.) Une voiture, mademoiselle!

ANGÈLE.

Voyez, monsieur Henri! je ne l'avais pas entendue... et cependant... cependant c'est celle de ma mère...

HENRI.

Que vous êtes bonne!

ANGÈLE, courant au-devant de la Comtesse, qui entre soutenue par Alfred.

Ma mère! ma mère! (La regardant.) Oh! mon Dieu! qu'avez-vous?...

MADAME ANGÉLIQUE.

Elle aura été arrêtée par des voleurs.

SCÈNE V

Les Mêmes, LA COMTESSE DE GASTON, ALFRED.

LA COMTESSE.

Sois tranquille, chère enfant; c'est un reste de frayeur qui me rend encore pâle et tremblante. Mais... toi-même... voyons, comment es-tu?... Bien!... Allons, je suis contente. Oh! ma pauvre tante! vous avez bien manqué ne plus me revoir, allez!...

ANGÈLE.

Mon Dieu! mais qu'est-il donc arrivé?

LA COMTESSE.

Remercie d'abord monsieur, Angèle; car c'est à lui seul que tu dois d'embrasser ta mère.

ANGÈLE.

Oh! monsieur!

LA COMTESSE, apercevant Henri.

Pardon, monsieur Henri, je ne vous avais pas vu.

ANGÈLE, bas, à Alfred.

Mon ami! cher Alfred!

MADAME ANGÉLIQUE.

Et combien a-t-il tué de brigands?

LA COMTESSE.

Il ne s'agit pas de brigands, bonne tante, mais bien de ma

folie, qui, malgré mes trente et un ans, me fait toujours faire des imprudences d'enfant... Je connaissais de nom le précipice qu'on appelle le trou de la Bastide; je voulus le voir en passant; je fis arrêter ma voiture et je pris seule le sentier qui y conduit; tu connais cet endroit, Angèle?

ANGÈLE.

Oh! oui, ma mère : un précipice de quatre-vingts pieds à peu près, du haut duquel se jette une cascade superbe, mais que je n'ai jamais vue ; car je n'ai point encore osé m'avancer sur la pointe de rocher d'où l'on dit qu'on la découvre parfaitement.

LA COMTESSE.

Eh bien, moi, moi, ta mère, j'ai été plus folle que toi, et c'est à toi de me gronder. Je me suis avancée sur cette pointe de rocher, et, arrivée à l'extrémité, j'ai vu l'abîme dans toute sa profondeur. Un instant, je fus tout entière à ce spectacle; mais bientôt cette cascade qui tombe, et qui, en tombant, rejaillit en poussière, le bruissement de cette eau qui tournoie dans le bassin qu'elle s'est creusé, la vapeur qui montait comme un nuage, firent sur moi une telle impression, que je détournai les yeux. Ils se portèrent vers la langue de rocher humide et glissante sur laquelle j'étais debout, et qui offrait à peine une place à mes deux pieds... Je m'épouvantai de me trouver ainsi suspendue! je voulus reculer, je sentis que, si je faisais un mouvement, l'équilibre me manquait et que j'étais perdue... Alors, je reportai malgré moi ma vue sur le précipice, et il me sembla, au fond du gouffre béant, dans ses eaux bouillonnantes, voir le démon du vertige qui riait et qui m'appelait à lui. C'était une fascination complète. Le ciel tournait sur ma tête, la terre tourbillonnait sous mes pieds; je sentis que ma volonté m'échappait. Une pensée rapide comme un éclair vint me rappeler à la fois tous les souvenirs de mon existence. Je songeai à des choses oubliées; je vis, en une seconde, apparaître dans une vision tous les êtres qui me sont chers; je sentis que machinalement je me penchais en avant; je jetai un cri terrible, un cri d'adieu à la création, et je fermai les yeux en me laissant aller... Au même instant, un bras de fer me saisit, m'enleva... Puis je ne sentis plus rien, j'étais évanouie... (Se jetant dans les bras de sa fille.) Oh! embrasse-moi... embrasse-moi donc encore, mon enfant!... (A Alfred.) Mais vous pouviez vous perdre avec moi, le savez-vous bien?

ALFRED.
Je pouvais vous sauver, madame, et je n'ai pensé qu'à cela.
ANGÈLE.
Mais comment vous êtes-vous trouvé là, à l'instant même, dans un endroit écarté de la route?
ALFRED.
C'est bien simple. Je me promenais sur le grand chemin, je vis une voiture arrêtée... Je demandai à qui elle appartenait. Le postillon me répondit que c'était une femme jeune et belle... (A la Comtesse.) La curiosité me poussa du côté où vous étiez...
ANGÈLE.
Oh! dites la Providence!... Une seconde fois, que je vous remercie!...

ALFRED, bas.
Chut! Cela pourra nous servir.
HENRI, à part.
Cet homme-là a tous les bonheurs... (Haut, à la Comtesse.) J'espère, madame, que cette frayeur n'aura pas de suites.
(Il salue comme pour se retirer.)
LA COMTESSE.
Vous nous quittez déjà, monsieur?
HENRI.
Je vous laisse tout entière à votre fille, madame; car chacun de nous lui enlève une part de la joie de votre retour.
LA COMTESSE.
J'aurai le plaisir de vous revoir avant mon départ.
HENRI.
Est-il donc si prochain?
LA COMTESSE.
Dans une heure, je me remets en route
HENRI.
J'aurai l'honneur de prendre congé de vous, madame...(A Alfred, en sortant.) Rappelez-vous votre promesse, monsieur.
ALFRED.
Je reste pour l'accomplir.

SCÈNE VI

Les Mêmes, hors HENRI.

ANGÈLE.
Eh quoi! vous repartez sitôt, ma mère?

LA COMTESSE.

Oui, mon enfant; j'ai reçu à Madrid, avec la nouvelle de la révolution, une lettre du nouveau ministre de la guerre; c'est, comme tu le sais, un ancien ami de ton père; il m'écrit de presser mon retour, car il espère me faire obtenir, en qualité de veuve d'officier général, la pension que l'autre gouvernement m'avait toujours refusée. Le vent de la faveur n'arrive que par bouffées et passe vite; il faut que je me hâte, pendant qu'il souffle.

ANGÈLE, avec inquiétude.

Et m'emmenez-vous, ma mère?

LA COMTESSE.

Non, mon enfant.

ANGÈLE.

Oh! vous avez raison... bien raison, car ma santé...

LA COMTESSE.

Ne m'inquiète pas le moins du monde, car je te trouve très-bien... Aussi n'est-ce point à cause d'elle que je te laisse ici; mais, en arrivant à Paris, j'aurai des démarches à faire, je ne pourrais m'occuper assez de toi. Je t'écrirai de venir me rejoindre aussitôt mes affaires terminées.

ANGÈLE.

Quand vous le voudrez, ma mère.

MADAME ANGÉLIQUE.

Oui; mais il faudra qu'alors je la laisse partir, moi, et je compte l'emmener dans mon Dauphiné.

LA COMTESSE.

Ma tante, vous savez que c'est votre fille et que je vous ai cédé tous mes droits sur elle; ainsi vous en ferez ce que bon vous semblera.

MADAME ANGÉLIQUE.

En attendant, puisque tu pars, ma chère amie, voudras-tu te charger d'une lettre pour la supérieure du couvent où a été élevée Angèle? Tu sais que c'est mon amie...

LA COMTESSE.

Mais certainement, ma tante...

MADAME ANGÉLIQUE.

Eh bien, je vais me dépêcher de l'écrire.

ALFRED, à Angèle.

Tâchez de trouver un prétexte pour me laisser seul avec votre mère.

ANGÈLE.

Ma tante, voulez-vous que je vous serve de secrétaire?

MADAME ANGÉLIQUE.

Oui, ma petite, viens...

ANGÈLE.

Vous permettez, maman?

LA COMTESSE.

Oui, va.

SCÈNE VII

LA COMTESSE, ALFRED.

LA COMTESSE, à Alfred, qui prend son chapeau.

Vous vous retirez, monsieur?

ALFRED.

Je crains d'être indiscret en restant plus longtemps.

LA COMTESSE.

Vous ne le croyez pas... Mais réfléchissez donc que je pars dans une heure;... que je ne sais quand je vous reverrai; que je n'ai point encore eu le temps de vous exprimer toute ma reconnaissance, et que, si vous me quittiez maintenant, j'ignorerais jusqu'au nom de mon sauveur... et je ne veux pas l'ignorer, moi.

ALFRED.

Je vous remercie, madame, car j'étais déjà préoccupé de cette attristante idée, que les existences humaines sont tirées, en sens divers, par des fils si opposés, que souvent le hasard nous jette en face d'une personne, nous y laisse juste le temps de nous la faire connaître, puis nous entraîne à l'autre extrémité des lieux qu'elle habite, sans espoir de la revoir jamais, et pour regretter toujours de l'avoir vue.

LA COMTESSE.

Est-ce que vous apparteniez à l'ancienne cour?

ALFRED.

Pourquoi cela, madame?...

LA COMTESSE.

Parce que vous êtes d'une galanterie qui sent son faubourg Saint-Germain... Oh!

ALFRED.

Vous avez deviné juste, madame; je me nomme le baron d'Alvimar; je jouissais, près de l'ancienne famille royale, d'un certain crédit, et je devais à des services rendus une croix, une pension et un titre.

LA COMTESSE.

Et la chute des Bourbons vous a fait perdre tout cela?...

ALFRED.

Je n'en sais rien ; mais je vous avoue que j'en ai peur...

LA COMTESSE.

Vous êtes-vous exilé depuis la révolution seulement?...

ALFRED.

Non, madame ; quelque temps avant qu'elle arrivât, j'avais prévu la catastrophe. J'avais vainement voulu faire comprendre à nos hommes d'État que la route où l'on s'engageait n'était point la voie populaire, et que, même pour les hommes de génie, le chemin du despotisme est semé d'abîmes politiques. Je revins si souvent sur ce sujet, qu'un jour on me donna à entendre que ma franchise déplaisait au château. Ces demi-confidences sont faciles à comprendre. Je quittai donc Paris, déplorant en mon âme l'aveuglement de ceux à qui je devais tout... Ma prédiction n'a point tardé à se réaliser, et j'ai entendu d'ici le bruit de leur trône écrasé, et le grand cri de joie et de liberté qu'a jeté le peuple.

LA COMTESSE.

Eh bien, monsieur, maintenant que tout va se reformer sur de nouvelles bases, qui vous empêcherait de vous rattacher franchement à la nouvelle dynastie? L'ancien gouvernement, par son ingratitude, vous a dégagé de votre reconnaissance ; les hommes qui étaient en disgrâce hier sont aujourd'hui les hommes en faveur ; et, en supposant que vous ayez besoin d'une réconciliation avec la cause de la liberté, il me sera facile de vous en ouvrir toutes les voies.

ALFRED.

Oh ! madame...

LA COMTESSE, lui tendant la main.

Quelque chose que je fasse pour vous, voyons, ne resterai-je pas votre éternelle obligée ?

ALFRED.

Mille grâces de cette offre, madame ; mais je ne puis l'accepter. Je tremblerais, isolé comme je le suis, n'ayant aucun motif de famille pour me rattacher au nouveau gouvernement, qu'on ne vît, dans ma conduite, un calcul, et non une conviction politique.

LA COMTESSE.

Mariez-vous alors; on a, dans ce cas, une famille qui s'occupe de vous : on ne sollicite plus, on accepte, voilà tout.

ALFRED.

J'y ai bien songé, madame; mais quelle probabilité, dans la position où je me trouve, sans autre fortune que ce qu'on était convenu d'appeler avant la révolution mes talents diplomatiques, qu'une famille puissante veuille replanter dans la terre de la faveur un pauvre arbre déraciné par l'ouragan politique !

LA COMTESSE.

Je crois que vous jugez mal le monde ou vous-même... (Riant.) Voulez-vous que je vous cherche une femme? Et si vous n'êtes pas trop difficile...

ALFRED.

Oh ! de votre main, madame, je m'engage à la prendre les yeux fermés... Mademoiselle Angèle ne retourne pas avec vous à Paris?

LA COMTESSE.

Non; sa santé réclame de grands soins; les bals, les soirées, les nuits de danse et de veille la tueraient !...

ALFRED.

Mais... vous, madame, qui tout à l'heure me donniez le conseil de prendre une femme, ne songez-vous pas à lui choisir un mari?

LA COMTESSE.

Angèle ?... Mais c'est une enfant...

ALFRED.

Elle a seize ans! et vous devez vous être mariée plus jeune encore...

LA COMTESSE.

C'est vrai; mais écoutez, vous m'avez fait votre confession, je vais vous faire la mienne. La manière dont nous avons fait connaissance, votre dévouement pour moi, ma reconnaissance pour vous, ont établi entre nous deux, ce me semble, dans l'espace d'une heure, cette... je ne sais trop comment dire, notre langue est pauvre en synonymes !... cette intimité, cette confiance, veux-je dire, qui n'est habituellement le résultat que d'une plus longue liaison. Je vais donc vous raconter mes projets, comme je le ferais à un vieil ami. Je date de l'Empire, telle que vous me voyez, et, si votre galanterie vous en faisait douter, ma franchise pourrait vous en convaincre ; c'était une des vertus de l'époque. Je fus mariée au général de Gaston, pendant le court intervalle qui sépara les deux chutes de l'Empire. Napoléon était un dieu militaire, vous le savez : mon mari, dont il était l'idole, au moment de son retour de l'île d'Elbe, non-seulement se rattacha à sa fortune, mais encore alla au-devant d'elle. Le général fut tué à Waterloo. Sa mort me condamna à la retraite. Bientôt je donnai le jour à un enfant qui jamais ne vit son père... Cet enfant, c'est Angèle. J'eus seize ans le jour de sa naissance. A peine si j'avais effleuré les enivrements du monde ; les soins que je donnais à ma fille ne m'en firent connaître que les douceurs maternelles. La disgrâce dans laquelle se trouvait le nom de mon mari ne m'en laissait guère espérer d'autres. Ma fortune même était à peine suffisante pour moi et mon enfant. Ma tante Angélique, à titre de marraine, voulut se charger de ma fille, la sépara de moi, l'emmena dans une terre qui lui appartenait ; si bien que nous changeâmes presque de rôle, et qu'elle devint la mère d'Angèle, dont je ne fus plus que la tante... C'est ainsi que, pendant quinze ans, je restai dans mon isolement de veuve... Tout à coup, voilà qu'aujourd'hui ma fortune prend un caractère nouveau. La lettre que j'ai reçue du ministre fait preuve que je vais jouir de quelque crédit. Impuissante pour moi-même, car quelle faveur peut solliciter une femme? je puis beaucoup pour un homme que je présenterais. Cette influence me met à même de doubler sa fortune, s'il en a une, ou de lui créer une position, s'il n'en a pas. Et, à moins qu'on ne me dise, monsieur, que je suis trop vieille et pas assez jolie pour songer à un second mariage, j'avoue que j'aurai l'amour-propre de ne pas le croire impossible.

ALFRED.

Oh ! madame...

LA COMTESSE.

Vous êtes trop galant pour n'être pas de mon avis... Je le savais bien.

ALFRED.

Mais je ne vois pas comment cela empêcherait mademoiselle Angèle...

LA COMTESSE.

Pardon ; si je marie ma fille avant moi, je me donne, dans

mon gendre, un maître qui aura le droit de contrôler ma vie ; qui, quand je voudrai à mon tour prendre un mari, dira à sa femme : « Mais ta mère est folle !... comment ! elle va être bientôt grand'mère, et elle se remarie... » Savez-vous qu'alors il aura peut-être raison ? Angèle a seize ans à peine ; elle peut très-bien attendre un an ou deux ; moi, j'en ai... trente et un passés ; n'est-il pas plus simple que j'assure d'abord ma position, que j'emploie mon crédit en faveur de l'homme qui voudra bien accepter ce crédit pour ma dot?... Je suis à peu près certaine d'obtenir, pour mon mari ou pour celui qui sera sur le point de le devenir, tout ce que je demanderai, et peut-être alors m'assurerai-je, par la reconnaissance, un bonheur que mon âge peut-être ne me permet plus d'exiger de l'amour...

ALFRED, à part.

Ah !...

LA COMTESSE.

Car, vous concevez, ma position et celle de mon mari une fois solidement établies, alors, à l'aide du crédit de son beau-père, je m'occupe à son tour du bonheur d'Angèle... Dites-moi, monsieur, est-ce que ce n'est point là le calcul d'une femme raisonnable et en même temps d'une bonne mère de famille ?

ALFRED.

Ajoutez que c'est encore celui d'une femme pleine d'esprit et de grâce... qui ne pourra faire qu'un heureux et fera mille jaloux...

LA COMTESSE.

Toujours des réminiscences de l'ancienne cour

ALFRED.

La vérité doit être de mode à la nouvelle.

LA COMTESSE.

Comme vous le voudrez ; mais enfin, voilà pourquoi... car, puisque je me trouve entraînée à vous faire ces confidences, autant tout vous dire ; voilà pourquoi je laisse Angèle ici ; elle est jeune, elle est jolie, Angèle, et je suis, sinon jalouse, du moins inquiète ; c'est terrible, savez-vous, pour une femme de trente et un ans, d'avoir près d'elle une jeune et blonde tête comme celle-là !

ALFRED.

Oh ! madame, qu'avez-vous à craindre?...

LA COMTESSE.

Ses quinze ans.

ALFRED.

Mais elle a l'air de votre sœur, et voilà tout; elle est jolie, c'est vrai... Mais regardez-vous donc, madame ! vous, vous êtes belle et dans toute la puissance de votre beauté. Vous parlez d'enchaîner à vous un homme par la reconnaissance; mais, madame, fût-il riche et puissant comme un roi, celui que vous aimerez sera plus heureux du bonheur que vous lui apporterez que de celui qu'il possédera.

LA COMTESSE.

Vrai?

ALFRED.

Oh ! je vous le jure.

LA COMTESSE.

Ainsi vous approuvez le plan que j'ai formé?

ALFRED.

Je le trouve admirable!... Me permettrez-vous, à mon arrivée à Paris, de vous aider dans vos recherches ?

LA COMTESSE.

Vous y revenez donc?

ALFRED.

Voilà plusieurs jours que je serais parti déjà, si mon domestique avait pu me trouver une chaise de poste à acheter dans toute la ville; mais c'est une chose rare qu'une chaise de poste à Cauterets.

LA COMTESSE.

Mais écoutez donc; voulez-vous faire une chose ? ma voiture contient quatre personnes; ma femme de chambre seule m'accompagne; acceptez une place, et je vous emmène...

ALFRED.

Vous, madame !... Mais ne craignez-vous point?...

LA COMTESSE.

Le monde?... Vous n'avez donc pas entendu ce que je viens de vous dire, que ma femme de chambre était en tiers avec nous; d'ailleurs, je vous enlève par égoïsme... Il peut se trouver encore un précipice sur la route...

ALFRED.

Oh ! madame !... mais ce voyage serait pour moi un bonheur, une ivresse...

LA COMTESSE.
Prenez garde, un mot de plus, et je retire ma parole.
ALFRED.
Oh! non, non, je l'accepte, et, s'il le faut, je la réclame.
LA COMTESSE.
Alors, si vous voulez faire placer vos malles...
ALFRED.
Non, mille grâces! cela vous retarderait trop; mon domestique partira ce soir par la diligence et les accompagnera. Voulez-vous que je l'appelle?
LA COMTESSE.
Certes!... Ainsi vous êtes prêt?
ALFRED, sonnant.
Oui, madame.
LA COMTESSE, allant vers la porte latérale, et appelant.
Angèle !...
ALFRED, à Dominique, qui entre.
Je pars à l'instant pour Paris; tu prendras ce soir la diligence; je te laisse le soin de faire mes malles et de régler mes comptes avec M. Muller : tiens, voici de l'argent.
DOMINIQUE.
C'est bien, monsieur.
LA COMTESSE, à Dominique.
Mon ami, savez-vous si ma chaise est prête?
DOMINIQUE.
Le postillon vient d'y mettre les chevaux.
LA COMTESSE.
Dites-lui de faire avancer. (Dominique sort.) Angèle!...
ANGÈLE, de l'escalier.
Me voici, maman.

SCÈNE VIII

Les Mêmes, ANGÈLE, MADAME ANGÉLIQUE.

LA COMTESSE.
Allons, mon enfant...
ANGÈLE, bas, à Alfred.
Eh bien?
ALFRED.
Tout va au mieux.

ANGÈLE.
Oh ! je respire !... (A la Comtesse.) Eh quoi ! vous partez déjà, ma mère, ma bonne mère? Je suis si heureuse !.. Oh ! embrassez-moi... Déjà partir !...
LA COMTESSE.
Tu vois, la voiture attend... Angèle, monsieur m'accompagne...
ANGÈLE.
Monsieur !...
ALFRED, pendant que la Comtesse et madame Angélique font l'enveloppe de la lettre et la cachettent.
Oui... (Bas.) Votre mère a sur vous des projets qu'il faut que je combatte, et je réussirai, j'espère, à vaincre une résolution que je crois fortement arrêtée dans son esprit; mais, comme elle n'a personne à Paris, et qu'il lui faut quelqu'un pour l'aider dans ses démarches, je me suis offert; je veux me rendre utile, nécessaire si je le puis ; et alors, cher ange, quand je lui aurai rendu tous ces petits services de bureaux, de ministères, services si importants pour une femme, tu comprends, car une femme ne peut aller solliciter d'antichambre en antichambre, une récompense me sera due, je la demanderai... Cette récompense sera Angèle, mon Angèle chérie, qui m'aura peut-être oublié, mais à laquelle, moi, je penserai toujours.
ANGÈLE.
Moi... vous oublier !... Oh ! mon Dieu... Ah ! je ne sais pas pourquoi, Alfred, mais j'ai le cœur bien serré...
ALFRED.
Notre séparation ne sera pas longue, chère enfant !... Rapporte-t'en à mon amour.
ANGÈLE.
Oh ! que j'ai besoin d'y croire!
ALFRED.
Chut! (Haut.) Mademoiselle a-t-elle quelque commission?...
ANGÈLE.
Merci.
LA COMTESSE.
Eh bien, voilà que tu pleures... Allons, embrasse-moi !... encore !... la !... encore! Tu sais bien que je t'aime...
ANGÈLE.
Oui, maman; mais cela n'empêche pas que vous me laissez ici...

LA COMTESSE.

Mais... ce matin... tu ne voulais pas venir avec moi...

ANGÈLE.

Oh! ce matin... c'était autre chose... (A part.) Il restait, lui!

LA COMTESSE.

Aussitôt mes affaires terminées, je t'écris, je te le promets... (A Henri, qui entre.) Ah! monsieur Henri, je désespérais presque de pouvoir vous faire mes adieux... Si vous venez à Paris, j'espère que l'une de vos premières visites sera pour moi.

HENRI.

Jamais offre n'a été reçue avec autant de reconnaissance, madame, ni avec un plus vif désir d'en profiter.

LA COMTESSE.

Ainsi, c'est parole donnée... (A Alfred.) Je vous attends, monsieur.

ALFRED.

A vos ordres, madame.

LA COMTESSE.

Adieu, ma bonne tante... Adieu Angèle; bientôt, va!... bientôt!

ANGÈLE.

Ma mère!... ma mère!...

(Elle se jette en pleurant dans les bras de la Comtesse, avec laquelle Alfred s'apprête à sortir.)

HENRI, à madame Angélique.

Dites-moi, madame, et M. d'Alvimar?

MADAME ANGÉLIQUE.

Il retourne à Paris avec ma nièce.

HENRI, à part.

Ah! voilà le secret des larmes d'Angèle.

ACTE TROISIÈME

ERNESTINE

Un boudoir servant de passage du salon à une chambre à coucher; au fond, une porte et une fenêtre; deux portes latérales.

SCÈNE PREMIÈRE

ALFRED, un Domestique, puis **JULES RAYMOND**.

ALFRED, s'adressant au Domestique, qui allume les bougies.

Madame la comtesse de Gaston est-elle rentrée?

LE DOMESTIQUE.

Oui, monsieur; elle est à sa toilette.

ALFRED.

C'est bien. Donnez-moi une plume, du papier et de l'encre.

LE DOMESTIQUE.

Monsieur va écrire?

ALFRED.

Pourquoi cette question?

LE DOMESTIQUE.

Parce qu'un ami de monsieur l'attend chez lui.

ALFRED.

Son nom?

LE DOMESTIQUE.

Jules Raymond.

ALFRED.

Oh! faites-le entrer ici. Je n'ai pas le temps de remonter chez moi; d'ailleurs, je compte le présenter à madame la comtesse. — Ajoutons-le à ma liste. Jules Raymond! il arrive bien, pour peu qu'il soit danseur.

LE DOMESTIQUE, annonçant.

M. Jules Raymond.

ALFRED.

Ah! cher ami, tu es un garçon bien aimable de penser à moi.

JULES.

Et tu es le premier auquel j'aie pensé : ainsi tu vois que je ne te vole pas ton compliment.

ALFRED.

Voyons, d'où viens-tu, éternel coureur?

JULES.

De la Suisse.

ALFRED

Ah! bravo!

JULES.

Mais, dis-moi donc, il me semble que les affaires ont admirablement marché en mon absence.

ALFRED.

Mais oui, pas mal.

JULES.

Tiens, je croyais qu'on ne portait plus la croix de Saint-Louis.

ALFRED.

C'est celle de la Légion d'honneur.

JULES.

Et tu es rentré dans ta pension?

ALFRED.

Le ministre l'a doublée.

JULES.

Et ta place de premier secrétaire à Rome t'a-t-elle été rendue?

ALFRED.

Non; mais je suis nommé, à compter d'aujourd'hui, je crois, ministre plénipotentiaire à Bade.

JULES.

Je t'en fais mon compliment. Je n'ai pas besoin de te demander comment vont les amours; il est probable qu'ils suivent la même marche.

ALFRED.

Tu connais mon système.

JULES.

Ainsi tes projets ont réussi?

ALFRED.

Complétement.

JULES.

Alors tu épouses mademoiselle Angèle?

ALFRED.

Non; je me marie avec madame de Gaston.

JULES.

Ah çà ! mais, mon ami, tu me dis là des choses de l'autre monde.

ALFRED.

En doutes-tu ?

JULES.

Ma foi, je te l'avoue...

ALFRED.

Viens au bal ce soir, et tu apprendras, de la bouche même de la comtesse, ce que tu ne veux pas croire de la mienne... La comtesse doit, ce soir, annoncer notre mariage comme une chose arrêtée.

JULES.

Eh ! mais sa fille ?

ALFRED.

Angèle ? Elle est près de sa tante, au fond du Dauphiné. Aussitôt après son mariage, sa mère la fera venir.

JULES.

Mais la comtesse est donc toute-puissante ?

ALFRED.

Tout à fait. Elle a joint à son influence personnelle celle de la maîtresse du ministre, une dame de Varly, de Varcy, je ne sais pas trop. Cette dame a été sensible, dans la position fausse où elle se trouve, à quelques égards que la comtesse a eus pour elle. Depuis ce temps, madame de Gaston en fait tout ce qu'elle veut : sa pension lui a été rendue, un arriéré payé. Enfin, je ne sais quelle chose encore elle a obtenue.

JULES.

Allons, mon cher ami, je te fais mon compliment.

ALFRED.

Je te préviens que je ne te recevrai que ce soir au bal.

JULES.

Il faudrait au moins, pour y venir, que je fusse invité par la comtesse.

ALFRED.

Je l'attends pour lui remettre la liste des invitations que j'ai faites en son nom, et, lorsque le domestique t'a annoncé, je t'ai porté au nombre de mes danseurs.

JULES.

Eh bien, soit... Mais je n'ai point de temps à perdre alors. (Tirant sa montre.) Neuf heures ; et à quelle heure s'ouvre le bal ?

ALFRED.

A dix heures... Hâte-toi donc si tu veux danser la première contredanse avec la comtesse.

JULES.

Je pars. Annonce-moi d'avance : tu pourrais n'être pas là pour me présenter.

ALFRED.

Sois tranquille.

JULES.

Allons, une nouvelle séparation de sept mois, — car il y a sept mois que nous ne nous sommes vus, je crois, — et je te retrouve ambassadeur.

ALFRED.

C'est possible. Adieu.

JULES.

Au revoir.

SCÈNE II

ALFRED, LA COMTESSE, en toilette de bal.

LA COMTESSE.

Avec qui causiez-vous donc là ?

ALFRED.

Ah! je vous fais mon compliment; vous êtes merveilleusement belle avec cette toilette.

LA COMTESSE.

Flatteur! je ne vous demande pas cela; je vous demande quel est ce jeune homme qui s'en va.

ALFRED.

Un ami à moi, qui a l'honneur d'être connu de vous, je crois : Jules Raymond, un peintre, artiste.

LA COMTESSE.

Oui, je le connais de nom, mais pas autrement.

ALFRED.

Eh bien, je vous le présenterai ce soir; vous permettez?

LA COMTESSE.

Certainement.

ALFRED.

Voici la liste des personnes que j'ai invitées en votre nom.

LA COMTESSE.

Parlons d'abord de vos affaires... J'ai vu le ministre.

ALFRED.

Ah !

LA COMTESSE.

Votre nomination est signée.

ALFRED.

Ma nomination de ministre plénipotentiaire ?

LA COMTESSE.

Oui.

ALFRED.

Et vous consentirez à vous exiler avec moi ?

LA COMTESSE.

J'irai au bout du monde avec mon mari.

ALFRED.

Que vous êtes bonne !

LA COMTESSE.

Non, je vous aime. (Alfred lui baise la main.) D'ailleurs, je ferai revenir Angèle ; nous l'emmènerons avec nous ; et nous lui trouverons là-bas quelque joli petit baron allemand bien blond, bien mélancolique, bien rêveur...

ALFRED, l'interrompant.

Est-ce que vous avez le brevet ?

LA COMTESSE.

Non, il est entre les mains de madame de Varcy, qui, comme vous le savez, a enlevé d'assaut cette affaire : elle vient ce soir ; je vous présenterai à elle, et c'est elle-même qui s'est chargée de vous remettre votre nomination.

ALFRED.

Merci. Maintenant, à notre liste.

LA COMTESSE, la repoussant doucement.

C'est bien ; vous avez invité vos amis, n'est-ce pas ? Vos amis sont les miens, je serai donc heureuse de les recevoir... Ah ! de mon côté, j'ai fait une invitation que j'avais oublié de vous dire.

ALFRED.

Laquelle ?

LA COMTESSE.

J'ai trouvé hier chez moi la carte de M. Henri Muller.

ALFRED.

Ah ! il est à Paris ?

LA COMTESSE.

Il y arrive, je crois, venant du Midi.

ALFRED.

Et sa santé?

LA COMTESSE.

Toujours plus mauvaise; aussi je doute qu'il vienne.

ALFRED.

Et moi, je suis sûr qu'il viendra.

LA COMTESSE.

J'en suis bien aise, c'est un bon jeune homme. Maintenant, monsieur, vous me permettrez de vous rappeler que vous êtes en retard.

ALFRED.

C'est vrai; dix minutes pour ma toilette, et je suis à vous.

LA COMTESSE.

Allez. (Sonnant.) Fanny!

FANNY.

Madame la comtesse?

LA COMTESSE.

Dites-moi, est-ce que vous trouvez que cette robe me va bien?

FANNY.

Parfaitement.

LA COMTESSE.

Et ma coiffure?

FANNY.

A merveille.

LA COMTESSE.

Allez me chercher mon bouquet.

(Fanny rencontre un Domestique à la porte et lui parle bas.)

FANNY.

Madame la comtesse...

LA COMTESSE.

Eh bien?

FANNY.

Une dame qui descend de voiture désire parler à madame.

LA COMTESSE.

Déjà une de nos danseuses!

LE DOMESTIQUE.

Oh! non, madame, elle arrive en chaise de poste.

LA COMTESSE.

Elle prend mal son temps. N'importe, faites entrer. (A Fanny.)

Mon bouquet n'est point dans l'antichambre, il est chez moi. (Tout en arrangeant ses cheveux devant une glace.) Quelle peut être cette dame qui m'arrive à cette heure? Quelque amie de pension, quelque...

SCÈNE III

LA COMTESSE, ANGÈLE, vêtue de deuil.

ANGÈLE.

Ma mère!

LA COMTESSE, courant à elle.

Angèle, toi!

ANGÈLE, se précipitant tout éplorée dans ses bras.

Ma mère!... ma mère! vous m'aimez donc?

LA COMTESSE.

Comment! chère enfant, si je t'aime?... Mais qu'as-tu?... pourquoi ce retour imprévu? ce deuil?...

ANGÈLE.

Ma pauvre tante Angélique...

LA COMTESSE.

Oh! mon Dieu!

ANGÈLE.

Subitement... sans qu'on s'en doutât... Comprends-tu?

LA COMTESSE.

Pauvre tante!...

ANGÈLE.

Alors, je me suis trouvée seule, malade. Moi aussi, j'ai pensé que je pouvais mourir, mourir loin de vous... et je ne voulais pas mourir loin de ma mère.

LA COMTESSE.

Toi, mourir?... Quelles idées!...

ANGÈLE.

Oh! vous ne savez pas ce que j'ai souffert!

LA COMTESSE.

En effet, tu es bien changée.

ANGÈLE.

Oui... J'hésitais à revenir cependant, de peur... de peur que vous ne fussiez mécontente... Mais je me suis dit : « Maman m'aime... » N'est-ce pas, maman, que tu m'aimes?..

LA COMTESSE.

Oh! chère petite!

ANGÈLE.

« Elle me pardonnera d'arriver ainsi; car, pour rester dans ce vieux château, toute seule... » Oh! je serais morte, ma mère, je serais morte!

LA COMTESSE.

Eh bien, non, non... Te voilà, calme toi.

ANGÈLE.

Comme vous êtes belle, vous, ma mère! Vous allez en soirée?

LA COMTESSE.

Cela tombe horriblement mal... Comment faire?... Je ne puis maintenant fermer ma porte.

ANGÈLE.

Comment! c'est ici?...

LA COMTESSE.

Eh! oui... Mon Dieu, si M. d'Alvimar était là, il me donnerait un conseil.

ANGÈLE.

N'est-il point à Paris?

LA COMTESSE.

Si!... il me quitte, au contraire. Il va revenir.

ANGÈLE.

Ah!

LA COMTESSE.

Qu'as-tu? Comme tu pâlis!

ANGÈLE.

Ce n'est rien, rien, ma mère.

LA COMTESSE.

Que faire, mon Dieu?... Maudit bal!

ANGÈLE.

Il est annoncé, donnez-le.

LA COMTESSE.

Y seras-tu?

ANGÈLE.

Moi, ma mère?... Oh! le pourrais-je, fatiguée, malade comme je le suis?... Non, je vous en prie. Ma petite chambre est-elle toujours libre?

LA COMTESSE.

Oui, elle t'attendait, car j'allais t'écrire de revenir... Nous parlions de toi avec M. d'Alvimar, il y a dix minutes, et nous faisions ensemble des projets...

ANGÈLE.

Sur moi ?

LA COMTESSE.

Oui.

ANGÈLE.

Que vous êtes bonne ! (On entend sonner.) Oh ! maman, c'est déjà quelqu'un ; je me sauve.

LA COMTESSE, ouvrant la porte latérale.

Tiens, voilà ta chambre.

ANGÈLE.

Merci. (Allant à la porte.) Louise ! Louise ! faites porter tous mes effets dans ma chambre... Tenez, là, là... Au revoir, ma mère ; aimez-moi un peu... Oh ! j'ai tant besoin de votre amour...

LA COMTESSE.

Allons !... j'irai t'embrasser lorsque je serai débarrassée de tout le monde.

ANGÈLE.

Oui, ma mère.

UN DOMESTIQUE, de l'autre porte.

Les personnes invitées par madame la comtesse commencent à arriver.

LA COMTESSE.

Faites les entrer au salon... Ah ! excepté madame de Varcy, que vous introduirez de ce côté ; puis vous viendrez me prévenir qu'elle y est. Voyons, Fanny, Fanny !... tout va-t-il bien ?...

FANNY.

Très-bien.

LA COMTESSE.

Mon bouquet ?

FANNY.

Le voici.

LA COMTESSE.

C'est tout ?... Oui... allons.

(Entrent Louise et un Domestique portant des malles et des cartons.)

FANNY, leur indiquant la porte d'Angèle.

Par ici... par ici... tenez...

LOUISE.

Oui, oui... je sais.

SCÈNE IV

ALFRED, FANNY.

ALFRED, de la porte du fond.

Fanny!

FANNY.

Monsieur?

ALFRED.

Où est madame la comtesse?

FANNY.

Au salon.

ALFRED.

Est-ce qu'il y a beaucoup de monde?

FANNY.

Mais pas mal déjà.

(Elle sort.)

ALFRED.

Ce diable de Muller, cela me contrarie de le trouver ici; il va me parler d'Angèle, et je n'y pense déjà que trop.

UN DOMESTIQUE, annonçant.

Madame de Varcy. (A madame de Varcy.) Je vais prévenir madame la comtesse.

SCÈNE V

ALFRED, ERNESTINE.

ALFRED.

Ah! ma protectrice inconnue... (Se retournant.) Ernestine de Rieux!

ERNESTINE.

Non, monsieur, madame de Varcy.

ALFRED.

Ah! voilà qui est d'une exactitude scrupuleuse, madame... Je vous avais donné rendez-vous dans le monde au bout de combien? de... huit mois, je crois... en robe de bal, des perles au cou, des fleurs sur la tête. Vous avez devancé l'époque... et cependant, madame, rien ne manque à l'exactitude de la toilette dans laquelle je comptais vous rencontrer.

ANGÈLE

ERNESTINE.

Oui, vous êtes un prophète d'infamie, et tout ce que vous m'avez prédit est arrivé.

ALFRED.

Madame... ceci m'a l'air d'une confidence ; et je vous ai promis de ne pas vous demander par quels moyens...

ERNESTINE.

Mais je me suis promis de vous le dire, moi. En vous quittant, je suis revenue à Paris, résolue à m'enfermer... à ne voir personne... Ah! je lisais mal au fond de mon cœur... Je voulais bien m'éloigner du monde; mais je ne voulais pas que le monde s'éloignât de moi. J'espérais qu'il viendrait me chercher... Il m'abandonna... sans m'oublier... Mon absence servit de texte à ses conversations, de but à ses calomnies... On allait jusqu'à supposer des choses que ma présence seule pouvait démentir... Je n'osais rentrer dans la société. Cependant... isolée comme je l'étais... sans appui... J'en trouvai un... un soutien puissant!... je compris que le monde est ainsi fait, que, lorsqu'on ne marche pas sur les préjugés, ils marchent sur vous; qu'il faut les fouler aux pieds si l'on ne veut pas qu'ils vous écrasent... On avait méprisé la pauvre femme, humiliée et repentante... Je me couronnai de ma honte... et l'on m'adora comme une reine.

ALFRED.

Ainsi vous êtes l'amie du ministre?...

ERNESTINE.

Oh! monsieur, point de vaine pudeur de mots, dites sa maîtresse.

ALFRED.

Il n'en est que plus méritoire à vous, dans cette haute position, de vous rappeler encore vos anciens amis.

ERNESTINE, amèrement.

Comment voulez-vous que je vous oublie?

ALFRED.

Oh! mais je m'entends... vous les rappeler... pour leur être utile... voilà ce que je veux dire; car, si je suis bien informé, c'est à votre protection, madame, que je dois ma nomination.

ERNESTINE.

Oui, monsieur, et j'ai voulu vous en remettre moi-même le brevet.

(Elle le lui présente.)

ALFRED.

Vous êtes trop bonne... (Lisant.) Mais il y a une erreur, madame... Mon départ est fixé à trois jours.

ERNESTINE.

Ce n'est point une erreur.

ALFRED.

Mais je ne puis partir en ce moment.

ERNESTINE.

Eh bien, vous ne partirez pas.

ALFRED.

Mais alors...

ERNESTINE.

La place de ministre plénipotentiaire étant vacante et ne pouvant rester inoccupée à cause de son importance... à votre refus, une autre personne y sera envoyée.

ALFRED.

Ah! ah!... je commence à comprendre... et je vois maintenant de quelle manière vous vous souvenez de vos anciens amis. On vous aura dit mon prochain mariage, et...

ERNESTINE.

On ne m'a rien dit, monsieur.

ALFRED.

Savez-vous, madame, que nous jouons un jeu qui pourra bien devenir une guerre?

ERNESTINE.

Quelque nom que vous lui donniez, monsieur, et à quelque conséquence qu'il entraîne, je suis prête à faire votre partie.

ALFRED.

Eh bien, je jouerai cartes sur table; vous savez que je suis franc. J'aime la comtesse de Gaston...

ERNESTINE.

Tiens!... Je croyais que c'était sa fille.

ALFRED.

Vous êtes puissante; mais elle n'est pas sans crédit... Je lui dois beaucoup.

ERNESTINE.

De l'amour, du dévouement!... Je ne vous reconnais plus, monsieur; et vos principes?...

ALFRED.

M'ont conduit à mon but.

ERNESTINE.

Vous n'y touchez pas encore.

ALFRED.

Peu de chose m'en sépare, du moins.

ERNESTINE.

Vous estimez bien peu ma volonté, ce me semble.

ALFRED.

Savez-vous que vous me rendriez fat?

ERNESTINE.

Oh! vous auriez tort de le devenir.

ALFRED.

Votre dépit ressemble tant à un reste d'amour.

ERNESTINE.

Dites à un commencement de haine...

ALFRED.

Contre moi?...

ERNESTINE.

Oh! non, je ne vous hais pas.

ALFRED.

Madame..

ERNESTINE.

Je marque un point... vous vous fâchez...

ALFRED.

Madame, c'est assez plaisanter.

ERNESTINE.

Aussi je cesse... Partirez-vous, monsieur?

ALFRED.

Je ne partirai pas.

ERNESTINE.

Vous avez trois jours pour vous décider.

ALFRED, lui remettant le brevet.

Voici ma réponse.

ERNESTINE.

Très-bien... Voulez-vous m'offrir la main pour entrer au bal?

ALFRED.

Voici madame de Gaston qui va vous y introduire.

SCÈNE VI

Les Mêmes, LA COMTESSE

LA COMTESSE.

Pardon, madame; on est, il est vrai, venu me dire que vous étiez ici.... mais, forcée de faire un premier quadrille, je n'ai pu venir qu'après la contredanse... (A d'Alvimar.) Vous vous êtes présenté tout seul, monsieur, à ce qu'il paraît?

ALFRED.

J'avais déjà eu l'honneur de rencontrer madame.

LA COMTESSE.

Voulez-vous entrer?... Nous manquons de jolies femmes.

ALFRED, bas, à la Comtesse.

Je voudrais bien vous parler.

LA COMTESSE.

Moi aussi.

ALFRED.

Je vous attends, alors.

LA COMTESSE.

Ici?

ALFRED.

Oui.

SCÈNE VII

ALFRED, puis LA COMTESSE, puis JULES RAYMOND.

ALFRED.

Ah! elle veut me faire plier sous sa volonté, cette femme! âme perdue qui veut perdre celle des autres pour racheter la sienne... Nous verrons!... Le ministre, le ministre... il n'est pas inamovible... On parle d'une nouvelle combinaison... et ma nomination par celui-ci pourrait bien être un titre de destitution aux yeux de l'autre... (A la Comtesse, qui rentre.) Oh! venez, venez...

LA COMTESSE.

Eh! mon Dieu, qu'y a-t-il? Comme vous paraissez agité!

ALFRED.

Il faut que vous annonciez ce soir notre mariage... et publiquement.

LA COMTESSE.

Ce soir?... Je venais justement vous dire que cela me paraissait impossible.

ALFRED.

Et pourquoi ?

LA COMTESSE.

Angèle est arrivée.

ALFRED.

Angèle !...

LA COMTESSE.

Au moment où vous me quittiez.

ALFRED.

Angèle est ici ?

LA COMTESSE.

Là, dans cette chambre.

ALFRED.

Ah !...

LA COMTESSE.

Et vous comprenez... il est impossible que j'annonce publiquement un mariage que ma fille ignore encore, et que je vous avoue ne savoir trop comment lui apprendre.

ALFRED.

Vous avez raison, c'est impossible... de toute impossibilité... vous avez raison.

LA COMTESSE.

Ainsi, c'est quelques jours de retard, et voilà tout...

ALFRED.

Oui, oui... trois ou quatre jours... il vaut mieux retarder...

LA COMTESSE.

Oh ! je vous remercie de comprendre cela.

JULES, entrant.

Mille pardons, madame la comtesse, de vous poursuivre jusqu'ici ; mais vous m'avez donné des droits sur lesquels je vous préviens que je ne laisserai pas empiéter... même par Alfred... Vous m'avez promis cette contredanse...

LA COMTESSE.

Oui, monsieur, et je ne l'avais pas oublié.

JULES.

Mille grâces, madame... (La musique joue.) Entendez-vous ?

LA COMTESSE.

Me voici, monsieur.

SCÈNE VIII

ALFRED, puis LOUISE.

ALFRED.

Angèle ici ! qui ramène cette enfant malgré mes lettres ? Angèle ici !... Et moi entre ces deux femmes ; et cela au moment de réussir ! Misérable ambition de petites choses ! Tout cela pour parvenir à être ministre plénipotentiaire, et voilà tout ! Angèle ici... là !... (La porte d'Angèle s'ouvre avec précaution.) Ah !... j'ai cru que c'était elle.

LOUISE.

C'est vous que je cherchais, monsieur.

ALFRED.

Me voilà.

LOUISE.

Une lettre pour vous.

ALFRED.

De qui ?

LOUISE.

De ma maîtresse.

ALFRED.

D'Angèle ? (Après avoir jeté un coup d'œil sur la lettre.) Ce n'est pas possible ! oh ! non... dites, dites...

LOUISE.

Cela est cependant, monsieur.

ALFRED.

Oh ! que faire ?...

LOUISE.

Elle vous attend pour décider cela avec vous.

ALFRED.

Plus tard... j'irai tout à l'heure.

LOUISE.

Eh ! monsieur, il n'y a pas une minute à perdre.

ALFRED, s'élançant dans la chambre.

Allons, alors !...

LOUISE, près de la porte d'Angèle, regardant la personne qui entre du côté opposé.

M. Henri Muller.

(Elle referme la porte vivement.)

SCÈNE IX

HENRI, seul.

Oh! que je souffre! cet air échauffé par les bougies, parfumé par les fleurs... m'étouffe... Ce bruit, ces éclats, ce tourbillonnement me tuent. On respire ici, du moins!... (Il jette son chapeau sur un sofa et s'y assied lui-même). Oh! je n'aurais pas dû venir... mais j'espérais entendre parler d'Angèle... et je n'ai pas même osé prononcer son nom devant sa mère, de peur que mon émotion ne me trahît... Que ces hommes et ces femmes sont heureux!... la belle chose qu'un bal pour ceux qui peuvent y vivre!...

SCÈNE X

HENRI, assis; ALFRED, sortant pâle et agité de la chambre d'Angèle.

ALFRED.

Que faire?... que devenir?... où trouver l'homme qu'il me faut, et cela à l'instant même?

HENRI, se levant.

M. d'Alvimar.

ALFRED.

Henri Muller!... (Se frappant le front.) Ah! il n'y a pas d'autre moyen.

HENRI.

Qu'avez-vous?...

ALFRED, allant à lui et lui prenant la main.

Monsieur... vous êtes homme d'honneur... et vous savez ce que c'est que l'honneur... Il faut que vous m'aidiez à sauver celui d'une femme!...

HENRI.

Comment cela, monsieur?... Expliquez-vous!...

ALFRED.

En votre qualité de médecin... on a dû parfois vous faire des demandes semblables à celle que je vais vous adresser... Promettez-moi de m'accorder la mienne... promettez-le-moi!

HENRI.

Si elle ne sort en rien des devoirs de mon état,... si même elle ne compromet que ma personne...

ALFRED.

Elle est dans les devoirs de votre état, et ne peut point vous compromettre.

HENRI.

Alors parlez...

ALFRED.

Assez loin d'ici pour qu'il n'y ait pas un instant à perdre, monsieur, une jeune fille... en ce moment... une jeune fille de haute noblesse... une jeune fille dont le déshonneur rejaillirait sur toute une famille... une jeune fille va devenir mère.

HENRI.

Je comprends ce que vous demandez de moi, monsieur.

ALFRED, avec anxiété.

Eh bien?

HENRI.

Je suis prêt à vous suivre.

ALFRED.

Écoutez, monsieur, ce n'est pas tout...

HENRI.

Après?

ALFRED.

Cette jeune fille, vous pourriez la rencontrer dans le monde plus tard... un jour...

HENRI.

Un pareil secret est sacré, monsieur; je ne la reconnaîtrais pas.

ALFRED.

Mais elle vous reconnaîtrait, vous.... et elle en mourrait... elle en mourrait de honte, monsieur!... Écoutez, ne me rendez pas service à demi... permettez une chose.

HENRI.

Laquelle?

ALFRED.

Que je vous bande les yeux!... que je vous conduise ainsi jusque dans sa chambre...

HENRI.

Je vous comprends, monsieur.

ALFRED.

Et vous y consentez?

HENRI.

J'allais vous le proposer.

ALFRED, à part.

Je suis sauvé.

HENRI, prenant son chapeau.

Je suis prêt.

ALFRED.

Descendez, monsieur, descendez le premier... et attendez-moi au coin de la rue dans un fiacre ; je vous rejoins... Allez, allez.

(Henri sort.)

ALFRED, frappant à la porte d'Angèle.

Louise!...

LOUISE.

Monsieur?

ALFRED.

Dans un quart d'heure, je reviens... Rassure ta maîtresse.

LOUISE.

Hâtez-vous!

ALFRED.

Je cours...

(Louise rentre. Alfred, en se retournant, rencontre Jules et Ernestine.)

SCÈNE XI

ALFRED, JULES, ERNESTINE.

ERNESTINE, prenant Alfred par le bras.

Avez-vous réfléchi, monsieur?

ALFRED.

Oui.

ERNESTINE.

Et qu'avez-vous décidé?

ALFRED.

Envoyez-moi demain le brevet.

ERNESTINE.

Et dans trois jours?...

ALFRED.

Je pars!...

JULES, l'arrêtant par l'autre bras.

Eh bien?...

ALFRED.

Quoi?

JULES.

Qui épouses-tu décidément, car on n'a point annoncé ton mariage? Est-ce la mère?... est-ce la fille?...

ALFRED.

Ni l'une ni l'autre!...

(Il sort précipitamment.)

JULES.

Voilà bien le garçon le plus original que je connaisse.

ERNESTINE.

Oui, oui... il est assez bizarre.

SCÈNE XII

Les Mêmes, LA COMTESSE, Invités.

LA COMTESSE, entrant.

Comment! vous partez déjà?

ERNESTINE.

Mais il se fait tard.

LA COMTESSE.

Oh! deux heures tout au plus...

ERNESTINE.

Vous avez arrêté toutes les pendules.

LA COMTESSE.

Décidément? — Tom, la pelisse de madame, alors.

ERNESTINE.

Vous trouverez mon domestique dans l'antichambre: une livrée lie de vin, des aiguillettes noir et argent.

LA COMTESSE.

Oh! que c'est mal, de nous quitter si tôt.

JULES.

Mais, vous le voyez, madame... il n'y a point que nous... Tout le monde part.

LA COMTESSE.

C'est votre exemple.

TOM.

Voici la pelisse de madame.

JULES.

Oserai-je vous offrir mon bras jusqu'à votre voiture?

ERNESTINE, lui donnant le bras.

Mille grâces.

LA COMTESSE.

Et moi, mille remerciments.

(Tout le monde se retire.)

SCÈNE XIII

LA COMTESSE, TOM, LOUISE.

TOM.

Il n'y a plus personne au salon. Madame la comtesse ordonne-t-elle qu'on éteigne?

LA COMTESSE.

Oui, certainement. (Allant à la porte d'Angèle.) Fermée... Ah! je comprends; elle aura craint que quelqu'un, en se trompant...

(Elle frappe doucement. Louise sort.)

LOUISE.

Madame la comtesse!...

LA COMTESSE.

Oui, j'ai promis à Angèle de venir l'embrasser.

LOUISE.

C'est... c'est que mademoiselle Angèle dort, madame... et vous la réveilleriez.

LA COMTESSE.

Vous avez raison; elle doit être fatiguée, cette pauvre enfant!... Dites-lui que je suis venue; qu'au milieu du bal, j'ai vingt fois pensé à elle... et, demain, qu'elle reste au lit, je viendrai la voir.

(Elle sort. Les bougies sont complétement éteintes, et le théâtre est dans l'obscurité.)

LOUISE.

Oh! je tremblais!... mon Dieu!... Maintenant, vont-ils venir?... Mon Dieu! ayez pitié de ma maîtresse... (Elle va pour rentrer, on frappe à la fenêtre.) On frappe... on frappe... C'est lui... (Ouvrant.) Monsieur Alfred!

ALFRED.

Silence! (A Henri.) Nous sommes arrivés, monsieur. (Il entre par la fenêtre, aidant Henri, qui a les yeux bandés, à monter après lui.) Prenez garde... Bien. Vous m'avez donné votre parole d'honneur de ne point chercher à reconnaître...

HENRI.

Je vous la renouvelle.

ALFRED, à Louise, qui tient la porte ouverte.

Pas de lumière dans l'appartement?

LOUISE.

Aucune.

ALFRED, entraînant Henri.

Entrons.

ACTE QUATRIÈME

ANGÈLE

La chambre d'Angèle.

SCÈNE PREMIÈRE

ANGÈLE, couchée sur une chaise longue; LOUISE, puis LA COMTESSE, puis HENRI.

ANGÈLE, à Louise, qui entre.

L'avez-vous vu ?

LOUISE.

Pas encore.

ANGÈLE.

A-t-il lu ma lettre, au moins ?

LOUISE.

Son domestique la lui a remise quand il est rentré cette nuit.

ANGÈLE.

Oh ! me laisser ainsi depuis trois jours ! Alfred ! Alfred !

LOUISE.

Voici madame...

ANGÈLE.

Chut ! retirez-vous !...

LA COMTESSE.

Puis-je entrer ?

ANGÈLE.

Oui, ma mère.

LA COMTESSE.

Eh bien, comment te trouves-tu ?...

ANGÈLE.

Très-bien, maman...

LA COMTESSE.

Tu ne veux donc pas me dire ce que tu as

ANGÈLE.

Mais que voulez-vous que je vous dise, ma mère? Je n'ai rien...

(Elle essaye de se lever et retombe.)

LA COMTESSE.

Vois!... Oh! tu me caches quelque chose...

ANGÈLE.

Moi?... Rien, oh! rien, je vous jure.

LA COMTESSE.

Si tu as quelques chagrins, dis-les-moi... Voyons, doutes-tu de mon amour?

ANGÈLE.

Je serais bien malheureuse, ma mère, si j'en doutais!

LA COMTESSE.

Mais je puis douter du tien, moi... Voilà trois jours que tu es souffrante et que, malgré mes prières, tu refuses de voir un médecin... Tu veux donc mourir?

ANGÈLE.

Ma mère...

LA COMTESSE.

Écoute... je comprends ta répugnance pour un médecin étranger... pour un homme que tu ne connaîtrais pas. Mais... pour un ami...

ANGÈLE.

Que voulez-vous dire?

LA COMTESSE.

Si M. Henri, par exemple...

ANGÈLE.

Henri Muller...

LA COMTESSE.

Oui, il est à Paris.

ANGÈLE.

Oh! M. Henri... Oh! lui moins que tout autre.

LA COMTESSE.

Je lui ai écrit.

ANGÈLE.

De venir?

LA COMTESSE.

Oui.

ANGÈLE.

Oh !

LA COMTESSE.

Et...

ANGÈLE.

Et... et... il est là, n'est-ce pas ?... Voilà ce que vous voulez dire.

LA COMTESSE.

Eh bien, oui.

ANGÈLE.

Ma mère, ma mère, au nom du ciel !

LA COMTESSE.

Il existe donc quelque chose, quelque chose que tu ne peux pas avouer... Mais que veux-tu que je suppose, alors?... Voyons.

ANGÈLE, s'affaissant.

Rien... rien... rien...

LA COMTESSE.

Ainsi tu consens ?

ANGÈLE.

Faites tout ce que vous voudrez, ma mère.

LA COMTESSE, allant à la porte.

Monsieur Henri, venez...

HENRI, entrant.

Madame...

LA COMTESSE.

J'ai obtenu d'elle qu'elle vous voie. Oh ! je vous la recommande, monsieur Henri ; c'est mon enfant chérie, voyez-vous... Oh ! vous me répondez d'elle !

HENRI.

Est-elle donc si souffrante ?...

LA COMTESSE.

Je ne sais ce qu'elle a... Tâchez de découvrir son secret, si elle en a un. Parlez-lui comme on parle à une sœur... Je vous laisse avec elle, pour que vous soyez plus libre... Devant moi... Je ne sais qu'imaginer. Vous comprenez... Enfin, monsieur Henri !... tout, tout... faites tout pour elle.

HENRI.

J'ignore si je puis quelque chose, madame ; mais je suis bien entièrement à vous...

LA COMTESSE.

Je vous laisse... J'attendrai chez moi. Venez me trouver après l'avoir quittée ; aussitôt après, je vous prie...

HENRI.

J'irai.

LA COMTESSE.

J'y compte.

(Elle sort.)

HENRI, s'approchant lentement d'Angèle, qui tient sa tête cachée entre ses mains.

Mademoiselle!... (Répétant.) Mademoiselle !

ANGÈLE, relevant la tête et regardant autour d'elle.

Et ma mère, où est-elle?

HENRI.

Sortie un instant.

ANGÈLE.

Oh !

HENRI.

Je croyais que vous auriez plus de plaisir à revoir un ancien ami.

ANGÈLE.

Pardon.

HENRI, s'asseyant près d'elle.

Voulez-vous me donner votre main?

ANGÈLE.

Ma main ?...

HENRI.

C'est à titre de médecin que je vous la demande.

ANGÈLE.

Et c'est à titre d'ami que je vous la donne.

HENRI.

Elle est bien brûlante... Vous avez la fièvre.

ANGÈLE. à part, retirant sa main.

Dieu!... si l'on pouvait reconnaître !

HENRI.

Qu'avez-vous?... Dites-moi.

ANGÈLE.

Rien.

HENRI.

C'est impossible... Vous souffrez, vous devez souffrir du moins... Vous êtes pâle, changée...

ANGÈLE.

Ne me regardez point ainsi, monsieur ? Henri !... vous me faites mal ; vous me mettez au supplice...

HENRI.

Mon Dieu, que puis-je vous dire ? que puis-je vous faire ?...

ANGÈLE.

C'est le chagrin de la mort de ma bonne tante... C'est le voyage qui m'a fatiguée... et pas autre chose... Quelques jours me remettront.

HENRI.

Et quand êtes-vous arrivée ?

ANGÈLE.

Il y a quatre jours, le soir du bal...

HENRI.

M. d'Alvimar m'avait dit que ce n'était que le lendemain...

ANGÈLE.

Il s'est trompé sans doute ; car je l'ai vu peu de temps après être descendue de voiture.

HENRI.

Et pourquoi ne pas vous être montrée un instant ?

ANGÈLE.

J'étais en deuil, j'étais fatiguée...

HENRI.

Et où étiez vous pendant ce temps ?

ANGÈLE.

Dans cette chambre.

HENRI.

Dans cette chambre ?

ANGÈLE.

Oui, c'est la mienne.

HENRI, frappé d'une idée.

J'en ai vu sortir Alfred, en effet... pâle, agité... au moment où... (Il regarde Angèle fixement, puis il se relève, recule, et s'écrie avec explosion.) C'est impossible !...

ANGÈLE.

Quoi ? quoi donc ?

HENRI, regardant autour de lui.

Mon Dieu !... mon Dieu !...

ANGÈLE, le suivant des yeux, et se soulevant sur ses bras.

Que fait-il ?...

ANGÈLE   183

HENRI, *ouvrant la porte.*

Voilà la fenêtre... au rez-de-chaussée... Voilà la porte... Voici un meuble auquel je me suis heurté... (Marchant droit à Angèle épouvantée.) Angèle, Angèle, répondez-moi comme vous répondriez à Dieu.

ANGÈLE.

Que voulez-vous ? que voulez-vous ?...

HENRI.

Angèle, la nuit du bal...

ANGÈLE, *répétant machinalement.*

La nuit du bal...

HENRI.

Ah !... un homme, conduit par Alfred...

ANGÈLE.

Eh bien ?...

HENRI.

Les yeux bandés...

ANGÈLE.

N'achevez pas !...

HENRI.

Est entré ici... dans votre chambre.

ANGÈLE.

Comment le savez-vous ?

HENRI.

C'était moi !...

ANGÈLE, *se jetant à ses pieds, le front contre terre.*

Mon Dieu ! mon Dieu ! tuez-moi...

HENRI, *se tordant les bras.*

Oh ! oh !

ANGÈLE, *soulevant sa tête doucement, puis regardant Henri et se relevant tout à coup.*

Et mon enfant, monsieur ! qu'avez-vous fait de mon enfant ?...

HENRI.

Que dites-vous ? Je n'entends pas ; que dites-vous ?...

ANGÈLE.

Mon fils... c'était un fils... on m'a dit que le médecin l'avait emporté. Oh ! qu'est-il devenu ?... Vous m'en répondez, monsieur !

HENRI.

Il vit.

ANGÈLE.

Oh! il vit!... il vit, pauvre ange!... Vous l'avez vu?... vous avez vu mon enfant? Henri... oh! mon bon Henri, que je vous embrasse!...

HENRI.

Angèle! vous me tuez.

ANGÈLE.

Nous irons le voir, n'est-ce pas?... Aussitôt que je pourrai sortir, nous irons ensemble; vous ne me refuserez point de me conduire près de lui, n'est-ce pas? Une mère qui demande à voir son enfant, c'est sacré... On ne peut pas empêcher une mère de voir son enfant... Son enfant est à elle; oh! l'on ne peut pas la priver de son enfant!

HENRI.

Nous irons.

ANGÈLE.

Quand?

HENRI.

Bientôt.

ANGÈLE.

Mon fils!...

HENRI.

Parlons d'autre chose...

ANGÈLE, baissant la tête.

Et de quoi voulez-vous que j'ose parler, si ce n'est de lui?...

HENRI.

Parlons de son père.

ANGÈLE

Oh!...

HENRI.

Point de honte, Angèle... La honte est pour l'infâme!

ANGÈLE.

Henri, s'il m'épouse!

HENRI.

Oui; mais il faut qu'il vous épouse.

ANGÈLE.

Il me l'a promis.

HENRI.

Quand?

ANGÈLE.

Pendant cette nuit fatale.

HENRI.

Et depuis?...

ANGÈLE.

Oh! monsieur, je ne l'ai pas revu.

HENRI, entre ses dents.

Le misérable!...

ANGÈLE.

Oh! voilà ce qui me faisait mourir!... ne rien savoir, n'oser me confier à personne; des remords, des craintes, de la honte plein le cœur... Et ma mère, qui ne me quittait pas.

HENRI.

Il faut tout lui dire, Angèle.

ANGÈLE.

Oh! je n'oserai jamais.

HENRI.

Alors, je le lui dirai, moi!... car il faut que cet homme vous épouse; il le faut... Voulez-vous, moi, que je le dise à votre mère?

ANGÈLE.

Non, non, non... par grâce!... j'aime mieux encore moi-même.

HENRI.

Il faut tout lui avouer, lui dire qu'elle aille trouver cet homme; car, si elle n'y va pas j'irai, moi...

ANGÈLE.

Non!... oh! non, pas vous.

HENRI.

C'est qu'il n'y a pas une minute à perdre... Voyez-vous, Alfred est capable de tout... de partir, de s'éloigner.

ANGÈLE.

Oh! vous le calomniez, Henri...

HENRI.

Dieu le veuille!

ANGÈLE.

Eh bien, aujourd'hui.

HENRI.

Oh! ce n'est point aujourd'hui, c'est tout de suite...

ANGÈLE.

Mon Dieu!

HENRI.

J'ai bien le droit d'exiger quelque chose de vous, Angèle... Eh bien, j'exige qu'à l'instant même vous avouiez tout à votre mère.

ANGÈLE.

Quelques minutes de grâce.

HENRI.

Pas une seconde... Je vais l'aller trouver, lui dire de venir... Angèle, Angèle, du courage!... Votre mère vous aime; et puis, d'ailleurs, il le faut!...

ANGÈLE.

Allez donc!... (Henri sort.) Oh! oh!... (Sanglotant.) Que je suis malheureuse, mon Dieu!... oh! mon Dieu!

SCÈNE II

ANGÈLE, LA COMTESSE.

LA COMTESSE, entrant.

Un secret! Quel peut être ce secret?

ANGÈLE, se rejetant en arrière.

Ma mère!

LA COMTESSE.

Eh bien, mon enfant, me voilà... Me crains-tu?... crains-tu de me dire, à moi, à moi, ta mère, ce que tu as dit à un étranger?...

ANGÈLE.

Oh! je ne lui ai rien dit; il a deviné!

LA COMTESSE.

Eh bien, causons un peu, et je devinerai aussi, moi.

ANGÈLE.

Vous?

LA COMTESSE.

Oui. Ne suis-je pas une mère indulgente? Voyons.

ANGÈLE.

Oh! si...

LA COMTESSE.

Eh bien, ma pauvre enfant?

ANGÈLE, posant la tête sur les genoux de sa mère.

Oh! ma mère!

LA COMTESSE.

Allons, te voilà comme lorsque tu étais toute petite, et que, le soir, fatiguée d'avoir joué toute la journée, tu venais dormir la tête sur mes genoux ; tu me disais tout alors ; moi, c'était toi... Pas un de tes petits secrets n'échappait à ta mère, et je n'avais pas même besoin de les aller chercher au fond de ton cœur: ils venaient tout seuls au-devant de moi jusque sur tes lèvres rosées... Oh! mon enfant, voyons, qui t'a faite pâle et pleurante ainsi? Quelque chagrin, quelque douleur?...quelque amour, peut-être?...

ANGÈLE, secouant la tête.

Oui, oui...

LA COMTESSE.

Eh bien, à qui veux-tu parler de cet amour, si ce n'est à ta mère?... Voyons, conte-moi cela... Tu ne peux aimer qu'un homme digne de toi... Parle, parle.

ANGÈLE.

Je n'oserai jamais...

LA COMTESSE.

Voyons, écoute... Moi aussi, j'ai un secret à te confier.

ANGÈLE.

Vous?

LA COMTESSE.

Oui... Je vais commencer... et, quand ta mère t'aura tout dit... à ton tour, tu lui diras tout, n'est-ce pas?

ANGÈLE.

Que vous êtes bonne!

LA COMTESSE.

Tu es raisonnable, on peut tout te dire... Puis tu me donneras des conseils, peut-être.

ANGÈLE.

Moi?... Ah! vous vous moquez de moi, maman.

LA COMTESSE.

Eh bien, voilà qu'à mon tour je suis presque aussi embarrassée que toi. Angèle,... je me marie.

ANGÈLE, se jetant à son cou.

Vous, ma mère?

LA COMTESSE.

Eh! oui... je fais cette folie... Mais je ne t'en aimerai pas moins, mon enfant!... mais je n'en ferai pas moins tout au monde pour ton bonheur... Ton beau-père te sera un appui, un soutien de plus...

ANGÈLE.

Oh! oui, vous faites bien, vous avez raison.

LA COMTESSE.

Tu m'approuves donc?

ANGÈLE.

Oh! ma mère, ai-je le droit de vous désapprouver?...

LA COMTESSE.

Eh bien, voilà qui doit te mettre à ton aise auprès de moi... Voyons, parle, mon enfant...

ANGÈLE.

Oh! moi...

LA COMTESSE.

Mais c'est donc une chose bien affreuse, que tu n'oses pas me l'avouer, après ce que je t'ai dit?

ANGÈLE.

Oh! oui, ma mère, bien affreuse!

LA COMTESSE.

Voyons, mais tu m'inquiètes... sérieusement... Comment tu crains, à moi?...

ANGÈLE, se précipitant à ses pieds.

Ma mère!... si j'avais là mon enfant, je le mettrais à vos pieds, et alors... vous me pardonneriez peut-être?

LA COMTESSE.

Malheureuse enfant, que dis-tu?

ANGÈLE.

Je dis, ma mère!... Pardon! pardon!...

LA COMTESSE.

Voyons, continue.

ANGÈLE.

Je dis qu'un homme est venu... je ne savais pas, moi, ma mère... j'étais avec ma tante...

LA COMTESSE.

Oh!...

ANGÈLE.

Pauvre tante! ce n'est pas sa faute, ma mère... Je l'ai aimé, cet homme... Vous n'étiez pas là, j'étais sans conseil, sans défense.

LA COMTESSE.

Oh! oh!...

ANGÈLE.

Eh! ma mère, vous voyez bien que vous ne me pardonnez pas...

LA COMTESSE, la relevant.

Oh! si, si, mon enfant, ma pauvre enfant!... Oh! si, si, je te pardonne; car tout cela, c'est ma faute... Si j'avais veillé sur toi, comme je devais le faire... Mais, au moins, cet homme, quel est-il?

ANGÈLE.

Oh! vous aviez bien dit, ma mère, digne de moi par sa naissance, par sa position sociale.

LA COMTESSE.

Son nom?

ANGÈLE.

D'ailleurs, vous le connaissez... il est votre ami.

LA COMTESSE.

Mais nomme-le donc.

ANGÈLE.

Alfred d'Alvimar...

LA COMTESSE, tombant à genou

Oh!... oh! maintenant, c'est à toi de me pardonner, ma fille!

ANGÈLE.

Comment?

LA COMTESSE.

Alfred d'Alvimar...

ANGÈLE.

Eh bien?

LA COMTESSE.

C'est lui que j'allais épouser.

ANGÈLE, épouvantée.

Cet homme vous aime, madame?

LA COMTESSE.

Il me l'a dit, du moins.

ANGÈLE, se renversant en arrière.

Mon Dieu Seigneur, ayez pitié de nous!...

ACTE CINQUIÈME

HENRI MULLER

Une pièce faisant suite à une antichambre à perron qui descend dans un jardin. Cette pièce sépare l'appartement de la comtesse de Gaston de celui d'Alfred d'Alvimar; elle a deux portes latérales.

—

SCÈNE PREMIÈRE

ALFRED, DOMINIQUE.

Dominique lit les journaux. — Alfred entre par le fond.

ALFRED.

Dominique, rien de nouveau?

DOMINIQUE.

Non, monsieur.

ALFRED.

Personne n'est venu?

DOMINIQUE.

La femme de chambre de mademoiselle Angèle, voilà tout Elle venait vous supplier, de la part de sa maîtresse, de passer chez elle.

ALFRED.

C'est bien. (Dominique se retire dans la première antichambre.) Pauvre enfant!... Quelle fatalité maudite pèse sur elle! Il y a des moments où je suis prêt à tout dire à Ernestine et à faire un appel à son cœur. Mais le secret d'Angèle au pouvoir de cette femme, c'est impossible. Il y en a d'autres où je suis prêt à me jeter aux pieds de madame de Gaston, à tout lui avouer, au risque de perdre fortune et avenir. Toutes ces choses, qui tout à coup ont tourné ainsi, et qui jusque-là n'avaient eu pour dénoûment que quelques larmes, suivies d'un prompt oubli... Cette enfant qui est là, qui souffre, qui me demande et que je n'ose plus voir... Je lui écrirai, j'écrirai à sa mère. Je lui dirai tout, et, quand ma position sera fixée, je réparerai tout. Madame de Gaston me pardonnera ; ses protections sont presque aussi puissantes que celles d'Ernestine. Mais partons d'abord, partons.

DOMINIQUE.

Monsieur...

ALFRED.

Quoi?

DOMINIQUE.

Le chasseur de madame de Varcy.

LE CHASSEUR, entrant.

De la part de madame la marquise.

ALFRED.

Bien... Mon brevet! Ah! elle reprend confiance en moi : je ne devais le trouver qu'en arrivant à Vienne. Que m'écrit-elle? « Une nouvelle combinaison ministérielle vient d'être arrêtée au conseil; tous les ministres se retirent, excepté celui des affaires étrangères ! » Tout le crédit de madame de Gaston s'écroule, et celui d'Ernestine se double. La nouvelle sera demain, 13 mars, dans *le Moniteur*. Oh! me voilà à la merci de cette femme... Mais les événements sont donc d'accord avec elle?... Dominique, je n'y suis pour personne.

LE CHASSEUR.

Il n'y a pas de réponse, monsieur?

ALFRED.

Dites à madame la marquise que, dans un quart d'heure, je pars.

(Il rentre dans sa chambre. — Les deux Domestiques s'éloignent en causant.)

LE CHASSEUR.

Accompagnez-vous votre maître?

DOMINIQUE.

Oh! je le suis partout. Je suis son homme de confiance plutôt que son domestique...

SCÈNE II

HENRI, LA COMTESSE.

Henri ouvre une des deux portes latérales et reste sans entrer. La Comtesse entre.

HENRI.

Du courage, madame! je serai là.

LA COMTESSE.

Et vous, monsieur Henri, de la prudence! nous sommes

bien malheureuses, ne nous faites pas plus malheureuses encore.

HENRI.

Soyez tranquille... Mais, vous-même, du calme, de la mesure!

LA COMTESSE.

J'en aurai... Du reste, vous en jugerez... Cette porte seule vous séparera de nous, et vous entendrez... n'est-ce pas?

HENRI.

Parfaitement...

SCÈNE III

LA COMTESSE, DOMINIQUE, puis ALFRED.

LA COMTESSE.

Votre maître est-il chez lui?

DOMINIQUE.

Non, madame.

LA COMTESSE.

Rentrera-t-il bientôt?

DOMINIQUE.

Je ne sais.

LA COMTESSE.

N'importe, je vais l'attendre.

DOMINIQUE.

Mais, madame la comtesse, peut-être M. d'Alvimar restera-t-il jusqu'à la nuit.

LA COMTESSE, s'asseyant.

Eh bien, je l'attendrai jusqu'à la nuit.

D'ALVIMAR, dans l'antichambre.

Non, non... Les chevaux à la voiture.

LA COMTESSE.

Vous vous trompiez, mon ami; le voici...

ALFRED, entrant.

Vite, Dominique! il faut... (S'interrompant.) La comtesse!... (Allant à elle.) Ah! madame, que je suis heureux, fatigué que je suis de visages diplomatiques, de trouver, en rentrant chez moi, un pareil contraste!...

LA COMTESSE.

Faites sortir cet homme, monsieur.

ALFRED.

Dominique, laissez-nous. (Bas.) Mets les chevaux à la voiture. (Le Domestique sort.) Eh bien, maintenant, madame, que toutes nos démarches sont terminées, et terminées heureusement, à quand mon mariage?...

LA COMTESSE.

C'est ce que je venais vous demander de la part d'Angèle...

ALFRED, lâchant la main de la comtesse.

Ah!...

LA COMTESSE.

Cette enfant vous aime... Vous l'aimez aussi...

ALFRED.

Moi?

LA COMTESSE.

Oh! si vous ne l'aimiez pas, comment nommeriez-vous votre conduite avec elle? et si, après votre conduite avec elle, vous ne l'épousiez pas... comment alors nommeriez-vous votre refus?

ALFRED.

Mais, madame, après ce qui était convenu entre nous...

LA COMTESSE.

Rien n'était convenu, monsieur!... ou j'ai tout oublié...

ALFRED.

Madame...

LA COMTESSE.

Mais je sais qu'il était convenu avec ma fille, monsieur, que vous me demanderiez la main de ma fille... Vous me l'avez demandée, et je vous l'accorde...

ALFRED.

Mais je ne puis...

LA COMTESSE, se levant.

Ah! vous ne pouvez!... parce que nous sommes deux femmes, n'est-ce pas? parce que nous n'avons ni père ni mari qui nous défendent?... Vous ne pouvez!... lorsque vous avez déshonoré une enfant... si jeune, qu'elle ignorait ce que c'était que le déshonneur, vous ne pouvez, dites-vous!...

ALFRED.

Mais, madame, depuis ce temps... un autre amour... que je crus partagé...

LA COMTESSE.

Je ne vous comprends pas, monsieur.

ALFRED, se relevant.

Alors je vois qu'il faut être clair et précis; je vais l'être... Je ne puis épouser Angèle...

LA COMTESSE.

Ah!...

ALFRED.

Mes projets d'avenir...

LA COMTESSE.

Malheureux!... malheureux que vous êtes

ALFRED.

Madame!

LA COMTESSE.

Vos projets d'avenir! et qui les a réalisés jusqu'à présent?... Oh! oh! tout cela, c'est ma faute... Mais vous voulez donc que j'aie des remords toute ma vie? que ces remords me conduisent au tombeau dans le désespoir et dans les larmes? Car c'est moi, oui, monsieur, c'est moi, moi qui suis la seule cause du malheur de mon enfant... c'est moi qui, en quelque sorte, me suis jetée entre elle et vous... Oh! notre première conversation m'est bien présente, allez! Vous veniez pour me la demander, monsieur, lorsque, comme une folle, comme une insensée, je vous ai développé mes projets à moi... Oh! qui pouvait se douter aussi...? J'aurais dû deviner tout cela... ou plutôt j'aurais dû, comme c'est le devoir d'une mère, veiller sur ma fille, ne pas la perdre de vue un instant, m'oublier pour elle... et je n'ai rien fait de tout cela... Aussi ma fille est perdue!... aussi je suis perdue!...

ALFRED.

Perdue?...

LA COMTESSE.

Oui, monsieur... si vous résistez à mes larmes... et je n'ai que mes larmes, monsieur... car je ne puis vous y forcer, moi... Je ne puis que me traîner à vos pieds, en baiser la poussière, vous crier avec les sanglots et les gémissements d'un cœur brisé : « Rendez l'honneur à ma fille, épousez ma fille... » Puis, si vous me repoussiez, monsieur, et ce serait affreux!... la prendre dans mes bras... l'emporter hors du monde... dans quelque coin, dans quelque retraite... où nous puissions cacher nos larmes... Ah! oui, voilà tout ce que je puis... Je le sais, monsieur, je le sais, et voilà ce qui fait mon désespoir...

ALFRED.

Oh! madame!... mais vous vous exagérez...

LA COMTESSE.

Notre malheur, monsieur?... Oh! non... Celui de ma fille, peut-être... car c'est la moins coupable de nous deux... et, par conséquent, la moins malheureuse. Mais moi!... oh! voir sa fille, à seize ans, retranchée de la société, comme si le linceul des morts avait passé sur elle... maudissant le jour où elle est née, et peut-être la mère qui l'a mise au jour!... pleurant, pleurant sans cesse, et se dire : « C'est moi, c'est sa mère... » Oh! je ne m'exagère pas mon malheur... Oh! monsieur, monsieur, dites, en est-il, en connaissez-vous un plus grand?...

ALFRED.

Oui, je sais que la fatalité nous pousse.

LA COMTESSE.

Et votre enfant, monsieur!... Pauvre enfant! qui n'a point demandé à naître, et qui est né... né dans la honte, pour vivre dans la honte... que vous condamnez à une vie sans avenir, qui fera rougir sa mère, et qui rougira d'elle... Oh! cet enfant!... Dieu, monsieur, a voulu que l'homme le plus implacable eût des entrailles de père... Vous vous laisserez toucher... Mon Dieu! j'avais des choses si puissantes à vous dire, avant de vous voir... et, maintenant que je vous vois, je n'ai que des larmes... Oh! prenez pitié de nous, monsieur... prenez pitié de nous, et le Seigneur vous bénira... Oh! je le vois, vous vous attendrissez!... Mon Dieu! mon Dieu!... donnez-moi de ces mots, de ces accents du cœur qui persuadent, qui entraînent!... Mon Dieu! je vous le demande à genoux !

ALFRED.

Eh bien, madame, voyons...

LA COMTESSE.

Oui, oui, voyons, que voulez-vous? que désirez-vous?... Moi, je me retirerai dans un couvent... je vous abandonnerai le peu que j'ai... Vous payerez ma dot, et voilà tout.

ALFRED.

Oh!

LA COMTESSE.

Oui; à un homme, je le sais, il faut de la fortune, et vous ferez bien d'accepter ce que je vous offre, monsieur. Mais, à moi, il ne me faut rien... plus rien...

ALFRED.

Eh bien, meurent mes projets d'avenir et d'ambition! Madame, montez dans ma voiture; allez chez votre notaire... amenez-le ici; et... si vous voulez bien me faire l'honneur de m'accorder la main de mademoiselle Angèle...

LA COMTESSE.

Vous dites, monsieur?... Ah!...

ALFRED.

Je dis, ma mère, que suis prêt à devenir son époux.

LA COMTESSE.

Ah!... laissez-moi vous baiser les mains, vous embrasser les genoux. Oh! mon Dieu, mon Dieu!... mon enfant, ma pauvre enfant!... tu n'auras donc rien à reprocher à ta mère!... Oh! monsieur, monsieur... oh! que je vous remercie!...

ALFRED.

Eh bien, madame, ne perdez pas un instant; allez...

LA COMTESSE.

Oui, oui... Adieu...

ALFRED, après l'avoir suivie des yeux, revenant vivement en scène et sonnant.

Dominique! Dominique!

DOMINIQUE, paraissant.

Monsieur?

ALFRED.

Un cabriolet de place... le premier venu... et à la poste aux chevaux.

DOMINIQUE.

Nous partons?

ALFRED.

A l'instant... à la minute... Cours. (Dominique sort.) Voyons, ai-je tout ce qu'il faut?... de l'or... des billets... mon passeport?... Ah! mon brevet!

(Il entre dans la chambre.)

SCÈNE IV

HENRI, puis ALFRED.

HENRI, ouvrant la porte. Il est très-pâle.

L'infâme!... (Il va à la porte du fond, la ferme et met la clef dans sa poche. Il s'approche de la table, écrit quelques lignes sur un morceau de papier, puis revient s'asseoir sur une chaise.) A nous deux, maintenant!

ALFRED, *se précipitant* dans la chambre, va à la porte, la secoue violemment, puis se retourne et aperçoit Henri.

Ah!... (Les deux hommes se regardent avec une expression de colère croissante, puis Alfred marche à Henri et lui dit froidement.) Monsieur, quelles sont vos armes?

HENRI.

Ah! vous devinez donc pourquoi je suis ici?

ALFRED, avec une violence concentrée.

Oui, je le devine, et je vous rends grâce. Voilà donc un homme enfin!... J'étais fatigué d'avoir affaire à des femmes, et j'aime mieux que ce soit vous qu'un autre qui vienne ainsi; car je suis aussi las de vous que vous pouvez l'être de moi; et peut-être suis-je aussi las de l'existence que je le suis de vous. Ainsi, tuez-moi, ou que je vous tue... peu m'importe!... car, si je ne suis pas débarrassé de vous... du moins, je le serai de la vie... Mais dépêchons, monsieur, dépêchons, je vous en prie.

HENRI.

Oh! ce n'est pas moi qui vous ferai attendre.

ALFRED.

Alors, quelles sont vos armes? Vite, vite! quant à moi, tout ce que vous voudrez. L'épée vous convient-elle?

HENRI.

Ah! vous le voyez, monsieur... je suis si faible, qu'à peine si mon bras pourrait la porter... Du premier coup, vous me désarmeriez... et alors je serais à votre merci... alors vous feriez de la magnanimité, vous me feriez grâce.

ALFRED.

Oh! non, soyez tranquille...

HENRI.

Alors vous m'assassineriez!

ALFRED.

Eh bien, monsieur, le pistolet... A quinze pas, dix balles à tirer, jusqu'à ce que l'un de nous deux tombe...

HENRI.

Vous auriez trop d'avantages encore, monsieur, car ma vue est faible, et ma main tremble. Je veux me placer en face de vous, non comme une victime, mais comme un ennemi

ALFRED.

Eh bien, monsieur, faites vos conditions; égalisez le combat, si la chose est possible, et tout ce que vous proposerez, je l'accepterai. Oui, tout, tout, tout, pourvu que ce soit à l'instant même...

HENRI.

Eh bien, monsieur, à bout portant, un seul pistolet chargé sur deux... Feu en même temps, et alors c'est le moyen que l'un des deux tombe... Alors, les avantages de l'adresse et de la force disparaissent; c'est le jugement de Dieu, monsieur... et prenez garde, Dieu est juste!

ALFRED, avec impatience.

C'est bien... c'est bien... Mais où trouverons-nous des témoins qui permettent ce duel?

HENRI.

Nous nous en passerons.

ALFRED.

Et l'accusation d'assassinat?...

HENRI, tirant de sa poche le papier qu'il a écrit.

Voilà qui fera preuve contre elle.

ALFRED.

« Fatigué de la vie, je me suis tué moi-même... Qu'on n'accuse personne de ma mort. »

HENRI.

Si je succombe, monsieur, on trouvera ce papier sur moi.

ALFRED, prend une plume, écrit la même phrase, et met l'écrit dans sa poche.

C'est bien! Maintenant, au bois de Boulogne.

HENRI.

Ce n'est point la peine... Nous avons là un jardin.

ALFRED.

Acceptez-vous mes pistolets?

HENRI.

Oh! parfaitement.

ALFRED.

Je vais les chercher.

HENRI, l'arrêtant.

Un instant, monsieur! cet appartement n'a-t-il pas deux sorties?

ALFRED, le regardant, et avec colère.

Eût-il les cent portes de Thèbes, monsieur, je vous donne ma parole d'honneur que je ne sortirai que par celle-ci.

HENRI.

Je vous attends.

(Alfred sort.)

SCÈNE V

HENRI, puis ANGÈLE.

HENRI.

Oh! mon Dieu, ce n'est pas la vie que je vous demande, vous le savez; mais, avant que je meure, faites de moi l'instrument de votre vengeance, et je vous bénirai.

ANGÈLE, entr'ouvant la porte.

Monsieur Henri, êtes-vous là?

HENRI.

Angèle!...

ANGÈLE.

Ma mère m'a dit de venir vous joindre; elle rentre avec un notaire... Oh! mon Dieu, tout est donc décidé?

HENRI, à part.

Pauvre enfant!

ANGÈLE.

Ainsi c'est à vous, monsieur Henri, à vous que je devrai du moins d'être heureuse mère, si je ne suis pas heureuse épouse.

HENRI.

Si vous n'êtes pas heureuse épouse, Angèle?... Ce mariage, en s'accomplissant, n'aurait-il pas fait votre bonheur?

ANGÈLE.

Mon bonheur?... Ah! le bonheur fut l'ange gardien de mes jeunes années; il s'est envolé avec elles.

HENRI.

Cependant, Angèle, le bonheur est dans l'amour.

ANGÈLE, amèrement.

Et croyez-vous qu'Alfred m'aime?

HENRI.

Mais vous l'aimez... vous?

ANGÈLE.

Henri... si le déshonneur avait été pour moi seule... s'il n'eût point, en m'atteignant, rejailli sur ma mère et sur mon enfant...

HENRI.

Eh bien?

ANGÈLE.

Mon ami, je vous le jure, j'eusse préféré le déshonneur, la mort même, au malheur de devenir la femme de cet homme.

HENRI.

Que dites-vous, Angèle?

ANGÈLE.

Je dis que je n'ai plus qu'un instant où je puisse pleurer, que je n'ai plus qu'un ami à qui je puisse tout dire... Et cet instant, c'est celui-ci, et cet ami, c'est vous... Oh! oh! mes larmes m'étouffent, Henri... Oh! laissez-moi pleurer.

HENRI.

Oui, pleurez, Angèle!... pleurez!...

ANGÈLE.

Quel avenir de douleurs me promet cet homme, si j'en juge par le passé!

HENRI.

Et cependant vous avez pu l'aimer... vous si pure, si candide... Nulle voix d'en haut ne vous a avertie de voiler vos yeux et votre cœur, lorsque ce démon s'est approché de vous.

ANGÈLE.

Oh! si, si!... ne blasphémez pas Dieu... Ce fut de la fascination et non pas de l'amour.

HENRI.

Vous... vous, Angèle, vous ne l'auriez jamais aimé?... Oh! cela ne se peut pas.

ANGÈLE.

C'est d'aujourd'hui seulement que je vois clair dans mon cœur... depuis ce secret fatal que ma mère m'a révélé.

HENRI.

Quel secret?

ANGÈLE.

Oh! vous ne le saurez jamais, Henri! car ce secret n'est pas le mien... Eh bien, depuis que ce secret m'a été connu... il m'a semblé qu'un voile tombait de mes yeux. Mon malheur fut le résultat d'un charme, d'un prestige, d'une surprise... mais, je vous le répète, oh! je sens là que je ne l'ai jamais aimé... et j'en suis fière.

HENRI.

Oh! mon Dieu, mon Dieu! suis-je assez malheureux! suis-je assez condamné!...

ANGÈLE.

Vous, Henri?

HENRI, tombant sur une chaise.

Elle ne l'a jamais aimé!... elle ne l'a jamais aimé!... Elle aurait donc pu m'aimer, moi?...

ANGÈLE.

Que dites-vous?

HENRI.

Mon Dieu! mais vous m'avez donc choisi pour épuiser tous es désespoirs?... Vous m'avez montré la vie, et vous me l'ôtez... vous m'avez montré l'amour, et vous me l'ôtez encore... Oh! mon Dieu, mon Dieu! c'est plus qu'un homme n'en peut supporter... Prenez pitié de moi... ou tuez-moi tout de suite...

ANGÈLE.

Henri!

HENRI.

Oh! une heure seulement de son amour!... cette heure, mon Dieu, vous pouviez me l'accorder cependant... Était-ce trop d'une heure de bonheur dans ma vie condamnée?... Oh! je serais mort si heureux, si elle m'avait dit une fois seulement : « Henri, je t'aime! » Car je vous aimais, moi, Angèle; je vous aimais avec passion, avec délire, et j'ai renfermé cet amour dans ma poitrine; et je lui ai donné mon cœur à dévorer. Ah! Angèle! Angèle!

(Il sanglote.)

ANGÈLE.

Monsieur Henri, vous oubliez que je vais être la femme de M. Alfred d'Alvimar.

HENRI.

Oh! non, non, grâce au ciel, cela ne sera pas.

ANGÈLE.

Comment?

ALFRED, paraissant.

Me voilà, monsieur.

HENRI, revenant à lui.

Ah! vous avez été bien longtemps... Vous avez été trop longtemps.

ALFRED, bas.

Mes pistolets étaient emballés; il m'a fallu le temps d'en charger un.

HENRI.

Vous-même?...

ALFRED.

Vous choisirez.

HENRI, s'éloignant.

Très-bien.

ANGÈLE.

Où allez-vous?

HENRI.

Angèle, priez Dieu!

ANGÈLE.

Et pour qui?

HENRI.

Pour vous... Allons, monsieur...

SCÈNE VI

ANGÈLE, puis LA COMTESSE et UN NOTAIRE.

ANGÈLE.

Oh! que signifient ces paroles, et pourquoi sortent-ils ensemble?... « Grâce au ciel, vous ne serez pas la femme de M. d'Alvimar, » a-t-il dit. Eh! mon Dieu! mais a-t-il oublié qu'il n'y a pas pour moi de milieu entre le malheur et la honte?... Oh! ma mère, ma mère, venez.

LA COMTESSE, au Notaire.

Par ici, monsieur, je vous prie... Voici une table, de l'encre, des plumes... Ayez la bonté de rédiger le contrat.

LE NOTAIRE.

Oui, madame, à l'instant.

LA COMTESSE, à Angèle.

As-tu vu M. d'Alvimar?

ANGÈLE.

Oui, mais une minute seulement.

LA COMTESSE.

Où est-il?

ANGÈLE.

Sorti avec M. Henri...

LA COMTESSE.

Ensemble?...

ANGÈLE.

Et très-animés, ma mère.

LA COMTESSE.

Auraient-ils eu quelque querelle?...

ANGÈLE.

J'en ai peur...

LA COMTESSE.

Oh! mon Dieu! mon Dieu! que dis-tu?

(On entend un coup de pistolet.)

ANGÈLE.

Ma mère!...

LA COMTESSE.

Eh bien?...

ANGÈLE.

Avez-vous entendu?...

LA COMTESSE.

Le bruit d'une arme à feu!

ANGÈLE

Ils se battent...

LA COMTESSE, lui montrant le Notaire.

Silence!... Mon Dieu!

(Elles restent toutes deux debout et immobiles, à côté l'une de l'autre, sans oser se retourner. — Henri Muller monte lentement les degrés du perron, plus faible et plus pâle que jamais, et vient s'appuyer sur la chaise du Notaire, sans être vu de lui.)

SCÈNE VII

Les Mêmes, HENRI.

LE NOTAIRE, à la Comtesse.

Les nom et prénoms du futur époux, madame, s'il vous plaît?

HENRI.

Henri Muller.

LA COMTESSE et ANGÈLE, se retournant.

Oh!...

HENRI.

Et ajoutez, monsieur, que je reconnais mon enfant!

LA COMTESSE.

Henri, Henri! qu'est-ce que cela veut dire?

HENRI, à mi-voix, s'avançant.

Cela veut dire que, cette fois encore, cet homme vous trompait, madame.

LA COMTESSE.

Il est parti?

HENRI.

Il est mort...

ANGÈLE.

Oh!... oh!... mon Dieu!

HENRI.

Angèle... il y avait sous le ciel un homme devant lequel vous auriez eu à rougir lorsqu'il aurait passé près de vous. Cela ne devait pas être : cet homme, je l'ai tué.

ANGÈLE.

Vous oubliez, Henri, qu'il y en a encore un autre qui sait tout, et devant lequel aussi j'aurai à rougir.

HENRI.

Oh!... oh!... celui-là a si peu de temps à vivre !

FIN D'ANGÈLE

CATHERINE HOWARD

DRAME EN CINQ ACTES, EN HUIT TABLEAUX

Porte-Saint-Martin. — 2 juin 1834.

AVERTISSEMENT

Le grand malheur de la critique, à part l'ignorance et la mauvaise foi, est de juger toujours l'œuvre qui vient de paraître en l'isolant du faisceau littéraire dont elle fait partie; voilà pourquoi il n'y a d'appréciation exacte de l'œuvre d'un homme que lorsque cet homme a cessé de vivre : encore faut-il que Dieu lui ait donné, jusqu'au dernier, les jours dont il avait besoin pour achever son édifice; car, s'il est mort trop tôt, le monument qu'il avait entrepris restera toujours incomplet, comme la cathédrale de Cologne, et les hommes, injustes pour lui jusqu'au delà du tombeau, mettront sur le compte de l'impuissance humaine la brèche que la mort, jalouse et pressée, l'aura forcé de laisser béante, et qu'une dernière pierre eût peut-être comblée; or, mort ou vivant, c'est par cette brèche que la critique passe; — il n'y a qu'Horace qui ait pu dire : *Exegi monumentum*.

La vie d'un homme de production se compose de trois âges et se divise en trois périodes; elle a, comme toute chose élevée, une base d'où l'on part, un sommet où l'on arrive, un but vers lequel on redescend. Il faut donc que l'homme ait vécu ces trois âges et que son talent ait parcouru ces trois périodes, pour qu'on puisse juger le talent dans son ensemble, l'homme dans sa production.

Le premier âge, pendant lequel l'imagination l'emporte sur la raison; à cet âge de verdeur appartiennent les heures qui s'envolent de vingt-cinq à trente-cinq ans. C'est la période dans laquelle on invente *Hamlet*, si l'on s'appelle Shakspeare ; *le Cid*, si l'on se nomme Corneille ; *les Brigands*, si l'on est Schiller.

Le second âge, pendant lequel la raison et l'imagination se balancent, se tendant l'une par l'autre, forces égales qui se neutralisent. A cet âge de force appartiennent les jours qui s'écoulent de trente-cinq à quarante-cinq ans. C'est la période dans laquelle on produit *le Roi Lear*, *Cinna*, *Wallenstein*.

Le troisième âge, pendant lequel la raison l'emporte sur l'imagination ; à cet âge de réflexion appartiennent les années qui descendent de quarante-cinq à cinquante-cinq ans. C'est la période dans laquelle on compose *Richard III*, *Polyeucte*, *Guillaume Tell*.

Or, je le demande, Schiller serait-il complet sans *Wallenstein* et *Guillaume Tell*, Corneille sans *Cinna* et *Polyeucte*, et Shakspeare sans *le Roi Lear* et *Richard III* ?

La critique ne devrait donc, ce me semble, demander au poëte que les œuvres de son âge. Or, nous le savons, c'est tout autrement qu'elle procède, et ce sont les œuvres des âges qu'il n'a point encore atteints, ou qu'il a déjà dépassés, qu'elle semble prendre à tâche d'exiger de son génie. Quant à l'œuvre en harmonie avec la période qu'elle parcourt, jamais elle ne paraît suffisante aux exigences des juges appelés à prononcer sur elle : aristarques impatients, qui critiquent individuellement, et au fur et à mesure qu'elles s'élèvent, les pierres dont la réunion seule peut donner une idée du plan de l'architecte ; jardiniers capricieux, qui, oubliant l'ordre immuable des saisons, demandent des fruits mûrs au printemps, des fruits verts à l'été, et des fleurs à l'automne.

Quant à moi, je sais une chose : c'est que, si Dieu m'avait donné, au lieu de la faculté de produire, la capacité de juger ; au lieu de faire ce que ces messieurs font, voici, je crois, ce que je ferais : à défaut d'ailes assez puissantes pour m'élever au-dessus de l'idée du poëte, j'aurais des jambes assez robustes pour en faire le tour ; ne pouvant calculer quelles forces sont enfermées dans la ville que je voudrais assiéger, j'examinerais avec soin les murailles qui l'environnent; surtout je tâcherais de ne pas me livrer à l'épigramme du poëte, ou à me tenir hors de la portée du feu de la citadelle. Fréron a été tué devant *l'Écossaise,* et Charles XII devant Frederikshald.

Puis il m'arriverait parfois, ne fût-ce que pour varier ma manière, ou de peur qu'on ne me crût jaloux de Corneille ou de Vauban, de dire : « Voilà une tragédie ou un drame qui me semble complet; voilà une place ou une citadelle qui me paraît bien fortifiée. »

Du reste, si Dieu me prête vie et un directeur son théâtre, j'y montrerai un soir le journaliste comme je le comprends, et le journaliste comme je ne le comprends pas.

Maintenant que mon préambule est terminé, laissons la pièce qui n'est pas encore jouée, et disons quelques mots de celle qui vient de l'être.

Catherine Howard est un drame extra-historique, une œuvre d'imagination procréée par ma fantaisie; Henri VIII n'a été pour moi qu'un clou auquel j'ai attaché mon tableau.

Je me suis décidé à agir ainsi, parce qu'il m'a semblé qu'il était permis à l'homme qui avait fait du drame d'exception avec *Antony,* du drame de généralité avec *Teresa,* du drame politique avec *Richard Darlington,* du drame d'imagination avec *la Tour de Nesle,* du drame de circonstance avec *Napoléon,* du drame de mœurs avec *Angèle,* enfin du drame historique avec *Henri III, Christine* et *Charles VII,* de faire du drame extra-historique avec *Catherine Howard.*

C'est un nouveau sentier que j'ai percé : voilà tout. A l'heure qu'il est, je suis déjà revenu au centre du carrefour où je loge, prêt à faire une trouée nouvelle... Où? Qui le sait! dans la tragédie antique peut-être. — *Cur non?*

En attendant, je remercie le public, qui a fait mon dixième succès, les acteurs, qui y ont contribué, et jusqu'aux journalistes, qui m'ont fourni des matériaux pour un onzième.

ALEX. DUMAS.

15 juin 1834.

DISTRIBUTION

HENRI VIII, roi d'Angleterre.................... MM.	Delafosse.
ETHELWOOD, DUC DE DIERHAM..............	Lockroy.
LE COMTE DE SUSSEX.......................	Delaistre.
SIR JOHN SCOTT DE THIRLSTANE, ambassadeur de Jacques V.........................	Auguste.
SIR THOMAS CRANMER, archevêque de Cantorbéry...	Héret.
JACK FLEMING, alchimiste.....................	Duplanty.
Le Président de la Chambre des Pairs .... } Le Lord Chambellan. .... }	Tournan.
LE DUC DE NORFOLK, lieutenant général.......	Alfred.
L'Exécuteur...................................	Provost.
Un Huissier...................................	Fonbonne.
Un Gardien de la Tour de Londres..............	Vissot.
CATHERINE HOWARD....................... Mlles	Ida.
LA PRINCESSE MARGUERITE..	Moralès.
KENNEDY, nourrice de Catherine Howard........	Georges cadette.
LA DUCHESSE DE ROKEBY.	Adèle.
LA DUCHESSE D'OXFORD.....................	Lainé.

Un Capitaine des gardes, un Greffier, un Crieur public, un Page du duc du Dierham, Seigneurs anglais, Dames d'honneur, Gardes du Roi, Pages du Roi, Seigneurs écossais de la suite de sir John Scott, Peuple.

— En Angleterre, 1542. —

ACTE PREMIER

SIR JOHN SCOTT DE THIRLSTANE

PREMIER TABLEAU

La salle de réception au palais de White-Hall.

SCÈNE PREMIÈRE

Le Lord Chambellan, attendant le lever du Roi; LE DUC DE NORFOLK, entrant; puis SIR THOMAS CRANMER.

LE DUC DE NORFOLK.
Monsieur le lord chambellan...
LE LORD CHAMBELLAN.
Monseigneur?

LE DUC DE NORFOLK.

Où est Sa Grâce?

LE LORD CHAMBELLAN.

Dans sa chambre à coucher, avec milord le grand chancelier.

LE DUC DE NORFOLK.

Rien n'est changé au cérémonial ordinaire de son lever?

LE LORD CHAMBELLAN.

Rien, milord.

LE DUC DE NORFOLK.

Merci; je vais l'attendre. (A l'Archevêque de Cantorbéry, qui entre.) Salut à monseigneur de Cantorbéry.

SIR THOMAS.

Salut, milord.

LE DUC DE NORFOLK.

Quelles nouvelles de Rome, monseigneur l'archevêque?

SIR THOMAS.

Quelles nouvelles d'Écosse, milord lieutenant général?

LE DUC DE NORFOLK.

Sommes-nous toujours brouillés avec le saint-père?

SIR THOMAS.

Sommes-nous toujours mal avec le roi Jacques?

LE DUC DE NORFOLK.

Aussi mal que l'archange Michel est avec Satan! Vous savez que le roi est revenu avant-hier d'York. Sa Grâce y a passé six jours à attendre vainement son écervelé de neveu, qui, au bout de ce temps, lui a envoyé je ne sais quelle mauvaise excuse; le roi est rentré furieux à Londres.

SIR THOMAS.

Les nouvelles de Rome ne valent guère mieux que celles d'Écosse alors.

LE DUC DE NORFOLK.

Excommuniés toujours, n'est-ce pas, roi et royaume, noblesse et peuple?

SIR THOMAS.

Oui; mais vous savez sans doute que nous ne sommes pas en reste avec le saint-père; une assemblée de dix-neuf prélats et de vingt-cinq docteurs a formulé hier une déclaration qui rejette la domination du pape, qui déclare ne lui reconnaître d'autre pouvoir qu'un pouvoir purement spirituel, d'autre titre que celui d'évêque de Rome, et qui proclame le roi

Henri VIII d'Angleterre le chef suprême de la religion. C'est, j'en ai bien peur, comme avec le roi Jacques, milord, une guerre mortelle.
LE DUC DE NORFOLK.
Moins dangereuse cependant, vous en conviendrez; les foudres papales ne renversent pas les trônes.
SIR THOMAS.
Non; mais elles allument encore les bûchers.
LE DUC DE NORFOLK, d'un air sombre.
Sans compter que ce vent de guerre qui nous arrive d'Écosse n'est pas de nature à les éteindre. Monseigneur, il y a du Jacques V dans l'excommunication du pape, et il y a de l'excommunication du pape dans la déclaration de guerre de Jacque V; car c'est une véritable déclaration de guerre, ne vous y trompez pas, que son mariage avec Marie de Guise, et que l'acceptation du titre de défenseur de la foi que lui a donné Paul III.
LE LORD CHAMBELLAN.
Chut, milord! il me semble que le roi parle bien haut.
LE DUC DE NORFOLK.
Silence! Voici son Altesse la princesse Marguerite.
SIR THOMAS.
Quel est ce jeune seigneur qui l'accompagne?
LE DUC DE NORFOLK.
C'est milord de Sussex, qui arrive de France pour recueillir l'héritage de son père, et la place que sa mort a laissée vacante à la chambre haute.

SCÈNE II

Les Mêmes, LA PRINCESSE MARGUERITE, LE COMTE DE SUSSEX, DAMES D'HONNEUR, SEIGNEURS DE LA SUITE DE LA PRINCESSE; puis ETHELWOOD.
SUSSEX.
Lorsque je vis pour la première fois la duchesse d'Étampes à la cour du roi François Ier, elle avait une robe d'une étoffe absolument pareille à celle de Votre Altesse.
MARGUERITE.
Vous avez bonne mémoire, milord, et nous vous ferons, si notre gracieux frère et souverain le permet, grand maître de nos atours; cette étoffe vient, en effet, d'outre-mer; Henri

l'a reçue avec d'autres présents que lui envoyait le roi de France, en gage de bonne amitié; et il me l'a donnée au même titre... Salut, monseigneur de Cantorbéry. Salut, milord.

(Le duc de Norfolk et l'Archevêque s'inclinent.)

SUSSEX, après les avoir salués légèrement.

En gage de bonne amitié, dites-vous?... Voilà qui me désespère, madame! nous nous étions cependant bien promis, de concert avec MM. de Montmorency et de Guise, que cette bonne amitié ne durerait pas toujours.

LE DUC DE NORFOLK.

Comment, vous voulez nous brouiller avec la France, comte?

SUSSEX.

Mais nous ferons tout ce que nous pourrons pour cela, milord lieutenant général. Nos voisins ont sur le cœur la journée des éperons, et le pied-à-terre que le roi Henri conserve à Calais leur fait espérer qu'il ne tardera pas à traverser de nouveau la mer pour venir leur offrir une revanche.

LE DUC DE NORFOLK.

Malheureusement, milord, je crois que Sa Grâce a pour le moment de la besogne toute taillée qui l'empêchera d'entrer dans vos vues politiques, si profondes et si avantageuses qu'elles lui paraissent. Mais MM. de Montmorency et de Guise peuvent passer la mer à leur tour; je crois même qu'en ce moment deux épées aussi braves et aussi fidèles que les leurs ne seraient pas mal reçues à la cour du roi Jacques, et, comme j'espère, milord, vous compter parmi les chefs de l'armée que je conduis à la frontière, ce sera une bonne occasion à saisir, si vous voulez renouveler avec vos amis, au bord de la Tweed, la connaissance commencée aux bords de la Seine.

SUSSEX.

Il sera fait comme vous dites, monsieur le duc, si Dieu ou le roi n'y mettent empêchement. Il y a un vieux proverbe anglais qui prétend que, chaque fois qu'il y a dans notre île deux lames d'épée qui brillent au soleil, on n'a qu'à regarder au côté d'un comte de Sussex si l'on veut trouver un fourreau vide.

SIR THOMAS.

C'est comme vous le dites, milord, un vieux proverbe; si vieux, qu'il commence à tomber en désuétude.

SUSSEX.

Il aurait repris une nouvelle vie, monseigneur, si je m'étais trouvé en Angleterre lors du procès de la malheureuse Anne Boleyn; et peut-être eût-il mieux valu que je m'y trouvasse, je ne dirai pas pour mon honneur, à moi qui, Dieu merci, n'avais pas besoin de ce nouveau lustre, mais pour celui du roi, monseigneur, et pour le vôtre, auquel j'eusse peut-être sauvé une bien fâcheuse tache.

SIR THOMAS.

Si je vous comprends bien, milord, vous voulez dire que vous eussiez défendu la reine?

SUSSEX.

Oui, monseigneur, et de deux manières.

SIR THOMAS.

Peut-on les connaître?

SUSSEX.

Au parlement avec ma parole.

SIR THOMAS.

Et, si celle du roi lui eût imposé silence, comme il a fait à la mienne?

SUSSEX.

En champ clos avec mon épée.

MARGUERITE.

Milord, vous oubliez que vous parlez de Henri, qui est votre roi, devant moi qui suis sa sœur.

SUSSEX.

Pardon, madame; mais je voyais les yeux de Votre Altesse si distraits, que j'espérais que le son même de ma voix n'arriverait pas à son oreille.

MARGUERITE.

Milord, depuis que Dieu a fait à mon frère la grâce de lui accorder un fils, j'ai perdu toute chance de succéder au trône d'Angleterre, et, par conséquent, tout désir de m'instruire dans les choses de guerre et de politique. Croyez que, dans le cas contraire, j'aurais écouté avec le plus grand intérêt la belliqueuse discussion que vous venez d'engager avec monseigneur l'archevêque.

SUSSEX.

Hélas! madame, si les paroles que je viens de prononcer, tout insignifiantes qu'elles sont, étaient sorties de la bouche d'un autre que je pourrais nommer... Votre Altesse serait à cette heure une rebelle; car elle aurait, je le crains bien, oublié, pour s'instruire dans les choses de guerre et de politique, jusqu'à l'existence de son neveu le prince Édouard.

MARGUERITE.

Milord, je ne sais si la sœur de François I*er* permet aux chevaliers français de faire en sa présence de pareilles remarques; mais ce que je sais bien, c'est que, si elles se renouvelaient devant la sœur de Henri VIII, elle se croirait obligée de s'en plaindre au roi d'Angleterre.

UN HUISSIER, à la porte du fond.

Milord Ethelwood, duc de Dierham.

(Entre Ethelwood.)

SUSSEX.

Vous arrivez bien à propos, milord, pour plaider en ma faveur une cause que je suis tout près de perdre au tribunal de Son Altesse.

ETHELWOOD.

Comte, vous tombez mal; vous le voyez, j'ai moi-même un pardon à obtenir; car, si j'arrive assez tôt pour offrir mes hommages à Sa Grâce, j'arrive bien tard pour les déposer aux pieds de Son Altesse.

MARGUERITE.

Il est quelquefois plus facile de pardonner aux absents qu'aux présents; car l'absence, milord, n'entraîne avec elle qu'une accusation, celle de l'oubli.

ETHELWOOD.

Et celle-là, madame, vous savez combien il serait injuste de la faire peser sur moi; non, j'ai été arrêté à la grille du palais par l'encombrement que causent nos envoyés d'Écosse et la foule qui les entoure.

LE DUC DE NORFOLK.

Comment, milord, ils sont là?

ETHELWOOD.

Attendant audience de Sa Grâce.

(On entend le bruit des cornemuses, accompagné de cris.)

SUSSEX.

Eh! tenez, les voilà, Dieu me damne! qui nous donnent un concert.

LE DUC DE NORFOLK.

C'est la marche et les cris de guerre des Mac-Lellan.

SUSSEX.

Madame, c'est notre lieutenant général qui mérite le compliment que vous me faisiez tout à l'heure; car il a, si je ne me trompe, meilleure mémoire encore que moi.

LE DUC DE NORFOLK.

Milord, croyez-en un vieux soldat; quand vous aurez, une fois seulement, entendu sur le champ de bataille cette marche et ces cris, vous les reconnaîtrez toujours, et plus d'une fois, peut-être, vous vous réveillerez en sursaut, poursuivi par eux dans vos rêves.

MARGUERITE, à Ethelwood.

Ces cris et cette musique sauvage m'épouvantent, milord.

(Elle se jette de côté. En ce moment, Henri ouvre violemment la porte de sa chambre à coucher; il écoute un instant sans rien dire.)

SCÈNE III

Les Mêmes, HENRI ; puis SIR JOHN SCOTT.

HENRI, se croisant les bras.

Par saint Georges! messieurs, n'avez-vous pas entendu comme moi?... ou bien n'est-ce qu'un rêve? Le cri et la marche de guerre des Écossais dans la cour du palais de Withe-Hall!

SUSSEX.

Sire, ils ont si souvent entendu les clairons d'Angleterre dans la cour du palais de Stirling!

HENRI.

Vous avez raison, comte; mais ceux-là n'y faisaient pas une musique à tirer les morts de leurs tombeaux... Eh! tenez, jusqu'à mon vieil alchimiste Fleming, qui sort tout tremblant de son laboratoire pour nous demander s'il n'a pas entendu la trompette du jugement dernier.

FLEMING, soulevant avec sa tête la tapisserie d'une porte basse et voûtée, regarde de tous côtés.

Sire!...

HENRI, riant

Rentre, mon vieux prophète, ce n'est rien!... rien, que les glapissements du renard d'Écosse, que vont couvrir les rugissements du lion d'Angleterre. Mon cousin de Norfolk, faites entrer ces bouviers highlanders, et demandez en même temps à nos trompettes s'ils se souviennent de la marche de Flodden.

(Norfolk sort. Allant à son trône.) Bonjour, ma sœur. Salut, messieurs et milords. Approchez-vous plus près de notre trône, sir Thomas de Cantorbéry; car nous savons qu'il n'est puissant et solide que parce qu'il s'appuie, d'un côté (tendant la main à Ethelwood), sur le courage de la noblesse (tendant l'autre main à l'Archevêque), et de l'autre, sur la science de l'Église. (A la princesse Marguerite, qui se lève.) Où allez-vous, Marguerite?

MARGUERITE.

Sire, j'étais venue pour assister à votre lever, et non à une audience de guerre... J'espère donc que vous penserez que ma place...

HENRI.

Devrait être plus souvent au conseil et moins souvent au bal; vous oubliez que, chez nous, les femmes sont habiles à succéder, et que, s'il arrivait quelque malheur au prince Édouard...

MARGUERITE.

Dieu gardera Votre Grâce, je l'espère, de tout chagrin de ce genre...

HENRI.

Comte de Sussex, accompagnez Son Altesse, et revenez aussitôt.

(De Sussex s'incline et sort avec la Princesse. — On entend les trompettes anglaises qui répondent aux cornemuses d'Écosse. Henri s'assied sur le fauteuil aux armes d'Angleterre qui lui sert de trône.)

LE DUC DE NORFOLK, entrant.

Sir John Scott de Thirlstane, envoyé du roi d'Écosse, sollicite l'honneur d'être introduit en présence de Votre Grâce.

HENRI.

Faites entrer. (Entre sir John.) Salut, sir John; nous reconnaissons aujourd'hui que vous êtes digne de la devise que vous avez choisie : *Toujours prêt*.

SIR JOHN.

Et c'est surtout lorsqu'il s'agit de l'honneur de mon prince et de mon pays, sire, que je suis fier de la porter et ambitieux d'en être digne.

HENRI.

Nous savons, sir John, que vous êtes un brave et loyal serviteur, et le choix du messager m'est aussi agréable que le message me le sera sans doute. Mon neveu fait droit à mes ré clamations, n'est-ce pas? et c'est pour donner une plus grande publicité à sa soumission, qu'au lieu de me venir trouver à York, où je l'ai attendu huit jours, pour débattre entre nous et secrètement les intérêts politiques et religieux de nos deux royaumes, il m'envoie un ambassadeur, et me demande une audience publique?

SIR JOHN.

Sire, les instructions de mon roi sont précises.

HENRI.

Tant mieux!... Consent-il enfin à adopter la religion réformée, à détruire les couvents de son royaume, et à ne reconnaître le pape que comme simple évêque de Rome?

SIR JOHN.

Sire, l'Écosse et son roi sont catholiques d'âme et de cœur depuis le IIIe siècle; pour eux, le successeur de saint Pierre sera toujours le vicaire du Christ, et peuple et monarque resteront fidèles à la foi comme au courage de leurs pères.

HENRI.

Très-bien! l'alliance du roi Jacques avec la famille fanatique des Guise me faisait pressentir cette première réponse à ma première question. Je déciderai plus tard de quel poids elle doit être dans la balance de la paix et de la guerre.

SIR JOHN.

Nous espérons que Votre Grâce la tiendra d'une main aussi juste qu'elle est puissante, et que ni le souffle du fanatisme, ni les conseils de l'intérêt personnel n'en feront pencher les plateaux.

HENRI.

La résolution que je prendrai, sir John, dépend moins de la réponse que vous m'avez faite que de celle que vous allez me faire.

SIR JOHN.

J'écoute respectueusement Votre Grâce

HENRI.

Maintenant, mon neveu Jacques V consent-il à me faire hommage de la couronne d'Écosse, comme l'ont fait, dès l'an 900, ses pères à mes pères?... comme l'a fait Éric à Édouard Ier; Malcolm à Édouard le Confesseur, à Guillaume le Conquérant et à Guillaume le Roux?... comme l'a fait Edgar, frère de Malcolm, à Henri Ier; David, successeur d'Edgar, à l'impératrice Mathilde; le fils de David à Étienne;

Guillaume, son frère, et toute la noblesse d'Écosse à Henri II,
à Richard Ier et au roi Jean? Hommage qui, pour se revêtir
d'un caractère plus sacré, fut rendu cette fois publiqnement
sur la montagne de Lincoln, et juré sur la croix de l'archevêque de Cantorbéry. Nous savons bien que cet hommage, rendu
encore par Jean de Baliol à Édouard, fils de Henri, et par
Édouard de Baliol à Edouard III, fut interrompu sous les
règnes de Richard II et de Henri IV. Mais cette interruption,
vous le savez aussi bien que nous, sir John, eut pour cause
les guerres civiles qui désolèrent l'Angleterre sous ces deux
souverains: et cela est si vrai, que, lorsque Henri V, leur
successeur, ordonna au roi d'Écosse de l'accompagner comme
vassal en son expédition d'outre-mer, le roi d'Écosse obéit.
Qu'on ne vienne pas non plus s'appuyer sur l'interruption
faite à cet hommage sous le règne de Richard III... Richard III était un usurpateur, et, à ce titre, n'avait aucun
droit pour le réclamer. Henri VII, mon père, trop activement
occupé des factions politiques et religieuses qui agitaient
l'intérieur du royaume, pour porter ses regards à l'extérieur,
n'exigea pas cet hommage du roi Jacques IV, je le sais ; mais,
moi, sir John, moi qui, ministre des vengeances célestes, ai
noyé les rebelles dans leur sang, étouffé les hérétiques dans
les flammes, fait disparaître des armées ennemies sous le
champ de bataille où je les ai heurtées ; moi qui, voyant la
vieille Angleterre agitée depuis quatre siècles par les secousses
de la guerre civile, et plongée depuis mille ans dans la nuit
de l'erreur, n'ai eu qu'à étendre la main sur elle, comme
Dieu le fit sur le chaos, pour la doter du calme et de la lumière, présents divins, qui, jusqu'alors, n'étaient descendus
que du ciel, — je ne souffrirai pas qu'il en soit plus longtemps ainsi ; les choses reprendront leur cours interrompu.
Le peuple d'Écosse doit hommage à sa noblesse, la noblesse
d'Écosse à son roi, le roi d'Écosse au roi d'Angleterre, et le
roi d'Angleterre à Dieu!

SIR JOHN.

Pardon, sire, si, cette fois encore, je me vois forcé de faire
à Votre Grâce une réponse contraire à celle qu'elle paraît
attendre... Mais l'hommage des anciens rois d'Écosse n'a jamais été rendu aux prédécesseurs de Votre Grâce qu'à l'égard
des terres qu'ils possédaient en Angleterre, de même que
les rois d'Angleterre rendaient hommage à ceux de France

pour les duchés de Guyenne et de Normandie. Votre Grâce connaît trop bien notre commune histoire pour confondre l'hommage de la comté de Huntingdon avec l'hommage du royaume, et celui des rois particuliers du Northumberland avec celui des rois d'Écosse. Quant à ce qui s'est passé sous le règne de Baliol, l'Angleterre ne peut en tirer aucune conséquence, parsque notre noblesse a toujours protesté contre cet acte. Jean de Baiiol a fait, il est vrai, hommage à Édouard Ier, en reconnaissance de l'aide que ce dernier lui avait donnée pour monter sur le trône; mais il en a perdu l'estime de sa noblesse et l'amitié de son peuple, et le roi Jacques V est trop estimé de l'une et trop aimé de l'autre pour qu'il s'expose jamais à un pareil malheur.

HENRI.

Ainsi mon neveu refuse de me reconnaître pour son suzerain?

SIR JOHN.

Il refuse.

HENRI.

Et il a pesé d'avance toutes les conséquences de ce refus?

SIR JOHN.

Quelles qu'elles soient, il les subira : les rois d'Écosse ont l'habitude de porter la main à leur épée avant de la porter à leur couronne.

HENRI, se levant.

Bien! sir John de Thirlstane, bien!... car nous sommes las de tous ces hommages jurés et repris. Écoutez donc! Tout à l'heure encore, j'aurais pu me contenter de ce que je vous demandais; maintenant, il me faut autre chose. La main de Dieu a jeté nos deux nations loin des autres peuples du monde, face à face, au milieu de l'Océan, sur un même sol, mais inégalement divisées entre elles; pour toute séparation, il leur a donné le lit étroit de la Tweed; c'est assez pour séparer deux provinces, mais non deux royaumes. Aussi, depuis mille ans, le sang le plus pur des deux peuples n'a-t-il pas cessé de rougir, tantôt une rive, tantôt l'autre; depuis mille ans, l'Angleterre n'a pas eu un seul ennemi que cet ennemi n'ait eu pour alliée l'Écosse; depuis mille ans, l'Écosse n'a pas eu une guerre civile que le souffle puissant de l'Angleterre n'attisât l'incendie de ses cités; entre nos deux peuples, c'est une haine que la mère lègue à sa fille avec son lait, et le père à son fils avec son épée... Eh bien, sir John, cette haine, elle durerait de génération en génération jusqu'au jour du jugement dernier, s'il ne m'était venu dans l'esprit, à moi, Henri d'Angleterre, que cela devait finir sous mon règne; qu'un hommage ne me suffisait pas; qu'il me fallait une conquête, et que deux couronnes et deux têtes, c'était trop de moitié pour une seule île... A compter d'aujourd'hui donc, il n'y a plus un roi en Angleterre et un roi en Écosse, il y a un roi d'Angleterre et d'Écosse, voilà tout!... Le Dieu des armées décidera si ce roi doit s'appeler Henri VIII ou Jacques V.

SIR JOHN.

Sire, le Dieu des armées est aussi le Dieu de la justice.

HENRI.

Et vous en avez une preuve devant les yeux, sir John; regardez à votre gauche : cette armure, c'est celle du roi Jacques IV, tombé mort avec son fils, douze comtes et dix-sept barons sur le champ de bataille de Flodden. Vous pouvez distinguer sur la cuirasse, n'est-ce pas, la blessure par laquelle est entré le fer et est sortie la vie? Eh bien, je le jure ici, sur ma couronne et sur mon sceptre, sir John, quelle que soit l'armure dont vous entourerez l'Écosse et si bien trempée qu'elle soit, je lui ferai, à son tour, une blessure assez large pour qu'une bonne fois enfin tout ce qu'elle a de sang rebelle lui sorte du cœur.

SIR JOHN.

Avant d'arriver jusqu'à elle, sire, il faudra que vous ayez renversé la dernière de ses villes et massacré le dernier de ses enfants!... Quant à moi, Votre Grâce a bien voulu me dire que j'étais digne de ma devise... J'y manquerais si je ne prenais le plus vitement possible congé d'elle; car je veux qu'en me retrouvant à la tête des premiers soldats qui marcheront contre vous, vous disiez vous-même : *Toujours prêt!*

HENRI.

Allez donc, sir John, nous ne vous retenons pas; les rois d'Angleterre ont aussi une devise qu'ils n'ont jamais laissée tomber en oubli; je veux qu'avant un mois elle flotte en lettres de feu sur assez de villes pour que, de tous les coins de l'Écosse, on y puisse lire : *Dieu et mon droit!* Messieurs, faites honneur à l'ambassadeur, non pas du roi d'Écosse, mais de notre neveu Jacques V. Restez, milord Ethelwood, j'ai à vous parler.

SCÈNE IV

HENRI, ETHELWOOD.

HENRI, prenant le bras d'Ethelwood et se promenant avec lui.
Eh bien, duc de Dierham, que dites-vous de cette obstination de notre neveu?

ETHELWOOD.
Que jamais roi n'a choisi un ambassadeur, sinon plus respectueux, du moins plus concis dans ses réponses.

HENRI.
Oui, oui, sir John est un digne Écossais, qui n'a qu'un tort : c'est celui de se croire encore au temps de Robert Bruce et de William Wallace, et de penser qu'à six siècles de distance les cœurs sont les mêmes, parce que les cuirasses qui les couvrent sont pareilles; c'est une statue des anciens jours placée comme une borne milliaire sur la route du monde, et qui n'a pas vu avec ses yeux de pierre les générations s'appauvrir au fur et à mesure qu'elles se succédaient... Où sont les James Douglas et les Randolph?... De nos jours, ils s'appellent Olivier Sainclair ou Maxwel... C'est pitié! Milord, milord, je vous le dis, ce n'est point cette guerre qui fera blanchir un seul de mes cheveux, soit que je la fasse en personne, soit que j'envoie le duc de Norfolk à ma place. Mon épée est longue et tranchante, et où elle ne peut atteindre, je la lance!... Ce n'est pas cela qui me fait malheureux, milord, ce n'est pas cela...

(Il tombe sur un fauteuil.)

ETHELWOOD.
Vous malheureux, sire!... vous, triomphateur au dehors, triomphateur au dedans; vous qui, éteignant les discordes de la Rose blanche et de la Rose rouge d'York et de Lancastre, vous êtes assis sur le trône, posant un pied sur la guerre étrangère et l'autre sur la guerre civile, et qui avez dit à la France et à l'Angleterre émues ce que Dieu dit aux vagues de la mer : « Assez!... » Que Votre Grâce me pardonne, mais il faut que l'ambition humaine soit plus vaste que le monde, puisque le monde ne lui suffit pas.

HENRI.
Duc, ce n'est ni la colère des vents, ni celle des flots, ni la tempête, ni l'Océan, qui font sombrer un vaisseau solidement

construit. C'est le roc caché sous la mer, et dont la blessure est mortelle parce qu'elle est invisible ; oui, je suis grand, oui, je suis fort, c'est vrai !... Il n'y a pas un de mes sujets qui ne m'envie, et moi, j'envie parfois le sort du dernier de mes sujets.

ETHELWOOD.

Vous, sire ?

HENRI.

Oui ; car ce n'est point assez d'une couronne et d'un sceptre. Il faut encore un oreiller où l'on puisse se reposer de leur poids ; près de la vie publique, il faut la vie privée ; à côté de la grandeur du palais, le bonheur de la maison... Eh bien, le dernier de mes sujets peut avoir une femme et des enfants qui l'aiment : le dernier de mes sujets est donc plus heureux que moi !...

ETHELWOOD.

Mais les reines vos épouses vous ont aimé, sire, et vous ont laissé des enfants qui vous aiment.

HENRI.

Les reines mes épouses ?... Catherine d'Aragon, n'est-ce pas ? fiancée à mon frère avant de devenir ma femme ; ce qui fut pour ma conscience un remords si grand, que je me vis forcé de la répudier. Anne Boleyn, que ses déportements ont menée de mon lit à l'échafaud. Jeanne Seymour, ange descendu du ciel, et que le ciel jaloux a rappelé. Anne de Clèves, qu'on me dit belle et gracieuse, qu'on me fait épouser d'après un portrait d'Holbein, et qui, lorsqu'elle arrive... Mais celle-là s'est rendu justice, en se contentant du titre de sœur. Eh bien, maintenant, que me reste-t-il de mes quatre mariages ? Le souvenir de quelques jours de bonheur, vingt ans de remords, de honte ou de chagrin ; puis deux filles que la loi a déclarées incapables de régner, et un fils que Dieu a déclaré incapable de vivre.

ETHELWOOD.

Sire, vous êtes bien jeune encore, et un nouveau mariage peut vous donner tout ce qui vous a manqué jusqu'à présent.

HENRI.

Oui, je le sais, et je vais encore une fois tenter cette épreuve. Mais, cette fois, je te le jure, milord, je n'irai chercher ma femme ni dans les cours souveraines ni dans les maisons princières ; je suis las de voir l'Europe se mêler de mes querelles de ménage ; mon divorce avec Catherine d'Aragon m'a valu la guerre avec les Pays-Bas, l'Espagne et l'Empire ; et le renvoi d'Anne de Clèves va soulever contre moi le Hainaut, la Flandre et la France peut-être... Puissant et isolé, comme je le suis, au sein des mers, nulle alliance ne peut augmenter ma force. Ma force est en moi ; il me faut donc, et voilà tout, une femme jeune pour que je puisse l'aimer, belle pour qu'elle puisse me plaire, sage pour que je puisse me fier à elle ; peu m'importe dans quelle condition elle sera née. J'ai tiré deux ministres, l'un de l'étal d'un boucher, et l'autre de la boutique d'un forgeron : je tirerai bien un prince royal du sein d'une vassale.

ETHELWOOD.

Mais ce trésor de jeunesse, de beauté et d'innocence, dans quel pays Votre Grâce compte-t-elle l'aller chercher ?

HENRI.

Si ce que l'on me dit est vrai, mon cher duc, je n'aurai pas besoin, pour le rencontrer, de mettre le pied sur le continent.

ETHELWOOD.

Sans doute, le génie protecteur de la vieille Angleterre vous garde cette vierge prédestinée dans quelque coin du royaume ; dans l'île de Staffa, par exemple, et dans la grotte de Fingal ?

HENRI.

Non pas, milord ; sa destinée, toute brillante qu'elle doit être dans l'avenir, est moins poétique dans le passé... Une vieille nourrice l'a élevée à défaut de parents ; elle habite, à trois lieues de Londres, sur les bords de la Tamise, une maison d'assez chétive apparence.

ETHELWOOD.

Sire... et le nom de cette jeune fille est sans doute un secret politique trop profond et trop important pour que des yeux aussi indignes que les miens ?...

HENRI.

Non, mon cousin ; et, pour ce que je vais réclamer de vous, il est même important que vous la connaissiez... Elle s'appelle Catherine Howard.

ETHELWOOD, s'appuyant contre un fauteuil.

Catherine Howard !...

HENRI.

Oui, milord !... (Souriant.) C'est un nom bien inconnu, n'est-ce pas ?... si inconnu, qu'il n'a pas fallu moins que l'œil de mon alchimiste Fleming pour le déchiffrer dans ce livre de Dieu qu'on appelle la terre, au milieu des douze millions de noms inscrits sur le feuillet qui s'appelle mon royaume.

ETHELWOOD.

Et comment Fleming a-t-il découvert?...

HENRI.

Oh! de la manière la plus simple, et sans avoir recours ni aux enchantements ni aux sortiléges! Il cherchait, dans les environs de Londres je ne sais quelle plante nécessaire à ses opérations chimiques, lorsque, surpris par la pluie, il demanda asile dans la maison isolée qu'habite cette jeune fille. Un trésor si merveilleux le surprit; il connaissait mes intentions ; à son retour, il me parla d'elle, et, depuis, toutes les cabales d'astres et de nombre lui ont si bien prouvé que c'était la femme qu'il me fallait, jeune, belle et sage, que le vieux fou m'a répondu sur sa tête qu'elle réunissait ces trois qualités...

ETHELWOOD.

Et Votre Grâce s'est décidée à faire une chose de cette importance sur la seule parole de celui qu'elle nomme un vieux fou?

HENRI.

Non pas, duc de Dierham; car l'aventure qui nous est arrivée avec Anne de Clèves nous a rendu défiant, et nous n'engageons plus ainsi d'avance notre amour royal sans savoir si la femme à laquelle nous comptons l'offrir en est bien digne... Aussi, hier, après le conseil, guidé par notre vieil alchimiste, déguisé comme un chevalier des anciens jours, nous avons remonté, dans une barque sans armes et sans livrée, la Tamise jusqu'à l'endroit qu'habite la dame de nos pensées...

ETHELWOOD.

Et là?...

HENRI.

Là, nous l'avons aperçue, appuyée sur le bras d'une vieille femme... errant au bord de la rivière... mélancolique et rêveuse comme si elle pressentait ses hautes destinées...

ETHELWOOD.

Et... et Fleming avait exagéré?...

HENRI.

Non pas!... Fleming est resté au-dessous de la vérité... Milord, la beauté d'Anne Boleyn, la grâce de Jeanne Seymour...

ETHELWOOD.

Et vous lui avez parlé?...

HENRI.

Non, milord; car, lorsqu'elle a vu que nous ramions vers elle, elle s'est éloignée... Je comptais la revoir aujourd'hui ou demain; mais voilà que cette guerre avec l'Écosse est devenue instante, et va m'ôter tout loisir; j'ai donc pris une nouvelle résolution, milord : vous partirez demain pour l'aller chercher; vous vous composerez, parmi mes gens, telle suite qu'il vous plaira, et vous amènerez cette jeune fille près de la princesse Marguerite, qui, sur ma recommandation, lui fera place parmi ses femmes d'honneur...

ETHELWOOD.

Et Votre Grâce ne mettra pas un plus long intervalle entre sa rupture avec Anne de Clèves et son mariage avec Catherine Howard?

HENRI.

Mon cousin, combien s'est-il écoulé de jours entre le moment où Anne Boleyn monta sur l'échafaud, et celui où Jeanne Seymour monta sur le trône?

ETHELWOOD.

Ce qu'il en fallut aux ensevelisseurs pour déposer son corps dans la tombe : trois!

HENRI.

Combien s'est-il écoulé d'heures entre la désobéissance de Norris et l'ordre que je donnai de punir de mort cette désobéissance?

ETHELTWOOD.

Ce qu'il en fallut au lord chancelier pour aller de la tour de Londres au palais de Greenwich : deux!

HENRI.

Et combien s'est-il écoulé de secondes entre la signification de cet ordre et la mort du coupable?

ETHELWOOD.

Ce qu'il en fallut au bourreau pour lever et abaisser sa hache : une!

HENRI.

Très-bien, milord; je vois que vous connaissez à fond l'histoire de mon règne... Méditez-la!

(Il sort.)

SCÈNE V

ETHELWOOD, puis FLEMING.

ETHELWOOD reste un moment accablé ; puis, allant à la porte de Fleming, il l'ouvre violemment.

Fleming !... Fleming !...

FLEMING, du fond de son caveau.

Hein ?...

ETHELWOOD.

Sors de ton terrier, renard de Cornouailles !... monte au jour, mécréant !... Un chrétien veut te parler !...

FLEMING, paraissant.

Qu'y a-t-il pour le service de Votre Seigneurie ?

ETHELWOOD.

Je quitte le roi.

FLEMING.

Dieu le conserve !...

ETHELWOOD, levant sa toque.

C'est le vœu de tout bon Anglais.

FLEMING.

Et je le fais toutes les fois que mes yeux et mes pensées se détachent du ciel pour retomber sur la terre.

ETHELWOOD.

Très-bien, maître !... Mais Sa Grâce m'a dit que vous ne vous contentiez pas seulement de faire des vœux pour elle, et que votre dévouement allait encore jusqu'à tenter d'accomplir les siens.

FLEMING.

J'ai mis aux ordres de Sa Grâce la faible science que m'a donnée l'étude. Elle en peut disposer selon sa volonté royale.

ETHELWOOD.

Pourvu que sa volonté royale mette à son tour à ta disposition, n'est-ce pas, tout l'or dont tes mains damnées ont besoin pour accomplir l'œuvre que tu poursuis ?

FLEMING.

Ce n'est qu'en décomposant que l'on parviendra à composer... Et, lorsque l'homme aura surpris le secret de Dieu, il sera aussi puissant que lui !... Milord, je suis bien près d'arriver à un grand résultat !...

ETHELWOOD.

Et il te faut pour cela des ruisseaux d'or, n'est-ce pas?... comme il faut des rivières aux fleuves, et des fleuves à l'Océan.

FLEMING.

Il m'en faut beaucoup.

ETHELWOOD.

Et crois-tu en avoir assez de ce que te donnera Henri pour lui avoir trouvé une femme jeune, belle et vertueuse?...

FLEMING.

Oui; car alors, toutes les fois que je frapperai le trône de ma baguette, comme Moïse le rocher, au lieu d'une, j'en ferai jaillir deux sources.

ETHELWOOD.

Et ta soif de l'or t'a empêché de calculer les chances auxquelles tu exposais ta tête, en l'engageant dans une négociation aussi hasardeuse que celle d'un mariage avec Henri, qui, sur quatre femmes, en a déjà répudié deux et exécuté une.

FLEMING.

J'ai suivi la voix de mon dévouement, qui me disait : « Fais cela. »

ETHELWOOD.

Et celle de la prudence ne t'a point rappelé la disgrâce de Volsey et celle de Norris ?

FLEMING.

Monseigneur, les choses n'auront point, cette fois, une issue aussi fatale.

ETHELWOOD.

Et qui te l'a dit?

FLEMING.

La science.

ETHELWOOD.

Eh bien, la science en a menti, savant Fleming !

FLEMING.

Comment ?

ETHELWOOD.

Ce mariage ne peut se faire!...

FLEMING.

Pourquoi?

ETHELWOOD.

Parce que celle que tu as choisie pour base de tes calculs... Catherine...

FLEMING.

Eh bien?

ETHELWOOD.

Cette jeune fille que tu veux faire épouser au roi, Catherine Howard, n'est-ce pas?

FLEMING.

Oui.

ETHELWOOD.

C'est ma femme!

FLEMING.

Miséricorde! je suis perdu!...

ETHELWOOD.

Oui, Fleming, tu es perdu! car tu connais la loi qu'a fait rendre Henri après la mort d'Anne Boleyn?...

FLEMING.

Je la connais...

ETHELWOOD.

Loi qui traîne sur le même échafaud et la reine qui n'a pas avoué être indigne du roi, et quiconque a prêté la main à ce mariage... Ah! tu as promis une fiancée jeune, belle et vertueuse?... Catherine est jeune, belle et vertueuse; mais crois-tu que le juge de Catherine d'Aragon et le bourreau d'Anne Boleyn se contente de cette vertu-là?

FLEMING.

Mais vous lui avouerez tout, milord, et il pardonnera.

ETHELWOOD.

Oui, et, comme gage de pardon, il fera de la duchesse de Dierham une dame d'honneur de la princesse Marguerite, et il enverra le duc faire la guerre dans les Highlands... Non pas, Fleming, non pas.

FLEMING.

Oh! monseigneur! monseigneur! ayez pitié de moi!

ETHELWOOD.

Pitié de toi, malheureux!... de toi qui, par ton imprudence, viens de briser l'espoir de toute ma vie!... pitié de toi, qui viens de tirer un voile noir sur mes jours les plus dorés?.. Et de moi, de moi, mon Dieu! qui donc aura pitié de moi!

FLEMING.

Ah! cherchons, cherchons, milord... Peut-être y a-t-il un moyen de nous conserver, à vous le bonheur, à moi la vie.

ETHELWOOD.

Il y en a un.

FLEMING.

Un?

ETHELWOOD.

Hasardeux!

FLEMING.

N'importe.

ETHELWOOD.

Désespéré!..

FLEMING

Dites.

ETHELWOOD.

C'est moi que le roi a chargé d'aller chercher Catherine et de l'amener à la cour.

FLEMING.

Quand?

ETHELWOOD.

Demain.

FLEMING.

Ah! mon Dieu!

ETHELWOOD.

Il ne faut pas que le roi revoie...

FLEMING

Non, non!... nous serions perdus, car il l'aime déjà!..

ETHELWOOD.

Eh bien, il faut que, cette nuit, elle meure!...

FLEMING.

Milord, les poisons les plus subtils...

ETHELWOOD, le saisissant

Infâme!

FLEMING.

Grâce!

ETHELWOOD.

Il faut qu'elle meure pour le roi et pour le monde!... mais il faut que pour moi... pour moi seul, elle vive!.. entends-tu bien? qu'elle vive!... et c'est toi qui me répondras de sa vie.

FLEMING.

Tout ce qu'il sera possible à la science humaine de faire, je le ferai.

ETHELWOOD.

Eh bien, tu m'as parlé de poisons...

FLEMING.

Oui...

ETHELWOOD.

Au lieu d'un breuvage mortel, ne peux-tu me donner une liqueur narcotique?... n'y a-t-il pas des plantes dont le suc arrête le sang dans les veines, engourdit le cœur, suspend le cours de la vie?... Le sommeil, dis-moi, ne peut-il pas tellement ressembler à la mort, que l'œil le plus défiant s'y méprenne? Voyons, songe, réfléchis.

FLEMING.

Milord, cela se peut! une chronique florentine raconte même que, par un moyen semblable, une jeune fille de la maison des Montaigu...

ETHELWOOD.

Mais, toi, peux-tu composer une liqueur semblable?

FLEMING.

Parfaitement.

ETHELWOOD.

Et répondre de son effet?

FLEMING.

Sur ma vie!

ETHELWOOD.

Fleming, si tu fais ce que tu promets de faire...

FLEMING.

Je le ferai.

ETHELWOOD.

Tu m'as dit qu'il te fallait de l'or? Eh bien, je t'en donnerai, en échange de cette liqueur, plus que le feu de tes fourneaux n'en pourrait fondre pendant toute une année.

FLEMING.

Descendons dans mon laboratoire, milord.

ETHELWOOD.

Et dans une heure?

FLEMING.

Vous remonterez avec le philtre dont vous avez besoin.

ETHELWOOD, *s'arrêtant sur la première marche.*

Un instant, Fleming!... vous m'avez bien compris!... il y va pour vous, dans cette affaire, de la vie et de la mort!...

FLEMING.

Ma vie est à votre discrétion, milord.

ETHELWOOD.

Allons !

(Ils descendent ensemble.)

DEUXIÈME TABLEAU

La chambre de Catherine; portes latérales, porte au fond laissant voir une campagne. — Une petite table couverte de fruits; du côté opposé, une toilette surmontée d'une glace de Venise.

SCÈNE PREMIÈRE

CATHERINE, KENNEDY.

Catherine entre appuyée sur le bras de sa nourrice.

KENNEDY.

Nous rentrons déjà, mon enfant?

CATHERINE.

Oui, bonne; car il se fait tard.

KENNEDY.

Le soleil se couche à peine, et, à cette heure, l'horizon est si beau, vu du haut de la montagne!

CATHERINE, *souriant.*

Oui, magnifique!... mais c'est le même soleil et le même horizon que j'ai vu hier...

(Elle s'assied.)

KENNEDY.

Allons, te voilà encore triste.

CATHERINE.

Non, Kennedy, mais ennuyée.

KENNEDY.

Oui, pauvre enfant, c'est l'ennui qui fane tes joues, qui ternit tes yeux, qui brise tes forces... Mais comment peux-tu t'ennuyer au milieu de cette belle campagne, si verte et si riche?...

CATHERINE.

Certes, je la trouverais belle si je la voyais pour la première fois; mais il y a dix-huit ans que je la vois tous les jours.

KENNEDY.

Il y a plus du double, moi... et cependant je ne m'en suis pas encore lassée; c'est que, pauvre femme que je suis, sans désirs et sans ambition, j'ai toujours cherché le bonheur dans les choses que je pouvais atteindre et jamais au delà.

CATHERINE.

Nourrice, tout ce qui est au delà de ce que nous pouvons atteindre doit être cependant bien beau!... Londres!... on dit que c'est magnifique. Quand donc habiterai-je Londres, mon Dieu?...

KENNEDY.

Tu te marieras un jour, mon enfant; tu es trop pure pour ne pas trouver un époux riche et noble.

CATHERINE, vivement.

Oui, n'est-ce pas?... Et alors nous aurons un palais à Londres, des barques sur la Tamise, des forêts où nous poursuivrons le gibier, un faucon sur le poing, suivis de valets et de pages... Tu viendras avec moi!... parcourir mes terres... recevoir l'hommage de mes vassaux... et alors je ne m'ennuierai plus, je serai puissante, je dirai : « Je le veux... » tout le monde m'obéira.

KENNEDY.

Folle que tu es!...

CATHERINE.

Oh! vois-tu, Kennedy, si je croyais toujours rester ainsi, dans cette petite maison isolée... entre ces murs étouffants... vêtue de ces habits, et entourée de ces meubles si simples; vois-tu... j'aimerais mieux me coucher dans un cercueil... pourvu qu'il fût couvert d'un tombeau de marbre...

KENNEDY.

Il y a des jours, mon enfant, où les rêves de ton imagination m'effrayent... Crois-moi, ne t'abandonne pas à de pareilles pensées.

CATHERINE.

Kennedy, mes pensées sont mon seul bonheur, mes rêves ma seule richesse... Laisse-les-moi...

KENNEDY.

Allons, je vois bien que tu veux encore être seule, pour te livrer à toutes tes folies... Depuis un an, je m'aperçois que ma présence te gêne, te fatigue.

CATHERINE.

Oh! ma bonne mère, tu te trompes, tu es injuste!... mais, vois-tu, dès que je suis seule... j'entends des voix étranges qui murmurent à mon oreille; je vois des apparitions bizarres qui passent devant mes yeux... Alors, tout se peuple et s'anime autour de moi... La chaîne des êtres créés ne s'arrête plus à l'homme; elle monte jusqu'à Dieu... Il me semble que je parcours avec les yeux tous les degrés de cette échelle lumineuse, dont l'une des extrémités repose sur la terre, et dont l'autre touche au ciel... Le feu qui pétille, ce sont des salamandres qui, en se jouant, soulèvent des milliers d'étincelles... Dans cette eau qui coule sous ces fenêtres, il y a une ondine qui, toutes les fois que je me penche, me salue comme sa sœur... Cette brise parfumée, qui nous arrive le soir, passe toute chargée de sylphes, qui s'arrêtent dans mes cheveux... Et salamandres, ondine, sylphes murmurent à mon oreille des paroles... oh! des paroles à me rendre folle, tu l'as dit...

KENNEDY.

Quel âge de bonheur que celui où l'on n'a qu'à fermer les yeux pour voir de semblables merveilles!... où l'on se console de la vérité par des songes!... Dors, mon enfant; la nuit vaut mieux que le jour... Mais prends-y garde : de tous les démons qui visitent les jeunes filles pendant leur veille ou pendant leur sommeil, le plus dangereux et le plus difficile à chasser est celui de l'ambition.

CATHERINE.

Celui-là, Kennedy, ce n'est point un démon, c'est un ange!... et c'est le plus beau, le plus séduisant de tous!... C'est le roi du ciel... car il a des ailes dorées et une couronne sur la tête.

KENNEDY.

Bonsoir, ma noble maîtresse...

CATHERINE.

Bonsoir, Kennedy.

KENNEDY.

Bonsoir, rêveuse. Me voilà plus tranquille, puisque je te laisse au milieu d'une cour de lutins, de fantômes et de fées.

SCÈNE II

CATHERINE, seule, fermant la porte devant elle et allant en ouvrir une autre.

Va, ma bonne nourrice, va, et laisse-moi ouvrir la porte par laquelle entrent et sortent tous mes rêves. Ethelwood viendra-t-il ce soir? Ce matin, il m'a dit: « Peut-être... » Peut-être est toujours oui. Il m'aime tant!... Cependant, s'il m'aimait, aurait-il des secrets pour moi? me cacherait-il son nom, son rang, son titre? Quand je me suis donnée à lui, je me suis donnée tout entière, moi; je n'ai pas séparé mes jours de mes nuits, je ne lui ai pas dit: « Il y aura tant d'heures pour toi, tant pour le monde; » je lui ai dit: « Me voilà, prends-moi. » Oh! quel supplice! serrer dans ses bras un homme qu'on aime, et ignorer quel est cet homme, perdre son esprit dans des rêves d'espoir, insensés peut-être, user les belles et joyeuses années de sa jeunesse dans l'attente, dans l'ignorance, dans l'isolement, ne pas connaître le terme fixé à cette agonie, entendre pour seule réponse à toutes ses questions: « Plus tard, plus tard. » Et tout va se perdre dans ce mot, qui creuse incessamment un abîme dans ma vie. Le matin se lève, et j'espère tout apprendre dans la journée; le soir arrive, et je n'ai rien appris. Bien heureux quand il peut dérober quelques heures, à qui? je n'en sais rien: à une autre peut-être, pour me les donner, à moi, esclave, prisonnière ici, loin du monde. Et me voilà, moi, à cet instant où les heures de plaisir passent joyeuses sur les villes, me voilà seule et triste, attendant mon mari qui ne viendra peut-être pas, mon mari qui a un titre, un rang, j'en suis sûre... et qui ne me donne ni rang ni titre... Si cependant j'étais à Londres avec lui maintenant, au lieu de me dépouiller de ces modestes habits dont la simplicité m'humilie, pour demander avant l'heure un sommeil qui ne viendra pas, je m'assiérais devant ma toilette!... (Elle s'assied devant une glace.) Je choisirais dans ces écrins qu'il m'a donnés, et qui me sont inutiles, les bijoux les plus riches. (Elle ouvre ses écrins.) Je mettrais ce collier de perles à mon cou, ces diamants à mes oreilles, ces bracelets à mes bras. Parmi ces simples fleurs qui parent mes cheveux, ces épis de diamants trouveraient place. Cette ceinture de pierreries, nouée autour de ma taille, en ferait ressortir l'élégance. Un page nous précéderait; on ouvrirait devant nous des salons resplendissants de lumière; et, quand je paraîtrais... oh! si mon miroir ne ment pas, tout le monde dirait: « Une reine n'est pas plus parée, une reine n'est pas plus belle... » (Se retournant et apercevant Ethelwood debout près de la porte, et qui a entendu la fin du monologue.) Oh!... oh! Ethelwood, mon ami, je ne t'avais pas vu.

SCÈNE III

CATHERINE, ETHELWOOD.

ETHELWOOD.

Je conçois. Vous étiez occupée de soins trop importants pour remarquer mon arrivée...

CATHERINE.

Me trouvez-vous jolie?...

ETHELWOOD.

Si mon portrait, entouré de rubis ou d'émeraudes, s'était trouvé par hasard pendu à ce collier, ou encadré sur ce bracelet,... oh! oui, peut-être alors il y aurait eu parmi vos pensées de coquetterie un souvenir momentané d'amour.

CATHERINE.

Me trouvez-vous jolie?

ETHELWOOD.

Oh! que trop pour mon malheur, madame.

CATHERINE.

Alors, remerciez le ciel, qui m'a faite ainsi pour vous; et venez m'embrasser, monseigneur. (Ethelwood la prend dans ses bras, mais sans l'embrasser.) D'ailleurs, je me suis parée par instinct; je me suis faite belle par pressentiment. (Mettant la main sur son cœur.) Je vous sentais venir, là... Quittez donc cet air soucieux, voyons, asseyez-vous, et, moi, je vais me mettre à vos pieds, mon gentil chevalier, mon beau baron, mon noble comte... Par lequel de ces titres faut-il que je vous appelle?

(Elle va chercher un tabouret et s'assied.)

ETHELWOOD.

Par aucun de ces titres, car aucun d'eux ne m'appartient.

CATHERINE.

Comment êtes-vous donc venu... que je n'ai point entendu le galop de votre cheval, de votre merveilleux Ralph, qui vient si vite... et qui s'en va si lentement?

ETHELWOOD.

J'ai remonté la Tamise dans une barque de pêcheur; car, aujourd'hui, plus que jamais, je craignais d'être reconnu.

CATHERINE.

Toujours mystérieux!... Mais tu as donc des motifs bien puissants?...

ETHELWOOD.

Juge de mon amour, puisque je te les cache, à toi qui es ma vie.

CATHERINE.

Oh! si tu m'aimais!

ETHELWOOD.

Écoute, Catherine: doute de ton existence, de ton âme, de Dieu!... doute de la lumière du jour quand le soleil le plus ardent embrase le ciel, mais ne doute pas de mon amour... car jamais femme ne fut aimée d'un homme comme tu es aimée de moi...

CATHERINE.

Pardon, mon ami.

ETHELWOOD, lui prenant la tête dans ses mains.

Oh! mais regarde-moi donc!... moi... ne pas t'aimer!... Mais mon cœur jusqu'à son dernier battement, ma vie jusqu'à son dernier souffle, mon sang jusqu'à la dernière goutte, tout cela est à toi, Catherine... Et elle dit que je ne l'aime pas, mon Dieu, elle le dit!...

CATHERINE.

Non, non, je ne le dis plus...

ETHELWOOD.

Et si je te perdais, vois-tu... si un autre!... Oh! Seigneur!... Seigneur!...

CATHERINE.

Qu'as-tu?

ETHELWOOD.

Je souffre.

CATHERINE.

Toi?

ETHELWOOD.

Oui; je suis fatigué. Le front me brûle... J'ai soif...

CATHERINE, se levant.

Je vais vous servir, mon seigneur.

(Pendant que Catherine va ouvrir un buffet gothique, Ethelwood tire un flacon de sa poitrine, et verse une partie de ce qu'il contient dans le vase d'argent ciselé qui se trouve sur la table.)

ETHELWOOD.

Mon Dieu, pardonnez-moi!... c'est tenter votre puissance.

CATHERINE.

A défaut de page, voulez-vous que je sois votre échanson?

(Ethelwood tend le verre, Catherine verse.)

ETHELWOOD.

Merci.

CATHERINE.

Comme ta main tremble!...

ETHELWOOD, toujours assis et la prenant dans ses bras.

Catherine, Catherine!... Oh!... jamais, jamais...

CATHERINE.

Oh! comme vous êtes triste, aujourd'hui! Voyons, quel moyen y a-t-il de vous distraire?... Voulez-vous que je vous dise une ballade sur un ancien roi d'Angleterre nommé Edgar, qui a épousé une vassale, la belle Elfride?

ETHELWOOD, à part.

Mais chaque mot qu'elle me dit est une torture nouvelle!

CATHERINE.

Vous m'écoutez?

ETHELWOOD.

Oui.

CATHERINE.

Dans une route enfoncée,
Le roi, du haut d'un rocher,
Aperçoit la fiancée
De Richard, le franc archer.
Il s'élance sur sa trace.
— Ah! lui dit-il, prends, de grâce,
Mon bras jusqu'à ta maison.
— Non.

— Écoute-moi, jeune fille,
Voudrais-tu pas t'allier,
Toi, vassale et sans famille,
A moi, noble et chevalier ?
Tu serais dame appelée,
Et, sur ta main gantelée,
Tu porterais un faucon.
— Non.

— Mais, peut-être, de baronne
Le rang te séduirait-il ?
Je puis t'offrir la couronne
Où s'enlace le tortil ;
Et deux lionnes dressées,
De chaque côté placées,
Soutiendront ton écusson.
— Non.

— Si tu deviens ma maîtresse,
Mon cœur, prompt à s'embraser,
Fait, du titre de comtesse,
Le prix d'un premier baiser.
La couronne au titre est jointe,
Et porte sur chaque pointe
Une perle pour fleuron.
— Non.

— Brillante entre tes rivales,
Dès demain, si tu le veux,
Les escarboucles ducales
Se noieront dans tes cheveux,
Et, sur ta couronne insigne,
L'or, des feuilles de la vigne,
Imitera le feston.
— Non.

— D'un mot, tu peux être reine;
Dis ce mot, car je suis roi,
Et ma suite souveraine
S'inclinera devant toi.
Une couronne royale
Peut, crois-moi, d'une vassale
Séduire l'œil ébloui.
— Oui.

ETHELWOOD.
Et telle est la fin des amours de la belle Elfride?

CATHERINE.

Est-ce que son histoire ne finit pas bien? Elle devient reine.

ETHELWOOD.

Mais Richard?

CATHERINE.

Quel Richard?

ETHELWOOD.

Son amant.

CATHERINE.

La ballade n'en dit plus rien.

ETHELWOOD.

Ainsi pas un souvenir pour le pauvre abandonné, ni dans l'âme de sa maîtresse, ni dans les vers du poëte. Je serai moins ingrat qu'eux, je boirai à sa mémoire.

(Il tient le verre sans le porter à sa bouche.)

CATHERINE, le regardant.

Eh bien?

ETHELWOOD.

Eh bien, oublieuse que vous êtes, ne vous rappelez-vous plus les habitudes de nos amours? Ai-je jamais porté à ma bouche un verre sans que vos lèvres l'aient touché auparavant, sans que je puisse chercher sur ses bords la place où elles l'avaient pressé... Voyons, ma belle Elfride, non, ma Catherine... je me trompe... A la mémoire de Richard... (Catherine boit; Ethelwood la suit des yeux tout haletant, prêt à lui arracher le verre des lèvres, puis se jette à ses pieds en criant.) O Catherine, Catherine! pardonne-moi!

CATHERINE.

Quoi donc?

ETHELWOOD.

C'est qu'il le fallait, vois-tu, c'est qu'il n'y avait que ce seul moyen... que cette unique ressource...

CATHERINE.

Mais que veux-tu dire?...

ETHELWOOD.

Nous étions perdus sans cela!... nous étions à jamais séparés!... Tu pâlis, Catherine.

CATHERINE.

Oui, oui, je ne sais ce que j'éprouve... Un vertige, un éblouissement!...

ETHELWOOD.

Mon Dieu !...

CATHERINE.

Ma poitrine brûle, mon front est en feu... Oh ! mais cette sueur est mortelle...

ETHELWOOD.

Oh ! malheur sur moi, malheur !... La voir souffrir ainsi... oh ! ne valait-il pas mieux ?...

CATHERINE.

Laisse-moi, laisse-moi !... De l'eau, de l'eau !... j'étouffe... Oh ! par grâce... par pitié, mon Ethel... Mais je sens que je meurs... A moi !... au secours !...

ETHELWOOD, la prenant dans ses bras.

Non, pas un cri...

CATHERINE, portant les mains à sa tête.

Des fleurs, des bijoux !... (Les arrachant.) Désespoir... Oh ! la vie, la vie, mon Dieu...

ETHELWOOD.

Mais tu ne mourras pas...

CATHERINE.

Si jeune, si jeune, mourir... Oh ! mon Dieu, ayez pitié ! Kennedy, Kennedy !... oh ! miséricorde... je ne vois plus... je meurs.

(Elle se débat entre les bras d'Ethelwood et tombe en le repoussant.)

ETHELWOOD, couché sur elle et la serrant dans ses bras.

Oh ! Catherine, Catherine ! maintenant, oh ! je suis sûr au moins que nous mourrons ou que nous vivrons ensemble...

(Il l'embrasse encore, va à la porte par laquelle est sortie Kennedy, l'ouvre, prend une sonnette et sonne violemment, puis revient à Catherine, l'embrasse une fois encore, et disparaît par la même porte par laquelle il est entré. Aussitôt Kennedy paraît effrayée à la porte du fond.)

KENNEDY.

Catherine, mon enfant... que t'arrive-t-il ?... Ah !... évanouie... pâle... (Mettant la main sur son cœur.) Sans battement... (S'approchant de sa bouche.) Sans souffle... Morte !... morte !...

ACTE DEUXIÈME

ETHELWOOD

TROISIÈME TABLEAU

La sépulture de la famille de Dierham, à un demi-quart de lieue de Londres; une seule porte au fond donnant sur la plaine; plusieurs marches pour arriver à cette porte; quelques tombeaux de chevaliers et de dames, avec leurs statues couchées dessus, les hommes ayant un lion aux pieds, les femmes un lévrier. Sur le devant, et à gauche de la scène, une tombe ouverte dans laquelle est couchée Catherine Howard; derrière elle, un bénitier protégé par un ange saxon.

SCÈNE PREMIÈRE

ETHELWOOD, appuyé contre un tombeau; UN PRÊTRE accomplissant les derniers rites d'un enterrement catholique; KENNEDY, JEUNES FILLES.

LE PRÊTRE.

Heureux ceux qui meurent jeunes et qui se couchent dans la tombe avec leur robe d'innocence, car ils s'endorment sur la terre et se réveillent dans le ciel! Ce n'est plus nous maintenant, douce et blanche colombe, qui prions pour toi! c'est toi qui pries pour nous; conserve-toi là-haut dans la grâce du Seigneur, comme tu t'es conservée ici-bas dans sa miséricorde.

(Il prend un rameau de buis, le trempe dans le bénitier et le secoue sur elle.)

KENNEDY, se jetant sur le tombeau.

Mon enfant, ma pauvre enfant! oh! qui m'aurait dit jamais que ce serait moi qui te fermerais les yeux et qui te déposerais dans le tombeau! Oh! c'est une épreuve cruelle que le Seigneur m'avait réservée... Catherine, Catherine!... Oh! mais il est impossible que Dieu me l'ait reprise si jeune! Oh! mon enfant, mon enfant chérie!... Mon Dieu, Seigneur mon Dieu!

(Deux femmes l'entraînent.)

UNE JEUNE FILLE.

Dors en paix, notre sœur chérie, tu étais trop belle pour ce monde; Dieu a vu qu'il lui manquait un ange, et il t'a rappelée; sans doute, en ce moment, tu planes déjà au-dessus de nous avec tes ailes blanches et ton auréole d'or. Jouis de ta gloire éternelle, et, puisque tu nous aimais sur la terre, protége-nous du haut du ciel.

(Les jeunes filles jettent de l'eau bénite.)

ETHELWOOD, quittant sa place et prenant le rameau des mains de la dernière jeune fille.

A mon tour, Catherine, à mon tour à jeter l'eau sainte sur ton corps glacé.

(Tout le monde sort du tombeau ; Ethelwood reste seul.)

SCÈNE II

ETHELWOOD, seul.

Oui, Fleming m'a tenu religieusement parole. Son sommeil est bien le frère jumeau de la mort, et, s'il n'était mon ouvrage, mes yeux eux-mêmes se tromperaient à la ressemblance... Fragilité de l'existence humaine! quelques gouttes, tirées de certaines plantes, suffisent pour la suspendre; quelques gouttes de plus, elle était éteinte, et l'âme qui étincelait dans ces yeux maintenant fermés, qui vibrait dans cette voix maintenant muette, qui donnait la vie et la pensée à ce corps maintenant immobile et froid, s'envolait alors à jamais, et remontait à la source des choses. Qu'est-elle devenue pendant cette léthargie, qui est plus que le sommeil et qui est moins que la mort? Voltige-t-elle dans le pays des songes? dort-elle comme une lampe sainte enfermée dans le tabernacle? est-elle allée heurter à la porte de ce monde inconnu qu'on appelle l'éternité?... et, lorsque le sang recommencera à circuler dans ses veines, lorsque la pensée reviendra animer l'esprit, et que cette âme, exilée un instant, rentrera dans ce corps, comme une reine dans son palais, aura-t-elle mémoire des choses de ce monde ou des choses du ciel qu'elle aura vues pendant ces deux jours? Oh! je conçois que l'assassin n'ait pas de remords à la vue de sa victime, car, si ce corps inanimé n'est pas heureux, il est bien tranquille du moins! — Oh! Catherine, Catherine! ne vaudrait-il pas mieux que je me couchasse près de toi dans ce tombeau, que j'en fisse sceller le couvercle sur nos têtes et que nous dormissions ainsi dans les bras l'un de l'autre jusqu'au jour du réveil éternel, plutôt que de remettre nos jours aux chances de la forture? Qui sait ce que Dieu garde pour nous, dans sa main, de bonheur ou de calamités? qui sait si un jour tu me béniras ou me maudiras de ton réveil?... car il n'y a d'avenir certain que celui de la tombe, et celui-là, pourquoi l'attendre, puisque si facilement on peut aller au-devant? Oh! Catherine! (il se baisse et l'embrasse au front.) Dieu!... mon Dieu!... elle a tressailli, je crois... Ma voix a été chercher son âme jusqu'au fond de son sommeil. Oh! Catherine, Catherine! reviens à toi, plus de pensées de mort... La vie, la vie avec toi, heureuse ou malheureuse, dans la joie ou dans le désespoir... Mais, ô mon Dieu, oh! la vie, la vie!... (Se retournant vers la porte du tombeau qui s'ouvre.) Malheur! qui vient ici?... et comment, imprudent que je suis, n'ai-je pas fermé cette porte derrière la dernière personne qui est sortie? (Faisant quelques pas vers l'entrée, puis reculant avec effroi.) Le roi... le roi ici! (Revenant au tombeau et se penchant au-dessus.) Puissances des ténèbres, faites peser sur ses yeux votre sommeil de fer, et qu'il ne se rouvrent jamais, plutôt que de se rouvrir maintenant.

SCÈNE III

HENRI, ETHELWOOD.

HENRI, après avoir fermé la porte et se trouvant un instant dans les ténèbres.
Duc de Dierham, où êtes-vous?

ETHELWOOD, allant au-devant du Roi.
Me voilà, sire.

HENRI, s'appuyant sur lui.
Bien, Ethelwood, bien; vous êtes mon fidèle, vous... Où est-elle?

ETHELWOOD, montrant le tombeau de la main.
Là.

HENRI.
Je te remercie, milord, de l'avoir fait déposer dans les caveaux de ta famille... Huit jours plus tard, je te donne ma parole royale qu'elle eût dormi dans ceux de Westminster.

ETHELWOOD.
Sire, la femme sur laquelle Votre Grâce avait daigné jeter les yeux pendant sa vie devait être, même après sa mort,

un objet de respect et de vénération pour moi. Mais comment Votre Grâce est-elle descendue seule?
HENRI.

J'ai voulu la voir encore une fois avant que le tombeau se fermât sur elle... Lorsque les gens de ma maison qui t'avaient accompagné hier matin sont revenus me dire que vous l'aviez trouvée morte, et que tu étais resté pour lui rendre les derniers devoirs, je ne voulais pas croire à cette nouvelle... et comprends-tu, Ethelwood!... moi qui resterais impassible devant la chute de mon trône, eh bien, en apprenant la mort de cette enfant, mon cœur s'est gonflé, mes yeux se sont remplis de larmes!... Oh! il faut que je la voie encore une fois!...

ETHELWOOD, avec une résolution désespérée, tire son poignard d'une main, de l'autre lève le voile qui couvre Catherine, et, prenant la lampe, il l'approche de la figure de celle-ci.

Regardez-la donc, sire...
LE ROI, la regardant fixement.

Morte, morte, morte!... (Levant les yeux au ciel.) J'ai donc bien offensé Dieu!... Une étoile se levait sur l'Angleterre et sur moi : la mort souffle dessus et l'éteint... Cette femme m'eût peut-être fait meilleur et plus juste cependant; car, en dissipant la tristesse qui entoure mon âme comme un nuage, elle l'eût éclairée. Misérable pouvoir humain, si puissant pour détruire, si impuissant pour rendre à la vie!
ETHELWOOD.

Sire, au nom du ciel...
HENRI.

Oh! s'appeler Henri VIII, être roi d'Angleterre, être aussi grand que François Ier, aussi riche que Charles-Quint; n'avoir qu'à souffler sur une flotte pour la pousser d'un monde à l'autre, n'avoir qu'à choquer sa lance contre son bouclier pour soulever des armées, et se sentir ici... devant ce tombeau, aussi faible, aussi impuissant que le dernier des êtres créés auxquels s'arrête la chaîne de la vie!... Oh! presser cette main entre mes mains royales, et ne pouvoir la réchauffer!

ETHELVOOD, à part, touchant l'autre main.

Presse cette main, Henri, je te le permets, car cette main est froide encore...
HENRI.

Catherine, ma belle fiancée (lui mettant un anneau au doigt)! porte au moins dans la tombe cet anneau que tu n'as pu porter sur le trône... Oh! si je pouvais racheter ta vie, quelle rançon royale j'en donnerais! Que vous faut-il, mon Dieu, et que demandez vous pour souffler une seconde fois sur cette âme?

ETHELWOOD.

Malédiction!... son cœur recommence à battre...

HENRI.

Seigneur, Seigneur, n'avez-vous pas deux balances pour peser les destinées humaines? est-il vrai que souverains et sujets soient égaux devant vos yeux? et la mort entre-t-elle d'un pas aussi insouciant dans les palais que dans les chaumières?... Des genoux royaux qui plient, une tête couronnée qui implore, ne peuvent-ils pas obtenir de vous plus que n'obtiendrait un misérable moine dans sa cellule, ou un malheureux bûcheron dans sa cabane?... Ce n'était qu'une pauvre femme, celle qui vous priait de lui rendre sa fille morte, et cependant vous avez pris sa fille par la main, vous lui avez dit: « Levez-vous! » et elle s'est levée... Mais aussi, cette femme, c'était une mère!...

ETHELWOOD, à part, écoutant.

Elle respire!... (Haut.) Sire, vous ne pouvez rester plus longtemps ici. Ces regrets sont une profanation, ces paroles des blasphèmes pour tenter la puissance de Dieu...

HENRI.

Mais sortir... je ne le puis, je ne puis m'arracher de cette tombe...

ETHELWOOD, à part.

Damnation! elle s'éveille!... (Haut.) Sire! sire! laissons dormir les morts dans leur suaire, ou tremblons qu'ils ne se dressent devant nous, pour nous maudire d'oser troubler ainsi leur dernier sommeil. (Il entraîne le Roi.) Venez!... venez!...

(Ethelwood sort avec le Roi et ferme à clef la porte du tombeau.)

SCÈNE IV

CATHERINE, seule, et soulevant un bras qu'elle laisse retomber.

Ah!... mon Dieu!... quel sommeil de plomb!... Il me semble que je suis attachée à ce lit... et qu'il me sera impossible de me soulever. (Elle se soulève sur ses mains.) Mes yeux ne peuvent s'ouvrir!... (Portant la main à son front.) Que mon front est lourd! (Touchant sa couronne blanche.) Tiens, je me suis couchée avec ma couronne. Kennedy, Kennedy!... La nuit encore... Oh! j'aurais cru qu'il faisait jour... J'ai froid, moi... J'ai peur! (Elle descend du tombeau, et se laisse presque tomber sur les marches.) Oh! je suis brisée... Des marches... une lampe!... (Touchant le monument.) Du marbre! (Se levant avec effroi.) Une tombe! (Marchant et traînant son suaire après elle.) Un linceul!... O mon Dieu! mais où suis-je donc? Dans un caveau funéraire, au milieu des morts... (Avec effroi.) Oh! Seigneur, Seigneur, oh! s'ils allaient soulever la pierre de leur monument, se réveiller comme moi, descendre de leur tombeau... pendant que je suis seule ici... si profondément cachée dans les entrailles de la terre, que l'œil même de Dieu ne peut plus pénétrer jusqu'à moi. (Courant à la colonne où est l'ange, la prenant entre ses bras, et trempant sa main dans l'eau bénite.) Ange du sépulcre! ange gardien des morts, protége-moi. (Après une pause.) Oh! mais que m'est-il donc arrivé?... Voyons, rappelons mes pensées. Tout est calme, tout est tranquille. Je suis folle d'avoir peur. Ethelwood est venu comme d'habitude hier, avant-hier, je ne sais plus; puis j'ai éprouvé des douleurs affreuses... j'ai cru mourir, je me suis évanouie... oui, je me le rappelle... et alors... alors! (Avec désespoir.) On m'a crue morte, et l'on m'a enterrée! ah!... vivante... vivante! Et nulle issue... Cette porte... (Elle court à la porte, met la main à la serrure; puis, ne trouvant pas la clef, secoue la porte.) Fermée... Miséricorde! (Elle redescend les marches précipitamment et vient tomber à genoux sur le milieu du théâtre.) Miséricorde! mon Dieu!...

(Elle s'affaisse sur elle-même et reste presque évanouie.)

SCÈNE V

CATHERINE, ETHELWOOD.

ETHELWOOD, ouvre la porte du fond, la referme, marche droit au tombeau, et, le voyant vide, il appelle.

Catherine!

CATHERINE, se soulevant sur un bras.

On m'appelle, je crois?

ETHELWOOD.

Catherine!

CATHERINE, se levant d'un bond.

Me voilà!...

ETHELWOOD, se précipitant vers elle.

Ah!...

CATHERINE.

Ethelwood!... je suis sauvée! Ethelwood, mon ami, que m'est-il donc arrivé?

ETHELWOOD.

Laisse-moi t'embrasser d'abord...

CATHERINE.

Pouvons-nous sortir d'ici?

ETHELWOOD.

Oui, oui; laisse-moi te presser dans mes bras, sur mon cœur, m'assurer que tu vis, que tu vis pour moi, pour moi seul...

CATHERINE.

Oui, pour toi, pour toi seul... Mais sortons, sortons... j'ai besoin d'air!...

ETHELWOOD.

Catherine, quelques minutes encore!... je t'en supplie au nom de notre amour... qui vient d'échapper à peine à un horrible danger...

CATHERINE, se pressant contre lui.

Oui, c'est bien. Mais, dis-moi, ne me quitte pas!... comment se fait-il... que je me trouve ici... au milieu de ces tombeaux... seule, enfermée, couchée sur l'un d'eux?... comment se fait-il que te voilà, toi... accouru... arrivé comme mon bon ange, pour me rendre à la lumière, et pour me sauver la vie?... Parle, voyons... Comment tout cela se fait-il?...

ETHELWOOD.

Oui, je vais tout te dire, car le moment est venu pour moi de n'avoir plus de secrets pour mon ange bien-aimé.

CATHERINE.

Je vais savoir qui tu es?

ETHELWOOD.

Oui, et je puis te l'avouer avec fierté, car peu de noms remontent aussi haut dans l'histoire de la vieille Angleterre que celui des ducs de Dierham.

CATHERINE.

Tu es duc?

ETHELWOOD.

Oui, ma Catherine, duc de Dierham, marquis de Derby, pair d'Angleterre, membre de la chambre haute.

CATHERINE, le serrant dans ses bras.

Oh! mais tu occupes une des premières places de l'État.

ETHELWOOD.

Le roi seul est au-dessus des pairs d'Angleterre; encore ne leur donne-t-il des ordres qu'en les appelant ses cousins.

CATHERINE.

Et moi... moi, je partagerai tout cela : honneurs, position, fortune?...

ETHELWOOD.

En te donnant mon cœur, ne t'ai-je pas donné tout cela? et maintenant que je t'ai donné tout cela, ne suis-je pas prêt à te donner ma vie?

CATHERINE.

Ainsi tu m'emmèneras à la cour?

ETHELWOOD.

Écoute.

CATHERINE.

Dis, voyons.

ETHELWOOD.

Tu as entendu parler du roi Henri, de ses amours ensanglantées ou dissolues?

CATHERINE.

Oui.

ETHELWOOD.

Eh bien, dès que je t'aimai, un soupçon me mordit le cœur; je songeai à Henri, je tremblai de t'emmener à la cour; car rien ne lui est sacré, sa bouche royale n'a qu'à souffler sur l'honneur d'une femme pour le ternir. Je te cachai donc qui j'étais, tant je tremblais qu'une indiscrétion échappée à toi-même ne vînt détruire mon bonheur, qui repose tout entier sur toi. Un an s'écoula ainsi, un an de félicité, pendant lequel je te voyais toutes les nuits, tandis que, le jour, forcé par ma position d'être près du roi, je donnais à tout ce qui m'entourait, le change sur mes sentiments secrets, en feignant de porter l'ambition de mes désirs jusqu'à la princesse Marguerite!...

CATHERINE.

La sœur du roi?

ETHELWOOD.

Oh! oui, mais c'était toi qui me tenais tout le cœur et toute la pensée, c'était toi dont le souvenir ne me quittait pas un instant...

CATHERINE.

Oui, je sais bien tout cela, mon ami; mais tu ne me dis pas pourquoi...

ETHELWOOD.

Eh bien, tout ce que j'avais craint est arrivé; il y a quatre jours, le roi t'a vue!...

CATHERINE.

Le roi m'a vue, moi?

ETHELWOOD.

Oui.

CATHERINE.

Et?...

ETHELWOOD.

Et il t'aime.

CATHERINE.

Moi?...

ETHELWOOD.

Ou croit t'aimer du moins, et te désire... Alors, tu comprends?... de ce moment, nous étions perdus tous deux si je ne trouvais un moyen... Un alchimiste habile me fournit, à prix d'or, une liqueur narcotique dont la vertu assoupissante possède un effet rapide et profond... Avant-hier, je versai cette liqueur dans ton verre, et, lorsque hier les envoyés du roi vinrent te chercher pour te conduire près de la princesse Marguerite, qui avait daigné t'accorder une place parmi ses dames d'honneur, ils trouvèrent Kennedy pleurant sur ma belle Catherine, que tout le monde crut morte et qui n'était qu'endormie.

CATHERINE.

Tout le monde... Et le roi aussi?

ETHELWOOD.

Oh! c'était son erreur à lui surtout qui nous était essentielle.

CATHERINE.

Et il n'a eu aucun doute?...

ETHELWOOD.

Aucun, car ce qui aurait dû nous perdre nous sauva

CATHERINE.

Comment?

ETHELWOOD.

Tandis que j'étais près de ce tombeau, attendant ton premier souffle, ton premier soupir, ton premier regard, le roi, défiant sans doute, apparut à cette porte.

CATHERINE.

Le roi !

ETHELWOOD.

Descendit ces degrés, vint vers ce tombeau où je l'attendais un poignard à la main; car, je te le jure, Catherine, son premier soupçon eût été sa mort.

CATHERINE.

Vous eussiez tué le roi, milord?...

ETHELWOOD.

Plutôt que de te perdre, oh! je n'aurais pas hésité, je te le jure!... Mais tout nous seconda : vainement sa main passa cette bague à ton doigt...

CATHERINE, regardant, et à part.

Un anneau de fiançailles!...

ETHELWOOD.

Ta main resta glacée dans la sienne. Vainement sa voix t'appela, rien ne se réveilla en toi pour répondre à cet appel funeste!... Vainement ses lèvres adultères déposèrent un baiser sur ton front, ton front resta pâle comme il est resté pur. Ainsi maintenant nul doute, nul soupçon pour lui. Tu es bien la proie de la mort et de la tombe. Merci à mon digne alchimiste, merci !

CATHERINE.

Et tu n'as pas songé que ce breuvage pouvait être mortel? Et si, au lieu d'un narcotique, cet homme t'eût donné un poison?...

ETHELWOOD.

J'avais prévu ce cas.

CATHERINE.

Et?...

ETHELWOOD.

Et je ne t'avais versé que la moitié du flacon.

CATHERINE.

Oh! n'importe, c'est affreux! vivre, vivre, et que tout le monde me croie morte !

ETHELWOOD.

Mais ne m'as-tu pas dit vingt fois, dans ces heures d'amour

si douces et si rapides, ne m'as-tu pas dit, mon ange bien-aimé, que tu voudrais un monde qui n'appartînt qu'à nous deux, pour que rien ne pût nous distraire ou nous séparer?... Eh bien, ce monde, il est à toi... A côté du monde des vivants qui se ferme, il s'en est ouvert un autre devant toi, un monde d'amour. Oublie donc celui que tu quittes, comme il t'a déjà oubliée... Dès que je le pourrai, j'abandonne l'Angleterre, je t'emmène en France : là, puisque tu aimes, et c'est tout simple, car tu es jeune et belle ; là, dis-je, puisque tu aimes les plaisirs et la folle joie des fêtes royales, nous trouverons une cour plus magnifique et moins triste surtout que celle de Henri. Ma fortune et mon titre, qui seront les tiens, t'y assurent une place brillante... Voyons, oh! dis-moi donc que j'ai bien fait, et que tout cela te rend heureuse!

CATHERINE.

Oui;... mais, d'ici là, où habiterons-nous?

ETHELWOOD.

Dans le château de Dierham, dont voici le caveau.

CATHERINE.

Loin de Londres?

ETHELWOOD.

A dix minutes de chemin environ.

CATHERINE.

Ne se peut-il pas que j'y sois vue?

ETHELWOOD.

Oh! mais tu te cacheras à tous les yeux.

CATHERINE.

Oui, c'est cela, et je n'aurai que changé de tombe!...

ETHELWOOD.

Catherine, maintenant que tu sais tout, maintenant que le roi et sa suite sont partis, quittons ce caveau.

CATHERINE.

Déjà!...

ETHELWOOD.

Viens.

CATHERINE.

Vois auparavant si personne ne peut nous apercevoir, si tout est assez calme, si la nuit est assez sombre.

ETHELWOOD.

Mais toi?

CATHERINE.

Oh! je resterai un instant ici; je n'ai pas peur!

ETHELWOOD.

Tu as raison; j'y vais.

(Il sort.)

SCÈNE VI

CATHERINE, seule.

Oui, c'est bizarre!... tout me semble changé ici depuis ce qu'Ethelwood vient de me dire. Henri VIII m'aime! le roi d'Angleterre est descendu dans ce caveau pour revoir encore une fois la pauvre Catherine Howard!... Comment ne me suis-je pas réveillée en sursaut au bruit de ses pas, au son de sa voix?... Il s'est arrêté où je suis... Ses pieds étaient sans doute où sont les miens. C'est ici qu'il a incliné vers moi son front couronné; c'est ici qu'il a posé ses mains royales. Voilà l'anneau, l'anneau de fiancée qu'il m'a mis au doigt!... Oh! mais il m'aime donc ardemment?... Insensée!... Il me croit morte!...

(Elle appuie sa tête sur le tombeau.)

SCÈNE VII

CATHERINE, ETHELWOOD.

ETHELWOOD, de la porte.

Catherine!

CATHERINE, se relevant.

Hein?

ETHELWOOD.

Catherine, viens, tout est tranquille; sors de ce caveau funéraire.

CATHERINE, allant à lui.

Ethelwood, tâche que ton palais me paraisse aussi beau!

QUATRIÈME TABLEAU

Une chambre du château de Dierham.

SCÈNE PREMIÈRE

ETHELWOOD, près d'une fenêtre ouverte, la tête posée dans ses mains ; CATHERINE, entrant.

CATHERINE, allant à Ethelwood et lui donnant la main.
Monseigneur...

ETHELWOOD.
Oh ! c'est vous... Soyez la bienvenue pour mon cœur. Comment ma belle Catherine a-t-elle reposé cette nuit dans sa nouvelle demeure ?

CATHERINE.
Je n'ai pas dormi un seul instant.

ETHELWOOD.
Et cependant vos yeux sont brillants, et votre teint rosé, comme si le sommeil avait secoué sur vous toutes les fleurs de la nuit.

CATHERINE.
C'est que la veille a parfois des songes aussi doux que ceux du sommeil ; c'est que le bonheur et l'espoir rendent aussi les yeux brillants et les joues rosées.

ETHELWOOD.
Vous êtes donc heureuse ?

CATHERINE.
Oh ! oui, depuis que vous m'avez promis que nous ne quitterions pas l'Angleterre.

ETHELWOOD.
Mais, si nous ne quittons pas l'Angleterre, ma belle duchesse, il vous faut renoncer à ce titre, aux plaisirs de la cour de France, au bonheur de vous entendre dire vingt fois le jour que vous êtes belle.

CATHERINE.
Vous me le direz, vous.

ETHELWOOD.
Mais vous vous lasserez de l'entendre toujours répéter par la même bouche.

CATHERINE.

Oh! non.

ETHELWOOD.

Cher ange!

CATHERINE.

Mais, dis-moi, pourquoi m'as-tu reléguée dans l'appartement le plus reculé de ce château? Il me semble cependant que la vue que l'on découvre de cette chambre est beaucoup plus belle, et, durant tes absences, — car, tu me l'as dit, tu seras obligé d'aller de temps en temps à la cour, — cette vue m'eût été une distraction?

ETHELWOOD.

Catherine, cette chambre a toujours été la mienne. Un changement dans mes habitudes eût pu faire naître des soupçons; mes pages, mes domestiques y viennent, à chaque heure du jour, chercher mes ordres : si quelque étranger s'arrête au château, c'est ici qu'on le conduit à l'instant... Tu vois que j'avais tout calculé, et que c'était une chose impossible.

CATHERINE.

Mais je pourrai, n'est-ce pas? — car, d'ici, l'on découvre la route, je crois, — y venir épier ton retour, te saluer de loin avec mon mouchoir, et te dire par un signe ce que je ne pourrai te dire encore avec la voix : « Viens vite, car je t'aime, je pense à toi, et je t'attends! »

ETHELWOOD.

Mais le château tout entier n'est-il pas le vôtre, mon amour? — Oui, viens ici, mais jamais sans les plus grandes précautions, n'est-ce pas? jamais sans fermer cette porte comme je vais le faire.

CATHERINE.

Dis-moi, c'est Londres que l'on découvre d'ici?

ETHELWOOD.

Oui.

CATHERINE.

Est-ce qu'on peut apercevoir le palais de White-Hall?

ETHELWOOD.

Le voici.

CATHERINE.

C'est la résidence royale, n'est-ce pas?

ETHELWOOD.

Pendant l'hiver; l'été, le roi habite Greenwich.

CATHERINE.

C'est dans ce palais que fut conduite Anne Boleyn, lorsqu'elle monta sur le trône?

ETHELWOOD.

C'est vrai.

CATHERINE.

Anne Boleyn était de petite noblesse, je crois; ce fut le roi qui la fit marquise de Pembroke, lorsqu'elle n'était encore que dame d'honneur de Catherine d'Aragon?

ETHELWOOD.

Pourquoi me fais-tu ces questions?

CATHERINE.

C'est que l'on m'a raconté que, lorsqu'elle se rendit du palais de Greenwich à Londres, elle avait une suite royale ; elle remonta, m'a-t-on dit, la Tamise dans une barque aux armes d'Angleterre, suivie de cent autres bateaux remplis, les uns d'officiers de la maison du roi, les autres de dames nobles et de musiciens. Dis-moi, est-il vrai que, lorsqu'elle mit le pied sur la rive, on lui jeta sur les épaules un manteau de reine, et qu'elle monta dans une litière de satin blanc ouverte de tous côtés, afin que le peuple pût contempler à son aise celle qui allait régner sur lui? C'est Kennedy qui m'a raconté tout cela.

ETHELWOOD.

Elle ne t'a pas trompée.

CATHERINE.

Aux deux côtés de sa litière, n'est-ce pas? marchaient le connétable et le grand maréchal; derrière elle venaient les femmes de la grande noblesse d'Angleterre, les ambassadeurs de France et de Venise, puis trois cents gentilshommes montés sur de magnifiques chevaux? (Remarquant le regard fixe et étonné d'Ethelwood.) N'est-ce pas vêtue de ce magnifique costume, et, avec cette suite splendide, qu'Anne Boleyn arriva à la porte du palais de White-Hall, où l'attendait le roi?

ETHELWOOD.

Et, trois ans après, elle sortit par la même porte, vêtue de noir et accompagnée d'un seul prêtre, pour se rendre à la tour de Londres, où l'attendait le bourreau.

CATHERINE.

Elle avait mérité son sort en trompant le roi; car, enfin,

elle jeta, en présence de toute la cour, au tournoi de Greenwich, son bouquet à un chevalier.

ETHELWOOD.

Vous êtes admirablement instruite de toutes ces choses, ma belle savante, et c'est un nouveau mérite que je ne vous connaissais pas.

(Il va pour lui baiser la main, touche de ses lèvres l'anneau que le Roi lui a mis au doigt, et tressaille.)

CATHERINE.

Qu'as-tu donc?...

ETHELWOOD.

Rien.

CATHERINE.

Mais enfin?

ETHELWOOD.

Je n'ose.

CATHERINE.

Voyons.

ETHELWOOD.

Et si c'est un sacrifice que je vais te demander?

CATHERINE.

Dites toujours... et nous verrons si nous vous aimons assez pour vous le faire.

ETHELWOOD.

Cette bague...

CATHERINE.

Eh bien?

ETHELWOOD.

En baisant ta main tout à l'heure, je l'ai rencontrée sous mes lèvres : et cette bague te fut donnée par un autre que moi... Tiens-tu à la conserver?

CATHERINE.

Ne trouves-tu pas qu'elle va bien à ma main et qu'elle en fait ressortir la blancheur?

ETHELWOOD.

Mais, cher amonr, ta main est assez belle et assez blanche sans elle... Donne-la-moi.

CATHERINE.

Un anneau qui vient d'un roi est une chose rare et curieuse à conserver...

ETHELWOOD.

Oui; mais, lorsque ce roi l'a donnée comme un gage d'amour...

CATHERINE.

Jaloux que tu es!

ETHELWOOD.

Oui, je l'avoue, Catherine... oui, je suis jaloux, et il est bien heureux, je crois, que nous vivions ainsi séparés du monde; car ce que j'aurais souffert lorsque je t'aurais vue l'objet des désirs et de l'adoration des autres hommes, non, cela ne peut s'exprimer. Oui, j'aurais été jaloux de tout, j'aurais pris en haine celui que ta robe aurait effleuré en passant. Oh! Catherine, Catherine! (Se jetant à ses pieds.) Oui, je sais que c'est de la folie, que je suis un extravagant, un insensé; mais n'importe, tu me plaindras, tu auras pitié de moi, tu ne me briseras pas le cœur en portant cette bague...

CATHERINE, se levant.

Ethelwood!... sur la route de Londres... là-bas... ne vois-tu pas une troupe de cavaliers qui viennent de ce côté? Ils prennent l'avenue de ton château.

ETHELWOOD.

En effet!... Quels sont ces hommes, et que viennent-ils faire?

(Il se penche en dehors de la fenêtre.)

CATHERINE, à part.

Il oubliera l'anneau!...

ETHELWOOD.

Mais je ne me trompe pas... Mon Dieu!... c'est lui... lui!... Que me veut-il encore?...

CATHERINE.

Qui, lui?

ETHELWOOD.

Henri d'Angleterre.

CATHERINE, faisant un mouvement pour s'élancer vers la fenêtre.

Le roi...

ETHELWOOD, la repoussant.

Oui, oui, le roi! (L'entraînant.) Fuis à l'instant, Catherine! rentre chez toi, je t'en supplie; et, au nom du ciel, au nom de notre amour, au nom de ma vie... oh! cache mon trésor à tous les yeux. (S'arrêtant au milieu de la chambre.) Entends-tu le son du cor?... Il est là... à la porte... Il monte... il va venir... (La poussant dehors.) Il vient!...

(Catherine disparaît; Ethelwood tire la tapisserie sur la porte par laquelle elle est sortie.)

ETHELWOOD, seul.

Que vient-il faire?... Aurait-il appris que je l'ai trompé?... Oh! non, car alors c'est le grand chancelier qui serait venu, et non pas lui.

UN PAGE, annonçant.

Sa Grâce le roi.

SCÈNE II

HENRI, ETHELWOOD.

ETHELWOOD, s'inclinant.

Sire...

HENRI.

Bonjour, milord.

ETHELWOOD.

Votre Grâce chez moi, sire!... quel honneur!...

HENRI.

Il faut bien que je te vienne chercher dans ton château de Dierham, puisque tu ne viens plus me voir dans mon palais de White-Hall.

ETHELWOOD.

Un ordre de Votre Grâce, et, à l'instant même, je m'y rendais...

HENRI.

Oui; mais j'avais à te parler de choses instantes et secrètes; et les murs ont là-bas tant d'oreilles ouvertes autour de ma bouche, que j'ai préféré venir te les dire ici, devant ces vieilles tapisseries.

(Catherine soulève la portière et écoute.)

ETHELWOOD, présentant un siége au Roi.

Votre Grâce daignera-t-elle?...

(Le Roi s'assied, Ethelwood reste debout.)

HENRI.

Merci.

ETHELWOOD.

Maintenant, oserai-je demander à Votre Grâce comment elle

a supporté, depuis deux jours, le chagrin dont je l'ai vue si cruellement atteinte?

HENRI.

Milord, telle est notre condition royale, que rien n'est à nous, pas même la douleur. Oui, oui, la blessure est là, ouverte et saignante; mais l'Angleterre désolée me montre la sienne, ouverte et saignante aussi; et je dois songer à elle avant de songer à moi.

ETHELWOOD.

Comment, sire?

HENRI.

Oui, Olivier Sainclair et Maxwell sont entrés sur le territoire anglais à la tête de quinze mille hommes; toutes les marches de l'Ouest sont en feu, et nous n'avons à leur opposer de ce côté que Thomas Dacre et John Musgrave avec quatre ou cinq cents chevaliers et hommes d'armes.

ETHELWOOD.

Sire, tout ce qu'il y a de noblesse en Angleterre se lèvera comme un seul homme et marchera contre l'ennemi commun.

HENRI.

Oui, milord, et c'est moi qui la commanderai; mais une guerre en Écosse, une guerre d'extermination comme celle que je veux y faire, n'est point une entreprise de quelques jours, et, pendant mon absence, Londres, veuve de son roi, reste exposée aux intrigues de Charles-Quint et de Paul III. Ma sévérité envers les catholiques, sévérité qui portera son fruit dans l'avenir, j'en suis certain, a semé le mécontentement et la haine dans le haut clergé : je ne puis donc quitter Londres qu'en y laissant mon pouvoir royal entre des mains fortes et puissantes.

ETHELWOOD.

Sire, vous avez le duc de Norfolk...

HENRI.

Homme de guerre, et voilà tout, qui n'a qu'un bras et pas de tête.

ETHELWOOD.

Sir Thomas Cranmer...

HENRI.

Qui, au fond du cœur, protége le clergé catholique, et qui n'a accueilli la réforme que pour garder son évêché d'York et son archevêché de Cantorbéry

ETHELWOOD.

Le comte de Sussex...

HENRI.

C'est cela! Un jeune fou, qui encombrera mes archives de décrets somptuaires sur la coupe des pourpoints et la couleur des robes. Non, milord... Il me faut, pour vice-gérant de mon royaume, un homme de cœur et de tête, de courage et de prudence; il faut surtout que cet homme m'aime, et, plus que moi encore, aime l'Angleterre... Voyons, milord, songes-y... Ne sais-tu pas quel est l'homme qui réunit ces qualités?

ETHELWOOD.

Non, sire, je vous le jure.

HENRI.

Vous êtes bien modeste, ou bien aveugle, mon cousin...

ETHELWOOD.

Comment! il se pourrait que Votre Grâce eût songé...?

HENRI.

Ah! tu devines enfin. Eh bien, oui, milord, tu es l'homme qu'il me faut; aimé du peuple, qui te verra arriver à ce rang avec plaisir; estimé de la noblesse, qui t'y verra rester sans envie. D'ailleurs, écoute-moi, milord, j'ai encore autre chose à te dire : un projet qui étoufferait le murmure dans la bouche du plus hardi.

ETHELWOOD.

Parlez, sire.

HENRI.

Depuis un an, tu as rêvé un honneur plus grand encore que celui que je t'offre.

ETHELWOOD.

Moi?

HENRI.

Ta bouche, je le sais, n'a point prononcé un mot qui pût trahir ton secret; mais tes yeux, milord, l'ont appris à quiconque a voulu se donner la peine de le lire... Milord, tu aimes ma sœur...

ETHELWOOD.

Sire...

HENRI.

J'ai interrogé hier la princesse Marguerite sur ses sentiments à ton égard.

ETHELWOOD.

Elle ne m'aime pas, elle...

HENRI.

Elle t'aime.

ETHELWOOD, à part.

Mon Dieu!

HENRI.

Cette fois au moins, mon cœur et ma politique seront d'accord. (Tendant la main à Ethelwood.) Tu seras heureux, Ethelwood, et ton bonheur assurera ma tranquillité; alors, en laissant, non-seulement un ami, mais un frère, gérant du royaume, je pars sans crainte; car, s'il m'arrive malheur, comme la loi m'a autorisé, vu l'illégitimité de la naissance des princesses Marie et Élisabeth, et la faiblesse de la santé du prince Édouard, à me nommer, de ma seule autorité, un successeur (se levant), alors, frère, je te laisserai un testament dont le grand chancelier aura le double.

ETHELWOOD.

Sire!...

HENRI.

Eh bien?

ETHELWOOD.

Oh! c'est trop de bonté pour moi... indigne que je suis.

HENRI.

Comment?

ETHELWOOD.

Oui, car je ne puis rien accepter de ce que m'offre Votre Grâce.

HENRI.

Hein! qu'est-ce à dire, milord?... Vous devenez fou, ce me semble?

ETHELWOOD.

Sire, je comprends combien je dois vous paraître ingrat et insensé; mais je ne le puis, sire, je vous le jure!... non, je ne le puis.

HENRI, avec le ton de la menace.

Milord!... vous réfléchirez.

ETHELWOOD, relevant la tête.

Sire, mes réflexions sont faites.

HENRI.

Vous refusez la régence du royaume?

ETHELWOOD.

Je suis reconnaissant de l'honneur que veut me faire Votre Grâce, mais je ne puis l'accepter.

HENRI.

Vous refusez la main de la princesse Marguerite?

ETHELWOOD.

Je sais combien peu je devais m'attendre à l'offre d'une pareille alliance... Aussi je me rends justice, en m'en déclarant indigne.

HENRI.

Et vous ne songez pas qu'après l'ami vient le roi, après la prière, l'ordre.

ETHELWOOD.

Sire, au nom de ce que vous avez de plus cher, ayez pitié de moi, sauvez-moi de ma propre destinée! Votre prière a fait de moi un ingrat; votre ordre en ferait un rebelle...

HENRI.

C'est ce que je serais curieux de voir.

ETHELWOOD, s'avançant pour lui prendre la main.

Oh! je supplie Votre Grâce...

HENRI, le repoussant.

Arrière, milord!

ETHELWOOD, portant la main à son épée.

Sire!...

HENRI.

Prenez-y garde, mon cousin! Vous venez de toucher la garde de votre épée en présence du roi, et c'est crime de haute trahison.

ETHELWOOD.

Mais que faire, ô mon Dieu?... que faire?...

HENRI.

Milord, nous avons vu luire autour de notre trône des fortunes plus brillantes que la vôtre, nous avons soufflé dessus, et elles se sont éteintes.

ETHELWOOD.

Je le sais...

HENRI.

Vous êtes marquis de Derby, je crois, n'est-ce pas? oui, duc de Dierham, et puis encore pair d'Angleterre; vous possédez trois cents villages, habités par dix mille vassaux; vous êtes riche et puissant parmi les princes... Eh bien, je puis arracher lambeau par lambeau vos titres et votre fortune, et vous jeter à l'orage et à la tempête, plus pauvre et plus nu que le mendiant qui s'assied aux portes de votre palais.

ETHELWOOD.

Vous le pouvez.

HENRI.

Je puis vous traîner devant la chambre des pairs, où vous avez encore votre siége, vous y accuser de haute trahison, oui, de haute trahison, milord, car vous avez porté la main à la garde de votre épée, et cela en notre présence royale.

ETHELWOOD.

Je ne le nierai pas.

HENRI.

Et, lorsque le jugement de mort aura été prononcé, je puis vous montrer du doigt l'échafaud de Dudley, d'Empson et de Cromwell.

ETHELWOOD.

J'y monterai.

HENRI.

Oh! c'en est trop, milord, et nous verrons lequel pliera de nous deux. (Il fait quelques pas pour sortir, Ethelwood le suit.) Restez.

ETHELWOOD.

Sire, je suis encore marquis de Derby, duc de Dierham, pair d'Angleterre; le château où Votre Grâce se trouve en ce moment est à moi; un jugement de la chambre haute ne m'a point encore déclaré traître... Je suis donc toujours votre sujet et votre féal; à ce titre, il est de mon droit de vous reconduire jusqu'à la porte où votre suite vous attend, et de mon devoir de vous présenter le genou pour monter à cheval.

HENRI.

Venez donc, milord; mais nous vous donnons notre parole royale que c'est la dernière fois que nous vous accordons cet honneur.

(Ils sortent.)

SCENE III

CATHERINE, seule, s'avançant lentement.

Il est beau!... Ah! voilà donc le roi, celui qui m'aime, l'homme qui est descendu dans ma tombe, qui a passé à mon doigt cet anneau de fiançailles, qui eût mis sur ma tête une couronne. Comme il est fort et puissant, au milieu de tout ce qui l'entoure, cet homme à qui il faut une île pour se mouvoir et respirer à l'aise! comme ils sont faibles et petits autour de lui, ces comtes, ces marquis et ces ducs qui forment le cortége étoilé du soleil de l'Angleterre!... (Regardant par la fenêtre.) Oh! les voilà tous tête nue et inclinée, tandis que lui passe au milieu d'eux tête haute et couverte... Mais que vois-je! Ethelwood pliant le genou et lui présentant l'étrier... Ethelwood, un homme, un noble, mon mari; quelle honte!... Oh! le voilà qui part, emporté vers cette ville dont toutes les portes vont s'ouvrir pour le recevoir, suivi de cette troupe de courtisans, dont pas un n'osera essuyer la poussière que le cheval du roi fera voler jusqu'à son front!... Oh! roi, roi, poursuis ta course, hausse-toi de la bassesse de ceux qui t'entourent; plus tu mettras d'hommes sous tes pieds, plus tu seras grand et plus celle que tu feras asseoir près de toi sera grande!... Si je devenais veuve!...

SCÈNE IV

CATHERINE, ETHELWOOD, entrant pâle et agité.

ETHELWOOD.

Catherine!

CATHERINE, suivant le Roi des yeux.

Me voici.

ETHELWOOD.

Bien, bien, écoute... Attends! une plume, un parchemin.

CATHERINE.

Que faites-vous?

(Il se met à une table et écrit.)

ETHELWOOD, écrivant.

Où étais-tu pendant que le roi était ici?

CATHERINE.

Derrière cette tapisserie.

ETHELWOOD, écrivant toujours.

Et tu as entendu?

CATHERINE.

Tout!

ETHELWOOD.
Tu sais que mes biens sont confisqués?

CATHERINE.
Oui.

ETHELWOOD.
Que ma vie même est menacée?

CATHERINE.
Oui, oui; mais le roi se laissera fléchir!...

ETHELWOOD, se levant et la regardant.
Et tu sais pour qui je perds tout?

CATHERINE, se jetant dans ses bras.
Oui, je le sais.

ETHELWOOD.
Eh bien, le moment que j'attendais est venu.

CATHERINE.
Que veux-tu dire?

ETHELWOOD.
Maintenant, je puis te rendre ce que tu as fait pour moi.

CATHERINE.
Comment?

ETHELWOOD.
Lorsque tu craignais que cette liqueur narcotique ne fût un poison, je te montrai le flacon à moitié plein encore.

CATHERINE.
Oh! mon Dieu!

ETHELWOOD.
Eh bien, Catherine, ma bien-aimée, à mon tour de faire pour notre bonheur ce que tu as fait pour le mien; à mon tour de descendre, avant l'âge marqué pour moi, dans le tombeau, comme tu y es descendue; à mon tour de mourir pour les hommes et pour le monde, et, mort pour eux, de renaître pour toi.

CATHERINE.
Oh! ne fais pas cela.

ETHELWOOD, lui montrant le flacon vide.
Regarde!

CATHERINE.
Vide!... Miséricorde, je veux appeler au secours, je veux...

ETHELWOOD.
Silence! et songe que nous n'avons pas une minute à perdre; mes instants sont comptés, et j'ai mille choses à te dire.

CATHERINE.

Ethelwood!... Ethelwood!... au nom du ciel!... Oh! comme il pâlit!...

ETHELWOOD.

Catherine! ne t'effraye pas... Tu sais bien que cette mort n'est que feinte. Ce parchemin que l'on trouvera sur moi indique que, craignant la colère de Henri, voulant échapper à la honte de l'échafaud, je me suis empoisonné... Ma mort paraîtra donc probable à tous, et personne n'en doutera, car elle aura un motif évident.

CATHERINE.

Ethelwood! Ethelwood! c'est tenter Dieu!

ETHELWOOD.

Je lui ai déjà confié un trésor plus cher, et qu'il m'a rendu. Laisse-moi donc te dire encore quelques mots, car je sens, oh! je sens que la mort vient. Écoute, je suis le dernier de ma race, pas de famille, pas de parents, pas d'amis peut-être. Moi mort, mon nom est éteint, et mes biens appartiennent au roi... Oh! sois tranquille, il me reste assez d'or et de pierreries pour acheter un autre duché.

CATHERINE, préoccupée.

Que dis-tu?

ETHELWOOD.

Je dis que, du jour où la porte du tombeau sera fermée sur moi, personne ne pensera plus au dernier cadavre qu'elle séparera de la terre des vivants, personne ne viendra s'agenouiller sur le seuil de cette porte, et dire en pleurant : « Mon Dieu! Seigneur! il était bien jeune, et vous êtes bien cruel... » Toi seule conserveras parmi les hommes mémoire et souvenir de moi; toi seule songeras à celui qui sera renfermé dans ce tombeau, dont la porte ne pourra se rouvrir qu'avec deux clefs.

CATHERINE.

Deux?

ETHELWOOD.

Oui, dont l'une sera remise au roi, comme mon héritier.

CATHERINE.

Et l'autre?

ETHELWOOD, lui mettant une clef dans la main.

A toi, comme ma femme.

CATHERINE.

Non, non! garde cette clef, et, lorsque tu te réveilleras, tu t'en serviras toi-même.

ETHELWOOD.

Et qui la déposera près de moi? As-tu oublié que tu ne peux paraître à mes funérailles?

CATHERINE, prenant la clef.

Ah! c'est vrai!

ETHELWOOD.

Bien. Maintenant, chère amie, maintenant entoure mes derniers moments de douces caresses et de tendres paroles (tombant à genoux); tant que je pourrai voir, que je lise dans tes yeux un réveil d'amour et de bonheur (Catherine tombe sur un sofa); tant que je pourrai entendre, dis-moi que tu m'aimes avec cette voix si douce et si mélodieuse, qu'elle me fera tressaillir dans mon sommeil; car tu seras là, épiant mon retour à la vie, la vue fixée sur mes yeux, la main posée sur mon cœur. (Tressaillant.) Oh! cette bague encore! cette bague, rends-la-moi.

CATHERINE.

La voici.

ETHELWOOD.

Que je t'aime, et que je suis heureux de ton amour! Oh! parle-moi donc, dis-moi donc que tu m'aimes, que tu m'appartiens, que tu es heureuse d'être à moi. Oh! tes lèvres adorées!...

CATHERINE.

Ethelwood, mon ami. (A part.) Je ne sais que lui dire.
(Elle le prend convulsivement dans ses bras et l'embrasse.)

ETHELWOOD, se relevant.

Oh! ne m'embrasse pas ainsi, je ne pourrais, je ne voudrais plus te quitter, même une heure. Le feu de ton haleine brûle mon sang... De l'air!... j'étouffe... Catherine! (Il tombe.) Catherine!...

CATHERINE, inclinée sur un genou, lui posant la tête sur l'autre.

Oh! mon Dieu! mon Dieu!

ETHELWOOD.

Je ne vois plus, je n'entends plus... Ta main!... ta main, où donc est-elle?... (La lui serrant avec force.) Oh! Catherine!

mon amour! mon ange! ma bien-aimée!... Adieu, adieu! à demain.

(La tête d'Ethelwood glisse lentement du genou de Catherine jusqu'à terre; Catherine contemple un instant ce corps étendu devant elle; puis, les lèvres tremblantes, mais sans parler, elle lui pose la main sur le cœur, et, sentant qu'il a cessé de battre, elle lui tire du doigt l'anneau royal et le passe au sien.)

ACTE TROISIÈME

HENRI VIII

CINQUIÈME TABLEAU

Même décoration qu'au premier acte.

SCÈNE PREMIÈRE

HENRI, LA PRINCESSE MARGUERITE.

MARGUERITE, couchée aux pieds du Roi et la tête sur ses genoux.
Oh! monseigneur, monseigneur, permettez-moi de pleurer devant vous, car vous seul pouvez savoir pourquoi je pleure!... Je l'aimais tant, et depuis si longtemps!

HENRI.
Du courage, mon enfant!

MARGUERITE.
Quand, avant-hier, vous étiez au désespoir, comme j'y suis aujourd'hui, vous ai-je dit, moi : « Du courage, mon frère? » Non; je vous ai dit : « Pleurez, car vous avez le cœur plein de larmes! »

HENRI.
Mais, tu le vois, moi, j'ai renfermé cette douleur... et nul ne pourrait dire maintenant que j'ai tant souffert.

MARGUERITE.
Oh! ce n'était pas votre premier amour, à vous, et il n'y avait pas deux ans que vous le gardiez dans votre cœur, comme

un avare garde son trésor!... puis vous êtes homme et roi : entre la politique et l'ambition, une femme tient peu de place dans votre vie... Mais moi, moi qui ne rêvais qu'un bonheur solitaire et ignoré, moi qui désire autant descendre les marches du trône qu'un autre désire peut-être les monter!... Dites-moi donc, Henri, quel vent, venu de la terre au lieu de venir du ciel, souffle autour de votre palais... et dessèche ainsi tout ce qui est jeune et beau? Oh! Henri! Henri! vous avez tant donné à la mort, que la mort vous le rend!...

HENRI.

Et cependant, je te le jure, Marguerite, pas une des condamnations que j'ai portées ne pèse à ma conscience, pas un spectre ne tourmente mon sommeil... Voyons, est-ce la mort d'Empson et de Dudley que tu me reproches? Mais je n'ai fait que confirmer le jugement rendu contre eux, sous le règne du roi mon père. Est-ce la condamnation de Wolsey, débauché, prévaricateur et assassin, qui avait teint sa robe de cardinal, non dans la pourpre, mais dans le sang? Est-ce l'exécution de Fischer, criminel d'État, traître de haute trahison, à qui j'eusse cependant fait grâce, si Paul III, en lui envoyant dans sa prison le chapeau de cardinal, ne m'eût provoqué à lui envoyer la tête de l'archevêque? Est-ce la mort du lâche Cromwell, parti de si bas pour arriver si haut, qui se fit, pour monter, un marchepied du corps de son prédécesseur, et que les pleurs des veuves et des orphelins avaient soulevé jusqu'au trône?... Je ne parle pas du supplice d'Anne Boleyn, condamnée, non par moi, mais par un tribunal composé de pairs, de généraux et d'archevêques. La sentence a été rendue par eux, et non par moi. J'ai mis ma signature au bas, et voilà tout... Oh! non, non, ma sœur, tout cela est l'œuvre d'un hasard funeste, et non la punition de Dieu.

(Il se lève et se promène.)

MARGUERITE, toujours agenouillée.

Oh! mon frère, vous avez plus perdu que personne; car, parmi tous ces courtisans qui flattent le roi, c'était le seul homme qui aimât Henri.

HENRI.

Je le sais.

MARGUERITE.

C'est une perte qui fait pencher le trône.

HENRI.

Je le sais.

MARGUERITE.

C'était ce qu'il y avait de plus noble parmi la noblesse, de plus brave parmi les braves.

HENRI.

Je le sais.

MARGUERITE.

Et cependant!... c'est vous qui l'avez menacé, mon frère! c'est vous qui l'avez poussé à cette affreuse extrémité! c'est vous qui êtes cause...

HENRI.

Tais-toi! tais-toi! je jetterais dans le gouffre qui tourbillonne sous cette fenêtre mon sceptre, ma couronne, mon trésor royal tout entier, pour ne lui avoir pas fait les menaces que je lui ai faites!...

MARGUERITE.

Oui; mais vous les lui avez faites, mon frère, et il est mort!...

(La porte du fond s'ouvre; un Huissier paraît.)

HENRI.

Silence, Marguerite! Voici les membres de la chambre haute, dont il faisait partie, qui reviennent de conduire le deuil. Rentre chez toi.

MARGUERITE.

Non, je vous prie, laissez-moi encore une fois entendre parler de lui. Son nom sera assez vite oublié, allez!... Je serai courageuse, je serai calme; nul ne saura que j'ai pleuré, nul ne verra que je souffre... Laissez-moi voir ceux qui le quittent, et qui ont fermé hier sur lui la porte qui ne se rouvre jamais.

L'HUISSIER.

Milords de la chambre haute.

HENRI.

Faites entrer.

SCÈNE II

Les Mêmes, les Pairs, Huissiers.

(Les Pairs entrent; tandis que le Roi monte à son trône, ils se rangent au fond.)

SUSSEX, portant une clef sur un coussin de velours, s'agenouille devant le Roi.

Sire, nous avons déposé hier dans la dernière demeure la dépouille mortelle de milord Ethelwood, marquis de Derby, duc de Dierham, pair d'Angleterre. C'était le dernier et le plus noble d'une noble et antique race; nous avons donc, selon l'usage et selon la loi, fermé sur lui la porte du tombeau, où il dort au milieu de ses pères; et moi, le plus jeune de la noblesse, j'ai été choisi pour vous en remettre la clef; car Votre Grâce, en qualité de roi d'Angleterre, est l'héritier naturel de toute noble famille qui s'éteint. Voici cette clef, sire; elle a séparé hier pour toujours du monde des vivants l'un des plus nobles cœurs qui aient jamais battu dans une poitrine anglaise.

HENRI.

Merci, comte de Sussex. Mettez ce coussin et cette clef sur cette table. (Un Huissier lui prend le coussin des mains et le dépose sur la table.) Merci, messieurs et milords. Vous avez perdu un collègue, et moi, j'ai perdu un ami; et je pense, comme vous le pensez sans doute, que, pour vous et pour moi, c'est une perte irréparable. Je reçois ces biens et ces titres, non comme un héritage, mais comme un dépôt!... Vienne un homme qui les mérite par une loyauté pareille, et par un courage égal, celui-là sera son véritable héritier!... Allez, messieurs et milords, nous vous remercions encore une fois, et prions Dieu qu'il vous ait en sa sainte et digne garde. (Les Pairs s'inclinent et se retirent lentement. A Marguerite.) Tu vois, Marguerite, ces hommes qui s'éloignent, c'est la réunion de ce que la noblesse d'Angleterre a de plus pur, de plus brave et de plus puissant. Eh bien, choisis parmi eux, et, quel que soit l'homme de ton choix, je te jure qu'il ajoutera à ses titres ceux de marquis de Derby et de duc de Dierham, et à ces honneurs, celui de devenir le beau-frère de Henri d'Angleterre.

MARGUERITE.

Merci, Henri. Le monde vous connaît mal, vous êtes bon. Non! le cœur qui a aimé Ethelwood n'aimera plus personne que Dieu!... et de toutes les richesses, et de tous les biens de ce monde, je ne veux rien (à part, et prenant la clef), rien que la clef de ce tombeau. (Haut.) Adieu, Henri, mon frère bien-aimé! adieu!...

(Elle sort.)

SCÈNE III

HENRI, puis UN HUISSIER.

HENRI.

Allons, mon cœur, ferme-toi aussi comme la porte d'une tombe; car aussi bien l'amour que tu renfermes n'est plus qu'un cadavre! O Catherine! Catherine!

UN HUISSIER, entrant.

Sire, une jeune fille, qui désire une audience de Votre Grâce, attend depuis une heure à cette porte.

HENRI.

Une jeune fille! que me veut-elle? Ce n'est point mon jour d'audience publique; qu'elle s'adresse au grand chambellan.

L'HUISSIER.

C'est à Votre Grâce seule qu'elle désire parler.

HENRI.

D'où est-elle?

L'HUISSIER.

Du bourg de Richemont.

HENRI.

C'est près de ce village que demeurait Catherine! Faites entrer cette enfant. (L'Huissier sort.) Quelque compagne qui l'aura connue, et qui vient me demander une dot pour son amant.

L'HUISSIER.

Entrez.

(Le Roi fait un signe, l'Huissier sort.)

SCÈNE IV

LE ROI, CATHERINE.

Catherine, voilée, s'arrête près de la porte.

HENRI.

Que voulez-vous, mon enfant? (Catherine s'avance lentement vers le Roi, met un genou en terre, et lui présente la bague qu'il lui a donnée.) Mon anneau!... Qui êtes-vous donc? (Il écarte vivement le voile de Catherine, qui reste à genoux, pâle et les yeux baissés.) Catherine Howard!... Que veut dire ceci? Mon Dieu! est-ce une ombre? est-ce une réalité?... (La prenant dans ses bras et la soulevant.) Vivante!... Oh! mais je vous ai vue couchée sur le monument, enveloppée d'un linceul, pâle et glacée comme une statue de marbre!... Comment Dieu a-t-il permis que vous vous levassiez de la couche mortuaire?... Oh! parlez, dites, dites... Votre voix seule me prouvera que vous n'êtes pas un fantôme.

CATHERINE.

Sire, suis-je la première fille que l'on crut morte, et qui n'était qu'évanouie, et qui se réveilla dans le cercueil où on l'avait déposée?

HENRI.

Oh! mais, si cela est vrai, parle-moi d'une autre voix et avec un autre accent; que la vie revienne dans tes yeux, la rougeur sur tes joues; ou, sans cela, je ne croirai pas, je ne pourrai pas croire. — Oh!... mais sais-tu que je t'aimais?

CATHERINE.

On me l'a dit.

HENRI.

Sais-tu que je suis descendu désespéré dans ta tombe?

CATHERINE.

On me l'a dit.

HENRI.

Sais-tu enfin que c'est moi-même qui t'ai passé au doigt cet anneau?

CATHERINE.

On me l'a dit encore, et je vous le rapporte, sire.

HENRI.

Ton sommeil était-il donc si profond, que tu n'aies souvenir de rien de ce qui s'est accompli pendant le temps où tu dormais?

CATHERINE.

De rien.

HENRI.

Mais le passé?

CATHERINE.

Je l'ai oublié.

HENRI.

Tout entier?

CATHERINE.

Oui. Je ne vis, je ne puis vivre que depuis l'heure où je suis sortie de la tombe, et mes souvenirs ne remontent pas au delà. Mon existence se sera divisée en deux parts, l'une perdue dans la nuit, l'autre noyée dans la lumière!...

HENRI.

Mais, ma bien-aimée Catherine, comment es-tu sortie de ce tombeau?

CATHERINE, regardant une clef qu'elle tient serrée dans sa main.

Toute tombe a une clef qui la ferme et qui la rouvre.

HENRI.

Oh! mon Dieu!

CATHERINE.

Qu'avez-vous?

HENRI.

Je m'épouvante à l'idée que tu pouvais rester enfermée dans ce sépulcre, vivante entre les morts, sans que personne sût que tu étais là!

CATHERINE, tressaillant.

Oui, c'eût été bien affreux!

HENRI.

Mais, te figures-tu? se réveiller dans le cercueil, se trouver seule, attendre vainement un secours qui ne vient pas! sentir les minutes, les heures s'en aller, puis la faim venir!

CATHERINE, les yeux fixes et portant la main à sa tête.

Atroce! atroce!

HENRI.

Et si j'avais su cela... un jour! que, tandis que j'étais ici dans mon palais, m'enivrant de la lumière du jour, un être aimé, la moitié de mon cœur, souffrait de pareilles tortures, se roulait dans la nuit du sépulcre, heurtant sa tête à l'angle d'une tombe, maudissant Dieu!

CATHERINE.

Grâce!

(Elle tombe sans connaissance.)

HENRI.

Évanouie! évanouie! mon Dieu! Elle n'a pu supporter un pareil souvenir.... De l'air! il lui faut de l'air. (Il la porte près de la fenêtre.) Catherine! ma belle Catherine! reviens à toi! mais tu n'as plus rien à craindre. Dieu n'a pas voulu que, si belle et si jeune, tu fusses perdue pour le monde. Catherine! rouvre tes beaux yeux! que ma voix soit cette fois plus puissante qu'elle ne l'a été la première... Catherine! Catherine! (Elle rouvre, sans faire de mouvement, ses yeux qui restent fixes.) Oh! te voilà... Me vois-tu? m'entends-tu?

CATHERINE.

Oui.

HENRI.

Mais ta mémoire?

CATHERINE.

Je suis au palais de White-Hall; voilà le trône; vous êtes le roi, et il me manque un anneau à cette main.

HENRI.

Le voilà. Garde-le maintenant pour ne plus le quitter.

CATHERINE.

Ainsi, vous renouvelez à Catherine vivante les promesses faites à Catherine morte!

HENRI.

Toutes.

CATHERINE, regardant la clef.

Oh! redites-les-moi, car je ne les ai pas entendues, et j'ai besoin de les entendre. Parlez-moi, sire; dites-moi de ces paroles magiques qui endorment les souvenirs, qui charment l'esprit, qui enivrent le cœur... Dites, dites, j'écoute.

HENRI.

Eh bien, oui, tout ce qu'une femme jeune et belle peut rêver dans ses songes les plus dorés, tu l'auras; partout où ma puissance pourra s'étendre, tu diras : « Je le veux... » Voyons, ma belle Catherine, es-tu contente?

CATHERINE.

Parlez, parlez toujours.

HENRI.

Ce palais, ce trône, tu les partageras avec moi; tous les enivrements du luxe et de la puissance, tu les épuiseras; les bals, les fêtes, les tournois, où tu seras deux fois reine, se renouvelleront chaque jour, pour ne pas laisser un instant d'ennui à ton cœur; et tu seras heureuse, n'est-ce pas?

CATHERINE.

Le croyez-vous?

HENRI.

Qui donc pourrait troubler ton bonheur, élue du ciel que tu es... jeune, belle, aimée?...

CATHERINE, se levant.

Et reine!

HENRI.

Dès ce soir, oui, dès ce soir, l'archevêque de Cantorbéry nous unira, et, demain, à ton lever, le manteau royal sur les épaules, la couronne sur la tête, en face de ma cour, de l'Angleterre, de l'Europe, du monde, je proclamerai Catherine Howard la femme de Henri VIII; et ma cour, l'Europe, le monde répondront, inclinés devant toi : « Salut à la reine d'Angleterre et de France! »

CATHERINE, regardant vivement par la fenêtre.

Sire, l'eau qui coule au-dessous de cette fenêtre est-elle bien profonde?

HENRI.

C'est un gouffre. (Lui voyant étendre le bras qui tient la clef.) Que fais-tu?

CATHERINE, lâchant la clef.

Moi? Rien. (A part.) Je me fais reine. (Haut.) Sire, votre fiancée est prête!...

HENRI, la prenant dans ses bras.

Alors, attends-moi, Catherine, attends-moi; je reviens.

SCÈNE V

CATHERINE, seule.

Va, Henri, va, car, de cette heure seulement, je suis à toi... Oh! mon Dieu! mon Dieu! est-ce que je veille réellement, ou tout ce qui m'arrive n'est-il qu'un rêve?... Qui viendra maintenant me parler de crime et de vertu, à moi que la fièvre dévore, à moi qui vais où le tourbillon m'entraîne, où Dieu veut que j'aille, poussée par un souffle invisible, comme la poussière de la terre, comme le nuage du ciel!... Mais le passé?... Le passé, c'est le néant; le présent seul est quelque chose, et l'avenir tout!... Je vis, j'existe, tout ce qui m'arrive est réel; que m'importe le reste?... Voilà bien le palais, voilà bien le trône! j'ai le pied sur la première marche; j'y monte, je m'y assieds!... Oh! si demain j'allais m'éveiller dans ma maison

isolée de Richemont ou sur la tombe du château de Dierham!...
Oh! si je suis réellement ce que je dois être, que quelqu'un vienne donc qui me dise que tout cela est vrai, qui reconnaisse ma puissance, qui s'incline devant moi, qui me salue reine.

SCÈNE VI

ETHELWOOD, CATHERINE.

ETHELWOOD, pâle et défait, paraissant à la porte du laboratoire de Fleming, s'avance lentement jusqu'à la première marche du trône, et là s'incline.
Salut à Catherine Howard, reine d'Angleterre!

CATHERINE, à moitié renversée en arrière.
Horreur! horreur!...

ETHELWOOD.
Il n'y a qu'un instant que tu es reine, Catherine, et déjà, tu le vois, tes désirs sont accomplis aussitôt qu'exprimés.

CATHERINE.
Ethelwood!...

ETHELWOOD.
Ah! tu me reconnais!... La tombe est une demeure bien infidèle, n'est-ce pas?... et tu la croyais plus sûre et plus profonde.

CATHERINE.
Miséricorde! mon Dieu! réveillez-moi! Ne me laissez pas plus longtemps en proie à ce songe infernal.

ETHELWOOD.
Ah! n'est-ce pas que tu voudrais bien, maintenant, que ce fût un songe? Oh! mais non, Catherine! tu es bien éveillée, tu ne dors pas!...

CATHERINE.
Mais alors, tu es donc un spectre, un fantôme, une ombre?...

ETHELWOOD.
Oui, pour tous, excepté pour toi... Mais pour toi, je vis!... pour toi, je suis ton époux!... pour tous, tu es veuve!

CATHERINE.
Quel démon t'a donc évoqué de la tombe?

ETHELWOOD.
Tu as oublié, Catherine, qu'il y avait deux clefs qui ouvraient et fermaient la même porte; que je t'avais remis l'une,

mais que l'autre devait être remise au roi... Tu as oublié qu'il y avait deux femmes, l'une que je n'aimais pas et qui m'aimait : celle-là s'appelait la princesse Marguerite; l'autre que j'aimais et qui ne m'aimait pas : celle-là s'appelait Catherine Howard ! Elles ont changé de rôle, ces femmes; celle qui devait se souvenir a oublié, celle qui devait oublier s'est souvenue... si bien qu'en rouvrant les yeux, j'ai trouvé près de ma tombe l'une au lieu de l'autre... Voilà tout !

CATHERINE.

Oh ! grâce, grâce ! Ethelwood !... (Allant à lui.) Pardonne-moi ! Fuyons, partons ensemble... comme tu le voulais d'abord !... Me voilà, enveloppe-moi dans ton manteau !... emporte-moi dans tes bras !... cache-moi dans quelque coin du monde isolé et désert... Mais fuyons, fuyons!

ETHELWOOD, la repoussant.

Non pas, madame; il faut que toute destinée s'accomplisse ici-bas... la mienne comme la vôtre.

CATHERINE.

Ethelwood !...

ETHELWOOD.

Ce n'a point été assez pour vous, simple vassale que vous étiez, de devenir marquise de Derby, duchesse de Dierham, pairesse d'Angleterre... Vous avez mis le pied sur tout cela, et vous avez dit : « Je veux être reine !... » Eh bien, vous le serez!... Vous n'avez pas craint l'amour de Henri VIII... Eh bien, cet amour vous dévorera.

CATHERINE.

Mais prenez donc pitié de moi !...

ETHELWOOD.

Vous avez voulu une couronne : vous la poserez sur votre tête, et elle blanchira vos cheveux !... Vous avez voulu un sceptre : vous le toucherez, et il séchera votre main... Vous avez voulu un trône : vous y êtes montée... mais, en en descendant, vous heurterez le billot d'Anne Boleyn.

CATHERINE, portant les deux mains autour de son cou.

Oh ! mon Dieu ! mon Dieu !

ETHELWOOD.

Ah ! pour que votre sommeil ait des songes dorés, madame, il vous faut un lit où aient déjà dormi quatre reines ? Osez-y fermer les yeux, Catherine, et, dans huit jours, vous me répéterez ce que ces reines sont venues vous dire tout bas, à l'heure où les morts sortent de leur tombe!... Je reviendrai vous le demander.

CATHERINE.

Je vous reverrai donc?

ETHELWOOD.

En doutes-tu, Catherine?... Ne sommes-nous pas liés devant l'autel, et la mort seule ne sépare-t-elle pas ce que l'autel a uni?... Oui, tu me reverras, car les passages les plus secrets de ce palais me sont familiers; car Fleming et la princesse Marguerite me prêteront leur aide et me garderont le silence... Catherine Howard, devenue reine d'Angleterre, n'en est pas moins restée marquise de Derby... Mes droits sont plus anciens que ceux de Henri, madame, et, si fidèle sujet que je sois, je ne puis consentir à lui en céder que la moitié.

CATHERINE.

Mais que voulez-vous donc faire?

ETHELWOOD.

Vous êtes montée au trône par une pente tortueuse et lente; hâtez-vous, Catherine, de jouir du bonheur d'y être arrivée, car vous en descendrez par une pente glissante et rapide.

CATHERINE.

Mais vous ne pouvez me perdre sans vous perdre avec moi.

ETHELWOOD.

Je vous l'ai dit, Catherine, ma destinée sera la vôtre, dans la vie et dans la mort!... Nous avons reposé dans le même lit, nous monterons sur le même échafaud, nous dormirons dans la même tombe.

SCÈNE VII

Les Mêmes, LE ROI.

La porte du fond s'ouvre; plusieurs Pages et Seigneurs entrent.

CATHERINE.

Le roi! Fuyez, milord, fuyez!....

(Ethelwood se place derrière la colonne qui touche à l'appartement de la princesse Marguerite.)

HENRI.

Messieurs, voici la reine!... saluez-la. (Tous s'inclinent, puis le cri de *Vive la reine! Vive Catherine Howard!* retentit. A Catherine.) J'ai tenu ma parole, Catherine, et j'ai prévenu l'archevêque.

ETHELWOOD.

A mon tour alors de tenir la mienne, Catherine, et je vais prévenir le bourreau!...

(Il entre chez la Princesse.)

ACTE QUATRIÈME

LE COMTE DE SUSSEX

SIXIÈME TABLEAU

La chambre de la Reine.

SCÈNE PREMIÈRE

CATHERINE, couchée et endormie sur un sofa; HENRI, accoudé près d'elle.

HENRI, l'écoutant rêver.

C'est la seconde fois, depuis huit jours, que son sommeil trahit je ne sais quelle crainte ou quel remords! Pour que l'esprit tourmenté veille ainsi quand les sens dorment, il faut une bien puissante cause.

CATHERINE, rêvant.

Le roi m'aime?... Ah!... Non, non pas toi... S'endormir, ne plus s'éveiller... Cette clef. (Étendant la main.) Cette eau... (Ouvrant la main.) Ah!...

HENRI.

On dit que parfois, lorsqu'on parle à ceux qui rêvent ainsi, ils entendent et répondent... Catherine?

CATHERINE.

Qui m'appelle?... qui est descendu dans ce tombeau?... Cette bague... Je veux être reine...

HENRI.

Eh bien, tu l'es, reine, Catherine ; que peux-tu désirer encore?

CATHERINE.

La couronne, la couronne, des cheveux blancs... Oui... Un billot, le billot d'Anne Boleyn... A genoux... Grâce!... Ah!.. (Tenant ses yeux fixes et portant les deux mains à son cou.) Mon Dieu (Apercevant Henri et tombant à genoux devant lui.) Ne me faites pas mourir! Grâce! grâce!

HENRI.

Mais tu es folle, Catherine! relève-toi ; et, avant de me demander grâce, dis-moi ce qu'il faut que je te pardonne?

CATHERINE.

Oh! vous le savez bien, puisque c'est vous qui avez donné l'ordre... (Regardant autour d'elle.) Mais non, c'était un rêve... Oh!... oh! quel rêve affreux! Et vous étiez là, sire?

HENRI.

Oui.

CATHERINE.

Qu'ai-je dit? Oh! il ne faut pas croire à ce qu'on dit en rêve. Henri, vous le savez, les rêves sont les enfants du sommeil et de la nuit, les frères de la folie... et l'on dit parfois en rêvant des choses bien étranges.

HENRI, soucieux.

Rassure-toi, Catherine, tu n'as rien dit... Quelques mots sans suite, et voilà tout.

CATHERINE, respirant.

Ah! qu'aurais-je pu dire, d'ailleurs? Quelques folies que je n'oserais répéter, de ces choses que le cœur pense et garde pour lui, n'osant les confier à la voix... Voyez-vous, monseigneur, c'est qu'il paraît si bizarre à une pauvre enfant comme moi, élevée dans la solitude, de se trouver tout à coup dans un palais, au milieu de la magnificence d'une cour, de commander à tout un monde de courtisans qui s'empressent de lui obéir. Aimée d'un roi (lui jetant les bras au cou), et de quel roi! de Henri de Lancastre, du lion de l'Angleterre, soumis, apprivoisé par moi...

HENRI.

Vos deux bras me font une chaîne si douce, ma belle Catherine, que je n'aurai jamais le courage de la briser. Il va falloir cependant que, pour quelques instants, je la dénoue. On m'attend au conseil.

CATHERINE.

Une minute encore! Le conseil attendra le bon plaisir de Votre Grâce. Oh! j'ai une rivale dont je suis horriblement jalouse, Henri, car elle est plus présente à votre pensée que moi-même, car elle me vole les heures qui devraient m'appartenir : c'est l'Angleterre.

HENRI.

Enfant!

CATHERINE.

Je vous aime tant, moi, Henri, qu'il me serait impossible de vous oublier une minute. Cependant je suis reine comme vous êtes roi. Je devrais m'occuper de l'Angleterre aussi, moi, des intérêts de ma couronne, de mon royaume, de mes sujets. Je suis une bien mauvaise reine, n'est-ce pas, Henri, d'avoir à m'occuper de tant de choses, et de ne m'occuper que de vous?

HENRI.

J'ignore si vous êtes une bonne ou une mauvaise reine, Catherine; mais ce que je sais, c'est que vous êtes la plus dangereuse enchanteresse qui ait jamais perdu l'âme d'un roi. Voyons, ma place ne devrait-elle pas être en Écosse, à l'heure qu'il est, et vous semble-t-il bien digne de celui que vous appelez le lion de l'Angleterre, de laisser Dacre et Musgrave battre cet insolent Olivier Sainclair? Oh! vous avez des yeux qui fascinent! quand ils demandent, il faut accorder; quand ils ordonnent, il faut obéir. Laissez-moi les fermer avec mes lèvres, afin que je puisse vous quitter. (Il l'embrasse sur les yeux.) Adieu, ma belle reine! le conseil tout entier, c'est-à-dire la pairie d'Angleterre, attend que ce soit votre caprice que je m'en aille. Renvoyez-moi donc.

CATHERINE, se levant.

Non; mais emmenez-moi avec vous.

HENRI.

Folle!

CATHERINE.

Ne suis-je pas reine? et, en ma qualité de reine, n'ai-je pas droit de présidence?... Franchement, croyez-vous que je n'aurais pas autant de raison que milord de Sussex?

HENRI.

Oh! si fait, et vous en auriez, à vous deux, à peu près la

moitié de ce que mon fou en possède à lui tout seul. Au revoir, Catherine, et, si j'ai un instant de liberté, je m'échapperai du conseil pour venir vous demander si vous pensez à moi.

CATHERINE.

Oh! oui, faites cela.

(Henri sort.)

SCÈNE II

CATHERINE seule, laissant tomber ses bras et sa tête, et prendre à son visage une expression profonde d'abattement et de tristesse.

Ah!... (Elle revient jusqu'au sofa.) Quelle fatigue, mon Dieu! (Elle se laisse tomber sur le sofa.) Oh! comme mon front se ridera vite à porter un pareil masque de gaieté, lorsque mon cœur est si triste! J'avais cru que je pourrais l'aimer parce qu'il était roi... L'aimer?... J'ai peur de lui, et c'est tout. Fatiguée de ne pouvoir fermer les yeux dans son lit royal, voilà que je me suis endormie un instant sur ce sofa! Oh! quel rêve! Et il était là. Il pouvait tout entendre, tout découvrir. Il ne me fallait que prononcer un seul nom pour être perdue; ce nom qui tourmente ma veille et mon sommeil, ce nom que tous les démons de l'enfer répètent en dansant autour de moi! (En ce moment, Ethelwood ouvre, sans être vu de Catherine, la porte qui donne dans les appartements de la princesse Marguerite; il soulève la tapisserie et s'avance lentement.) Ce nom que je dirai à mon tour tôt ou tard... si celui qui le porte continue à me poursuivre ainsi, invisible et inconnu pour tous, excepté pour moi, qui le reconnais à son premier geste, à son premier regard! Il y a quatre jours, à la chasse, son cheval, son Ralph, que je connais si bien, a croisé le mien; et, s'il n'avait henni en passant, comme s'il me reconnaissait, j'aurais pris le cheval et le cavalier pour deux fantômes!... Avant-hier, sur la Tamise, sa barque a heurté la mienne. Hier, dans un des corridors du palais, son manteau a touché ma robe. Comme les spectres, il est partout, il entre partout. A-t-il donc trouvé le bezoard enchanté qui rend son maître invisible?... Il a dit qu'au bout de huit jours, il viendrait me demander compte de mes rêves, et il y a huit jours qu'il a dit cela... Oh! je n'ose pas même tourner la tête de peur de le voir debout derrière moi, sombre et menaçant, de peur d'entendre sa voix grave et sépulcrale me dire : « Catherine, me voilà... » Mais que font donc mes dames d'honneur, qu'elles me laissent seule ainsi ?... (Elle étend la main pour prendre une sonnette; la main d'Ethelwood arrête la sienne.) Ah!...

SCÈNE III

CATHERINE, ETHELWOOD.

ETHELWOOD.

Un instant, Catherine.

CATHERINE.

Grand Dieu! Oh! oh! par où êtes-vous entré?

ETHELWOOD.

Par cette porte qui donne au chevet de votre lit, et qui communique avec les appartements de la princesse Marguerite.

CATHERINE.

Mais vous êtes donc un magicien, pour que cette porte s'ouvre ainsi devant vous (lui montrant une clef), quand, moi-même, je l'avais fermée?

ETHELWOOD.

Tu oublies toujours qu'il y a des portes qui se ferment et s'ouvrent avec deux clefs, Catherine!

CATHERINE, allant à la porte du fond et la fermant.

Oh! celle-là, du moins...

(Elle la ferme avec la traverse de bois.)

ETHELWOOD.

Pauvre Catherine! te voilà au palais de White-Hall comme j'étais au château de Dierham, et tu prends à ton tour autant de soins, pour me cacher aux yeux du roi, que j'en prenais alors pour te dérober à ses regards.

CATHERINE.

Oh! c'est que, si le roi me voyait ici, nous serions perdus, et perdus tous deux.

ETHELWOOD.

C'est aussi ce que je te disais là-bas.

CATHERINE.

Maintenant, que me veux-tu? Voyons, parle.

ETHELWOOD.

Te revoir, apprendre de toi si tu es heureuse dans ta nouvelle fortune, te demander ce que tu fais le jour et ce que tu rêves la nuit.

CATHERINE.

Heureuse, Ethelwood? Je ne souhaiterais pas un pareil bonheur à l'assassin de ma mère. Ce que je fais le jour? Je tremble au moindre bruit qui agite autour de moi les roseaux de la rivière, les arbres du parc, les tapisseries du palais! Ce que je rêve la nuit? Oh! tu le sais mieux que moi, puisque tu m'as si bien prédit mes songes, que je suis tentée de croire que tu es le démon qui me les envoie. Oh! sois content, Ethelwood! tu es bien vengé! Je suis bien malheureuse, et il serait temps que tu prisses pitié de moi!

ETHELWOOD.

Pitié de vous, madame? Ce serait un sentiment étrange à inspirer pour une reine! Pitié de vous? Mais n'avez-vous point ce que vous avez tant désiré, des pages empressés, une cour nombreuse, des vêtements splendides, des appartements somptueux?

CATHERINE.

Oh! oh! Kennedy! ma robe blanche, ma petite chambre de Richemont! et toi, toi, mon Ethelwood, m'aimant comme tu m'aimais!

ETHELWOOD, *assis sur une table, près du sofa.*

Oui, alors c'était moi qui étais triste et vous qui étiez gaie; c'était vous qui me demandiez : « Qu'as-tu, mon Ethelwood? Tu es soucieux! » c'était vous qui preniez une guitare, et qui me disiez : « Veux-tu que je te chante une ballade? »

(Il prend une guitare et en tire des accords qui rappellent la ballade du premier acte.)

CATHERINE.

Oh! mon Dieu!

ETHELWOOD.

Tu reconnais cet air?

CATHERINE.

Oui.

ETHELWOOD.

Et ces paroles?

(Chantant.)

D'un mot tu peux être reine;
Dis un mot, car je suis roi,

Et ma suite, souveraine,
S'inclinera devant toi.
Une couronne royale
Peut, crois-moi, d'une vassale
Séduire l'œil ébloui.
— Oui.

(Il jette violemment la guitare.)

CATHERINE.

Tais-toi! tais-toi!

ETHELWOOD.

C'est l'écho d'une autre époque de ta vie; peux-tu l'empêcher de répéter tes paroles? D'ailleurs, le roi a entendu ta réponse : la vassale porte une couronne.

CATHERINE.

Oh! oui, pour son malheur!

ETHELWOOD, se levant et allant s'asseoir sur un tabouret aux pieds de Catherine.

Lorsque je te demandai de me dire la suite des amours du roi Robert et de la belle Elfride, tu me répondis que tu ne la savais pas. Veux-tu que je te la dise, moi?

CATHERINE.

A quoi bon?

ETHELWOOD.

Ah! c'est que cette aventure a peut-être avec la nôtre assez de ressemblance pour que tu y prennes quelque intérêt.

(Il pose sa toque sur le sofa.)

CATHERINE.

Dites et faites ce que vous voudrez, vous êtes le maître.

ETHELWOOD.

La belle Elfride répondit donc oui, et devint reine.

CATHERINE.

La malheureuse!

ETHELWOOD.

Mais elle avait oublié une chose : c'était d'avouer à son royal époux ses amours avec le franc archer Richard, et il y avait, dans ce temps, une loi, chose bizarre, pareille à celle qu'a fait rendre Henri d'Angleterre, et qui condamnait à mort toute jeune fille qui, après une pareille liaison, épouserait le roi sans l'en prévenir.

CATHERINE.

A mort!

ETHELWOOD.

Il est vrai que ce secret n'était connu que de Richard... et que Richard était le complice d'Elfride.

CATHERINE.

Et cette loi condamnait le complice à la même mort que la coupable, n'est-ce pas?

ETHELWOOD.

Oui; mais qu'est-ce que la mort pour un homme qui a été jaloux! surtout lorsque cette mort le venge de la femme qui lui a fait souffrir toutes les tortures de l'enfer!

CATHERINE.

Mon Dieu!

ETHELWOOD.

Richard était franc archer du roi; en cette qualité, il pouvait habiter le palais, entrer dans ses appartements les plus reculés, et même, par une porte dont il s'était procuré la clef, pénétrer jusqu'auprès de la reine. Richard ne craignait pas la mort, car il avait été jaloux, et Richard voulait se venger.

CATHERINE, se renversant sur le sofa.

Ah!...

ETHELWOOD.

Quatre jours après son mariage, la reine le rencontra à la chasse, et son cheval croisa le sien. Le surlendemain, la reine le retrouva sur la Tamise, et sa barque heurta la sienne. Le lendemain, elle le heurta presque dans un corridor, et son manteau toucha sa robe. Ces trois fois, elle le reconnut, car elle pâlit. Sans doute que, rentrée dans son palais, elle chercha par quels moyens elle pourrait se débarrasser de cet homme.

CATHERINE, vivement.

Oh! vous ne le croyez pas.

ETHELWOOD.

Non, c'est vrai... Peut-être que, s'il eût été enfermé dans quelque caveau, dont elle seule eût eu la clef... peut-être qu'elle l'y eût laissé mourir de faim et de soif; mais le faire frapper du poignard ou de l'épée...

CATHERINE.

Oh! jamais, jamais!...

ETHELWOOD.

D'ailleurs, il portait à tout hasard, sous ses vêtements, une cotte de mailles pareille à celle-ci. (Ethelwood ouvre son pourpoint et montre une cotte de mailles.) Car, s'il ne craignait pas la mort, Richard, il craignait de ne pas se venger. Le lendemain du jour où il avait rencontré sa royale maîtresse dans un corridor, il pénétra jusque dans sa chambre à coucher. Le roi était sorti; elle était seule. Il s'assit à ses pieds, comme je suis aux vôtres; alors il lui prit les mains avec lesquelles elle voulait cacher son visage, et, la forçant de le regarder en face, il lui dit : « Catherine!... » Non, je me trompe : « Elfride!... Elfride!... jamais femme fut-elle aimée par un homme comme je vous aimais? Dites. »

CATHERINE.

Jamais.

ETHELWOOD.

« Jamais homme fit-il pour une femme plus que je ne fis pour vous? Dites. »

CATHERINE.

Jamais, jamais!

ETHELWOOD.

« Et jamais homme en fut-il récompensé aussi atrocement que je le fus? Dites. » (Se levant.) Oh! mais dites!... dites donc!...

CATHERINE.

Grâce, grâce!...

ETHELWOOD, avec désespoir.

C'est qu'il lui eût tout pardonné, à cette femme : son oubli, son ingratitude, sa mort même, tout! excepté de la voir passer dans les bras d'un autre; livrer aux caresses et aux baisers d'un autre ces mains et ces lèvres qui étaient à lui... Ah! voilà ce qu'il était impossible qu'il lui pardonnât, voilà ce qu'il ne lui pardonnera jamais, voilà ce qui causa leur mort à tous deux.

CATHERINE.

Leur mort?...

(On entend les trompettes qui annoncent que le Roi rentre.

ETHELWOOD.

Oui, leur mort; car, tandis que la reine et son amant étaient enfermés ensemble, le roi revint du conseil.

CATHERINE, se levant.

Milord, milord, ces trompettes annoncent que le roi rentre; oh! fuyez, fuyez!

ETHELWOOD, immobile.

Et, comme il ne voulut pas fuir...

CATHERINE.

Mais c'est infernal...

ETHELWOOD.

Que le roi vint à la porte de la chambre de la reine (on entend les pas de Henri), qu'il la trouva fermée...

HENRI, du dehors.

C'est moi, Catherine; ouvrez!

CATHERINE, suppliante.

Milord, milord!...

ETHELWOOD, haussant la voix.

Et qu'il entendit deux voix qui parlaient ensemble...

HENRI.

Catherine, vous n'êtes pas seule; ouvrez!

ETHELWOOD, repoussant Catherine qui tombe.

Ah! Henri, Henri! à ton tour d'être jaloux...

CATHERINE, à genoux.

Voyons, tuez-moi tout de suite.

HENRI.

A moi, messieurs! enfoncez cette porte, donnez-moi cette masse.

CATHERINE, montrant la porte qui va céder.

Voyez! voyez!...

ETHELWOOD.

Oui, il est temps que je te quitte. Au revoir, Catherine.

(Il sort.)

CATHERINE.

Où me cacher? où fuir? Oh! mon Dieu! mon Dieu! je n'espère qu'en vous, prenez pitié de moi.

(La porte cède, Henri paraît.)

SCÈNE IV

HENRI, une masse d'armes à la main; CATHERINE, tremblante; PLUSIEURS SOLDATS, à la porte.

HENRI, entrant et repoussant la porte.

Que veut dire cela, et qui était enfermé avec vous, madame? (Allant à elle.) Regardez-moi, et répondez.

CATHERINE.

Je suis seule... Voyez, sire, personne, personne.

HENRI regarde de tous les côtés, puis aperçoit tout à coup la toque d'Ethelwoold.

Cette toque est à quelqu'un cependant.

CATHERINE.

Mon Dieu !

HENRI, allant à la porte latérale.

Celui à qui elle appartient n'a pu sortir que par cette porte, n'est-ce pas ?

CATHERINE, courant à lui.

Sire !

HENRI.

Fermée !

CATHERINE, respirant.

C'est vrai.

HENRI, se retournant.

La clef ?

CATHERINE.

Je ne sais où elle peut être, monseigneur.

HENRI.

Cherchez bien et vous la trouverez. Cherchez, vous dis-je !

CATHERINE.

Impossible de me souvenir.

HENRI.

Cherchez avec plus de soin; sur vous-même, par exemple.

CATHERINE, tirant la clef de sa poche.

La voici.

HENRI.

Bien !... (Essayant d'ouvrir.) C'est cela : la pointe d'un poignard brisée dans la serrure ! Ah ! votre complice a pris admirablement ses mesures pour n'être point poursuivi... Mais il a oublié qu'il vous laissait entre mes mains, vous !... Voyons, quel est celui qui sort d'ici, madame ?

CATHERINE.

Sire, je vous supplie !

HENRI.

Son nom ?

CATHERINE.

Personne !...

HENRI.

Son nom?

CATHERINE.

Ah! je ne puis, monseigneur, je ne puis!

HENRI.

Ah! tu ne peux?... Anne Boleyn disait comme toi aussi : « Je ne peux! » et cependant nous avons trouvé moyen de vaincre ce silence, et, si bien qu'elle serrât ses lèvres adultères, la douleur en fit sortir le nom de Norris. Une dernière fois, Catherine, le nom de cet homme?

CATHERINE.

Faites de moi ce que vous voudrez, sire; je suis à votre merci.

HENRI.

Ainsi, pas un mot pour te défendre, pas un mot pour te justifier; rien, rien qui puisse me faire douter que mes oreilles et mes yeux m'ont abusé, que j'ai cru entendre, que j'ai cru voir, et que rien de tout cela n'était vrai. Trompé! trompé! trahi toujours par ceux-là mêmes pour lesquels j'ai tout fait! Oh!... j'aurais cru, malgré cette toque, malgré cette porte fermée, j'aurais cru!... et c'est mon amour pour elle qui m'aurait fait insensé... Monsieur le capitaine de mes gardes, assurez-vous de la personne de la reine, et conduisez-la devant la chambre haute.

CATHERINE.

Sire, sire!...

HENRI.

Et vous, Catherine, préparez-vous à répondre aux juges qui ont condamné Anne Boleyn.

SEPTIÈME TABLEAU

La salle du Parlement.

SCÈNE PREMIÈRE

HENRI, SUSSEX, SIR THOMAS CRANMER, LES PAIRS, UN HUISSIER.

HENRI, debout.

Or, vous savez, messieurs, que l'accusation de trahison et d'adultère entraîne la peine de mort; aussi je renouvelle l'accusation et demande la mort.

LE PRÉSIDENT.

Milords, la Chambre se croit-elle suffisamment éclairée?

PLUSIEURS VOIX.

Oui, oui, oui.

SUSSEX.

Non.

HENRI.

Comment, milord?

SUSSEX.

Suffisamment éclairée pour le dévouement, oui; pour la conscience, non. Le Parlement est une cour d'indépendance et de justice, qui ne doit compte de ses arrêts qu'à Dieu seul. Depuis deux heures que cette séance dure, vous avez accusé, sire; mais les preuves d'accusation, où sont-elles?

HENRI.

C'est bien, c'est bien, milord; nous donnerons ces preuves; en attendant, nous donnons notre parole.

SUSSEX, continuant.

Car nous avons le droit d'exiger ces preuves de Votre Grâce, avant que nous rendions la sentence qui séparera la tête du tronc, l'âme du corps, la reine du roi.

HENRI.

L'adultère l'a déjà séparée de moi, milord, mieux que ne peut le faire et que ne le fera la hache du bourreau

SUSSEX, avec gravité.

Je disais donc, messeigneurs, qu'avant de renvoyer à Dieu, sa tête à la main, celle qu'il nous a envoyée une couronne sur la tête, c'est à nous de peser religieusement, dans la balance de notre justice, l'accusation portée contre elle, et de ne rendre l'arrêt, je le répète, que si le plateau de ses fautes est véritablement assez lourd pour que la miséricorde divine seule puisse lui servir de contre-poids.

HENRI, furieux.

C'est-à-dire, milord, que, lorsque j'accuse, tu défends, que, lorsque j'affirme, tu doutes, que, lorsque je jure, tu nies. Milord, milord! tu ne te rappelles ni qui tu es, ni qui je suis; tu oublies que Dieu m'a mis, dans cette main, un des plus grands royaumes de la terre, et que, selon que je l'ouvre ou que je la ferme, je donne de l'air à quatorze millions d'hommes ou je les étouffe.

SUSSEX.

Sire, Votre Grâce se trompe; Dieu lui a donné la royauté et non le royaume, le corps et non l'âme.

HENRI.

Et voilà pourquoi, monsieur de Sussex, quand ce corps qui nous est soumis renferme une âme qui nous est rebelle, voilà pourquoi nous appelons le bourreau à notre aide pour faire sortir l'âme du corps.

SUSSEX.

Et, quand le bourreau tarde, nous connaissons tel roi qui porte à sa ceinture une dague qui remplit merveilleusement l'office de la hache.

HENRI, faisant un mouvement.

Milord!...

LES PAIRS, entourant Sussex.

Comte, de grâce!... Milord de Sussex, voyons!...

SUSSEX.

Oh! écartez-vous, messeigneurs, que le roi voie bien que je suis seul et qu'il puisse venir à moi si tel est son bon plaisir.

SIR THOMAS.

Sire, la persuasion pénètre dans le cœur par les paroles et non par le poignard... Votre Grâce a parlé de preuves.

HENRI.

Vous avez raison, monsieur de Cantorbéry. (La Reine entre.) Et voici l'accusée qui vient elle-même m'en fournir deux que vous ne récuserez pas: son trouble et sa pâleur.

(Rumeur parmi le Peuple.)

SCÈNE II

Les Mêmes, CATHERINE, LA DUCHESSE D'OXFORD,
LA DUCHESSE DE ROKEBY.

L'HUISSIER.
Silence, messieurs!

CATHERINE, s'asseyant.
Oh! milords, vous aurez pitié de moi, n'est-ce pas?

SIR THOMAS.
Et maintenant, sire, que Votre Grâce consente à répéter l'accusation devant l'accusée, car elle a le droit de l'entendre et d'y répondre.

HENRI.
Milords, cette fois, ce ne sont point de simples soupçons comme ceux que je conçus sur Anne Boleyn et que l'enquête justifia; c'est une conviction qui m'est entrée dans le cœur par les yeux et les oreilles : j'ai vu et entendu.

CATHERINE.
Oh! le roi se trompe, milords!

HENRI.
En revenant du conseil, j'ai trouvé cette femme, dont j'ai fait une reine, enfermée avec un complice; j'ai entendu leurs deux voix, j'ai enfoncé la porte.

CATHERINE.
Mais Votre Grâce m'a trouvée seule, sire.

HENRI.
Oui; mais cette autre porte dans la serrure de laquelle on avait brisé la pointe d'un poignard pour qu'on ne pût l'ouvrir; cette toque à vos pieds, madame; et, plus que tout cela, votre trouble et votre pâleur, votre aveu encore; car vous avez avoué que quelqu'un se trouvait avec vous.

CATHERINE.
Oh! non, non!...

HENRI.
Vous l'avez avoué; seulement, vous n'avez pas voulu dire son nom; mais n'importe, messieurs, vous prononcerez le même jugement contre la coupable présente et contre le complice absent, afin que, dès que votre justice aura étendu la main sur lui, nous ne vous fatiguions pas à prononcer deux

sentences. Ainsi donc, milords, je renouvelle l'accusation de trahison et d'adultère déjà portée contre la reine Catherine : j'affirme que j'ai entendu la voix d'un homme enfermé avec elle, que j'ai trouvé la toque de cet homme dans la chambre et aux pieds de la reine. Je l'affirme sur mon honneur et sur la religion, sur ma couronne et sur l'Évangile, c'est-à-dire sur tout ce qu'il y a de saint et de grand en ce monde. Maintenant, milords, celui qui, après ce que j'ai dit, exprimera le moindre doute, celui-là donnera un démenti à son roi.

LE PRÉSIDENT.

Qu'avez-vous à répondre, madame?

CATHERINE.

Oh! milords, que voulez-vous que je vous dise? que répondre à une parole aussi puissante que celle d'un roi? On ne lutte pas contre l'éclair et la foudre de Dieu. On ferme les yeux, et l'on attend le coup. On s'incline, et l'on est frappé. Quant à moi, je ne me sens pas la force de repousser une si terrible accusation, milords. Jugez donc avec votre clémence plus encore qu'avec votre justice; ce que vous ferez sera bien fait, et d'avance je vous remercie ou je vous pardonne.

LE PRÉSIDENT.

La Chambre se croit-elle suffisamment éclairée?

LES PAIRS.

Oui, milord, oui, oui.

LE PRÉSIDENT.

Nous allons délibérer.

SUSSEX.

Un instant, milords. Comme ma conscience me défend de prendre part à une délibération dont à l'avance il m'est facile de prévoir le résultat, comme ce résultat sera un jugement mortel, et ce jugement un remords ou une honte pour toute la Chambre qui l'aura porté, je dépose à la place où, depuis quatre siècles siégent mes aïeux, le manteau de pair qu'ils m'ont légué : à compter de cet instant, je ne fais plus partie de la Chambre haute et je rentre comme simple spectateur de vos débats dans les rangs du peuple, qui casse les sentences et qui juge les juges.

(Il dépose son manteau, quitte son siége, et va s'appuyer sur la balustrade qui contient les Assistants.)

HENRI.

C'est bien, monsieur de Sussex; nous acceptons votre démission. Il ne manque pas, Dieu merci, en Angleterre, de nobles chevaliers qui porteront aussi bien que vous les insignes de la pairie. Je me retire pour vous laisser délibérer, messieurs.

(Il sort par la porte du fond.)

LE PRÉSIDENT.

Faites sortir l'accusée.

CATHERINE.

Milords, songez que c'est un jugement de vie et de mort que vous allez prononcer contre une reine; songez qu'il ne lui a été accordé ni appui ni conseil; songez enfin que c'est un roi qui accuse, que c'est une pauvre femme qui se défend, et que, tandis que vous allez délibérer sur son sort, elle ne pourra rien, elle, que prier Dieu de toucher le cœur de ses juges.

(Elle sort.)

SCÈNE III

LES PAIRS, se réunissant en plusieurs groupes pour délibérer; WILLIAM, JACKSON, hommes du peuple, parmi les assistants; UNE FEMME.

WILLIAM.

Eh bien, voilà de bon compte cinq reines pour un roi. Il est vrai que les deux dernières n'ont pas régné longtemps.

UNE FEMME.

Est-ce que vous croyez qu'elle sera condamnée, maître William?

WILLIAM.

J'en poserais ma tête sur le billot. Anne Boleyn n'en avait pas fait autant, et son procès n'a pas été long cependant.

JACKSON.

Je l'ai vu exécuter, moi, la reine Anne.

LA FEMME.

Ah! est-ce vrai qu'elle n'a jamais rien avoué, maître Jackson?

JACKSON.

Jamais! Je n'étais pas plus loin de l'échafaud que je ne le suis d'ici à la porte en face, et j'ai entendu tout ce qu'elle a dit, voyez-vous, sans en perdre une syllabe.

LA FEMME.

Et qu'est-ce qu'elle a dit?

JACKSON.

« Peuple de Londres! je suis venue ici pour mourir suivant la loi, après avoir été jugée suivant la loi; je n'ai donc pas dessein de faire des plaintes contre l'arrêt qui me frappe, mais d'en subir l'exécution. Je ne veux ni condamner personne, ni rien dire pour me justifier... Je prie Dieu qu'il sauve le roi, et qu'il multiplie les jours de son règne sur vous. »

LA FEMME.

Pauvre femme!

WILLIAM.

Et puis?

JACKSON.

Et puis elle a porté sa tête sur le billot, et a dit : « Je recommande mon âme à Jésus-Christ. » C'était le signal convenu avec l'exécuteur; aussi, elle n'avait pas achevé, que c'était déjà fait.

WILLIAM.

D'un seul coup?...

JACKSON.

D'un seul, vlan! Oh! le roi avait choisi un homme fort habile, l'exécuteur de Calais, qu'il avait fait venir exprès.

LA FEMME.

Est-ce qu'on l'ira chercher encore?

JACKSON.

Oh! depuis ce temps-là, le nôtre a eu assez de besogne pour se faire la main.

L'HUISSIER.

Silence, messieurs! la cour va rendre son arrêt.

LE PRÉSIDENT.

Faites rentrer l'accusée.

SCÈNE IV

LES MÊMES, CATHERINE, rentrant, pâle et soutenue par LA DUCHESSE D'OXFORD et LA DUCHESSE DE ROKEBY; puis HENRI, puis UN CHEVALIER MASQUÉ.

Catherine écoute debout le prononcé du jugement.

LE PRÉSIDENT.

Ce 9 février 1542, sur l'accusation portée devant nous par Sa Grâce le roi, et sur les preuves fournies à l'appui de cette accusation, la chambre haute d'Angleterre a reconnu Catherine Howard coupable d'adultère, et la condamne, avec son complice inconnu, à avoir la tête tranchée à l'entrée de la tour de Londres, et cela dans le délai de trois jours.

CATHERINE, se renversant.

Ah! mon Dieu! mon Dieu!...

HENRI, apparaissant à la porte du fond.

Merci, milords.

LE PRÉSIDENT.

Messieurs, la séance est levée.

SUSSEX, étendant la main.

Pas encore, s'il plaît au roi, milord président.

HENRI.

Qu'avez-vous à dire contre l'arrêt?

SUSSEX.

Rien, sire, et je reconnais même qu'il est tel que je l'attendais de la Chambre.

HENRI.

Eh bien, puisque vous ne faites plus partie de l'assemblée qui a rendu cet arrêt, vous n'en partagez pas la responsabilité.

SUSSEX.

Sire, je ne suis plus membre de la Chambre, il est vrai; mais je suis toujours comte de Sussex. J'ai dépouillé mon manteau de pair, j'en conviens; mais j'ai conservé mon épée de chevalier, et c'est à elle, si vous voulez le permettre, sire, que j'en appellerai de l'arrêt qui vient d'être rendu. (Il traverse lentement le théâtre, et marche à Catherine, devant laquelle il s'agenouille.) Madame et reine, c'est un bien faible secours que celui que je vous offre, je le sais; mais, hélas! madame, votre position est si désespérée, que ce secours est à cette heure votre seul espoir en ce monde.

CATHERINE.

Que voulez-vous dire, milord? ne suis-je pas condamnée?

SUSSEX.

Oui, madame; mais vous avez le droit d'en appeler au jugement de Dieu du jugement des hommes. Les vieilles lois de l'Angleterre vous l'accordent... et, si vous daignez prendre pour votre champion l'homme qui est à vos genoux, il ne s'en relèvera que pour proclamer votre innocence; et il la soutiendra non-seulement de sa parole, mais encore de son épée. (Se retournant vers l'Archevêque.) Est-ce bien cela que j'avais promis de faire, monseigneur de Cantorbéry?

LA DUCHESSE D'OXFORD et LA DUCHESSE DE ROKEBY.

Acceptez, madame, acceptez!

LE PEUPLE.

Oui, oui, le combat, le jugement de Dieu!

L'HUISSIER.

Silence!

CATHERINE, au Comte.

Milord, que me proposez-vous! (Lui tendant la main.) Je vous prie...

SUSSEX.

Je ne me relèverai point, madame, que vous ne m'ayez fait cet honneur, de me croire digne de vous défendre.

CATHERINE.

Mais si ce combat vous est fatal?

SUSSEX.

Ma vie est à ma souveraine, et mon âme est à Dieu : si je meurs, chacun aura repris ce qui lui appartient.

CATHERINE.

Vous le voulez, milord?

SUSSEX.

J'en supplie Votre Grâce.

CATHERINE, se levant.

Milords, j'en appelle au jugement de Dieu du jugement des hommes. Je demande le combat comme preuve de mon innocence, et je choisis M. le comte de Sussex pour mon champion.

SUSSEX.

Merci, madame, merci! (Se relevant.) Or, maintenant, milords, écoutez : Moi, Charles-William-Henri, comte de Sussex, à tous présents et à venir, je me présente pour soutenir, la lance, la hache ou l'épée à la main, contre tous ceux que le démon pousserait à dire le contraire, que la reine Catherine a été jugée injustement par la chambre haute d'Angleterre, et que, du crime d'adultère dont on l'accuse, elle est en tout point pure et innocente.

UNE VOIX PARMI LE PEUPLE.

Vous en avez menti, monsieur de Sussex!...

SUSSEX.

Que celui qui a dit ces paroles vienne donc ramasser ce gant!

(Un Chevalier, couvert d'une armure complète et la visière baissée, s'avance lentement vers Sussex.)

CATHERINE, reculant.

C'est lui!... c'est lui!...

LA DUCHESSE D'OXFORD et LA DUCHESSE DE ROKEBY.

Qui?

CATHERINE.

Le fantôme! le spectre! le démon!

LE CHEVALIER.

Et moi, milords, en réponse au défi du comte de Sussex, j'affirme ici, sur l'honneur de mon sang et de ma race, que l'arrêt rendu par le Parlement est un arrêt justement rendu. J'affirme que la reine Catherine appartenait à un autre avant d'appartenir au roi; qu'elle s'est mariée sans faire cet aveu, et que, depuis son mariage, elle a reçu dans sa chambre son ancien amant. En conséquence de ce que je dis, je ramasse le gant de milord de Sussex; j'accepte son défi, et je prie Sa Grâce de vouloir bien fixer le jour du combat.

(Silence d'un moment.)

HENRI.

A demain, messieurs, à demain; les juges du camp feront savoir aujourd'hui, à son de trompe, quel est le lieu que nous avons choisi, et les armes que nous avons désignées. La nuit vous reste, messieurs; profitez-en pour accomplir vos devoirs de chrétien; car, avant vingt-quatre heures peut-être, l'un de vous paraîtra devant le trône de Dieu. La séance est levée, milords. Que l'on reconduise la reine à la tour, et qu'on la laisse librement communiquer avec son champion.

LE CHEVALIER, à Sussex.

A demain, milord!

SUSSEX, lui tendant la main sans hésiter.

A demain!

ACTE CINQUIÈME

CATHERINE HOWARD

HUITIÈME TABLEAU

Une chambre de la tour de Londres; grande fenêtre au fond, donnant sur la ville, et fermée par des rideaux noirs; à droite, un crucifix au-dessous duquel est un prie-Dieu; en face, une porte.

—

SCÈNE PREMIÈRE

CATHERINE, LA DUCHESSE D'OXFORD, LA DUCHESSE DE ROKEBY.

CATHERINE, à genoux sur son prie-Dieu.

Mort, mort pour moi, égorgé sans pitié, sans miséricorde! Oh! cet homme a donc un cœur de bronze, comme il a une poitrine de fer? Pauvre comte de Sussex!

LA DUCHESSE D'OXFORD.

Il aurait fallu qu'il portât une armure enchantée pour qu'elle résistât aux coups de son adversaire.

CATHERINE.

Oui, je l'ai bien vu; tous les démons de la haine et de la vengeance conduisaient son bras.

LA DUCHESSE D'OXFORD.

Si j'osais rappeler à Votre Grâce que le roi a permis que monseigneur l'archevêque de Cantorbéry...

CATHERINE.

Oui, duchesse, oui, je le sais; Henri, en ma qualité de reine, m'a accordé un prince de l'Église pour m'assister à mes derniers moments. Je l'en remercie; mais peut-être aimerais-je autant un simple prêtre de village. Pour quand est-ce donc, mesdames?

LA DUCHESSE D'OXFORD.

Ce soir, six heures.

CATHERINE.

Ah! est-ce que vous croyez que Henri me fera mourir, lorsqu'avec un mot, un seul mot?... Il ne le dira pas?... Cela lui est si facile cependant! Il n'y a donc aucun moyen de me sauver, dites, madame d'Oxford? madame de Rokeby? (Les deux femmes pleurent.) Mon Dieu! mon Dieu!... Oh! laissez-moi, puisque vous ne pouvez m'aider en rien, laissez-moi seule.

(Les Duchesses sortent.)

SCÈNE II

CATHERINE, seule.

L'heure sonne, et, tout en écoutant, Catherine, qui était agenouillée, se soulève à demi, et se trouve assise sur le coussin du prie-Dieu. On entend la cloche tinter deux fois sans qu'elle compte; au troisième coup, Catherine compte tout haut.

Trois, quatre, cinq. (Attente et angoisse d'un moment.) Cinq heures! Une heure encore, et puis plus rien; et, demain, le jour se lèvera sur mon tombeau!... Oh! moi qui devais voir lever tant de jours, qui devais entendre sonner tant d'heures encore! moi si jeune, moi au tiers de ma vie à peine, et n'avoir plus qu'à étendre le bras pour toucher l'éternité!... Mourir! ce mot, qui, depuis dix-huit ans, s'est à peine présenté à ma pensée, depuis hier frappe sur mon cœur à chacun de ses battements. Mourir! mourir! Oh! mon Dieu! mon Dieu! est-ce que vous me laisserez mourir?... Kennedy, ma petite maison de Richemont, ma verte pelouse, mes beaux rêves de jeunesse!... Et je me trouvais malheureuse au milieu de cela cependant! Insensée que j'étais!... Oh! si le roi me disait: « Catherine, je te pardonne, retourne dans la retraite d'où je t'ai tirée, » comme je baiserais ses mains! comme j'embrasserais ses genoux! Il peut le faire cependant; si je le voyais, je prierais, je pleurerais tant, qu'il me ferait grâce, j'en suis sûre. Qu'est-ce que cela lui fait, au roi, que je vive ou que je meure? Il n'a pas besoin de ma mort pour être puissant. Il faut que je le voie. (Prenant une bague ornée d'un diamant.) Oh! mon dernier espoir, seul reste de ma fortune de reine, dernière séduction que je puisse tenter,... viens à mon aide!... Et le temps qui passe, et l'heure qui fuit! Combien y a-t-il que cinq heures sont sonnées? Je ne sais plus mesurer la journée. Oh! mes artères battent à me rompre le front!

(Elle appuie ses coudes sur ses genoux et serre ses tempes avec ses poings; pendant que ses yeux sont fixés sur la porte, elle s'ouvre lentement; l'Exécuteur entre, s'arrête après avoir dépassé le seuil, et met un genou en terre; Catherine, à sa vue, s'est soulevée contre le prie-Dieu; ses mains cherchent les pieds du Christ sans que ses yeux cessent de regarder le Bourreau.)

SCÈNE III

CATHERINE, LE BOURREAU.

LE BOURREAU.

Vous savez qui je suis, madame?

CATHERINE.

Je m'en doute. Vous êtes...

(Elle ne peut achever.)

LE BOURREAU.

Oui.

CATHERINE.

Pourquoi à genoux?

LE BOURREAU.

Je viens, selon l'usage, vous demander pardon.

CATHERINE.

Oh! dérision! le bourreau qui demande pardon à la victime de la frapper, et qui frappera cependant.

LE BOURREAU.

Il le faudra bien.

CATHERINE, regardant le diamant qu'elle porte au doigt.

Dites-moi, ne trouvez-vous point que c'est un horrible état que le vôtre?

LE BOURREAU.

Horrible!

CATHERINE.

Pourquoi donc l'avez-vous embrassé?

LE BOURREAU.

Parce que mon aïeul l'avait légué à mon père, et que mon père me l'a légué à moi.

CATHERINE.

Cet état vous est odieux, n'est-ce pas?

LE BOURREAU.

J'ai vu un temps où j'aurais donné la moitié des jours qui me restaient à vivre pour en pouvoir embrasser un autre.

CATHERINE.

Et depuis?

LE BOURREAU.

Il a bien fallu m'y habituer.

CATHERINE.
Vous êtes seul à Londres?

LE BOURREAU.
Seul.

CATHERINE.
Si vous quittiez la ville, qui vous remplacerait?

LE BOURREAU.
Personne.

CATHERINE.
Et l'on serait forcé alors d'aller chercher celui de Calais?

LE BOURREAU.
Comme on l'a fait pour la reine Anne, comme j'aurais voulu qu'on le fît pour vous.

CATHERINE.
Et, pendant ce temps, trois ou quatre jours de sursis me seraient accordés, n'est-ce pas?

LE BOURREAU.
Sans doute.

CATHERINE, suivant sa pensée.
Pendant lesquels je pourrais voir le roi peut-être, ou, sinon le voir, lui écrire, obtenir ma grâce. (Descendant du prie-Dieu.) Mon ami, il faut que vous quittiez Londres.

LE BOURREAU.
Impossible.

CATHERINE.
Et pourquoi?

LE BOURREAU.
Qui nourrirait ma femme et mes enfants?

CATHERINE.
Et si je vous fais riche, votre femme, vos enfants et vous?

LE BOURREAU.
Riches!

CATHERINE.
Combien le grand chancelier vous donne-t-il par an?

LE BOURREAU.
Vingt livres.

CATHERINE.
Voyez-vous cette bague?

LE BOURREAU.
Eh bien?

CATHERINE.

Elle vaut mille livres, c'est-à-dire une somme qu'il vous faudrait cinquante ans pour gagner ; cette bague est à vous si vous le voulez.

LE BOURREAU.

Que faut-il faire pour cela?

CATHERINE.

Fuir, et voilà tout ; je ne vous demande point de me sauver, vous ne le pourriez pas, je le sais. M'échapper est chose impossible ; mais vous,... nul ne vous observe, nul ne se doute que l'état que vous exercez vous est odieux!... odieux est le mot, vous me l'avez dit. Eh bien, éloignez-vous, partez à l'instant même ; que, lorsqu'on vous cherchera, l'on ne vous trouve plus ; gagnez, avec votre femme et vos enfants, les frontières d'Écosse ou d'Irlande ; ce que vous avez fait jusqu'à présent n'est point écrit sur votre front, personne ne pourra savoir qui vous êtes ; vous vivrez, non plus enfermé dans un cercle de sang, mais mêlé à la société des autres hommes ; vous n'aurez plus à demander pardon à personne ; vous ne rentrerez plus chez vous les mains rouges, et vous ne léguerez pas à votre fils l'infamie que votre aïeul a légué à votre père, et votre père à vous. Puis, de temps en temps, vous songerez qu'en vous assurant cette félicité, vous avez sauvé la vie à une reine, et que cette reine placera votre nom dans toutes ses prières, pour que Dieu n'étende pas votre passé sur votre avenir.

LE BOURREAU.

Cette bague m'appartient sans que je coure un si grand risque pour la posséder. La dépouille des condamnés est mon héritage.

CATHERINE.

Oui ; mais je puis la donner à l'une de mes femmes.

LE BOURREAU.

Vous ne les reverrez plus.

CATHERINE.

Du haut de l'échafaud, je puis la jeter au milieu du peuple, et crier que je la lègue à celui qui la ramassera.

LE BOURREAU.

C'est tenter horriblement un homme, ce que vous faites là, madame ; car, après lui avoir dit aussi imprudemment quel était le prix de cette bague, c'est vous exposer à ce qu'il vous l'arrache.

CATHERINE, portant la bague à sa bouche.

Qu'il essaye donc, et nous verrons s'il osera ouvrir la poitrine d'une reine pour la prendre.

LE BOURREAU.

Cette bague vaut bien mille livres sterling, madame?

CATHERINE.

Mille livres.

LE BOURREAU.

Vous me le jurez?

CATHERINE, étendant la main.

Sur le Christ !

LE BOURREAU.

Donnez-la-moi et je pars.

CATHERINE.

Et sur quoi me jurez-vous à votre tour que vous partirez?

LE BOURREAU.

Sur le Christ aussi.

CATHERINE, secouant la tête.

Jurez-moi sur la vie du plus jeune de vos enfants, maître... J'aime mieux cela.

LE BOURREAU.

Je vous jure, madame, sur la vie du plus jeune de mes enfants, et Dieu me le reprenne si je manque à mon serment! qu'aussitôt cette bague reçue, je quitterai Londres pour n'y jamais rentrer!

CATHERINE.

La voici. Partez.

(Elle le pousse vivement. — Il sort.)

SCÈNE III

CATHERINE, puis SIR THOMAS CRANMER.

CATHERINE, tombant à genoux.

Oh! mon Dieu! mon Dieu! je vous remercie, car je crois que votre vengeance se lasse.

SIR THOMAS, entrant.

Bien, ma fille; j'espérais vous trouver dans ces saintes dispositions et dans cette humble posture; car j'ai rencontré l'homme qui sort d'ici...

CATHERINE.

Il s'en allait, n'est-ce pas?

SIR THOMAS.

Oui, mais pour revenir bientôt.

CATHERINE.

Pour revenir, monseigneur? Il vous a dit qu'il reviendrait?

SIR THOMAS.

Il ne m'a rien dit, ma fille; mais vous n'avez plus qu'une demi-heure.

CATHERINE, à part.

C'est vrai, je n'ai plus qu'une demi-heure pour lui; car il ne peut savoir... (Soupirant.) Oh! non, non, il ne sait pas!

SIR THOMAS.

Ma fille, quelles idées assez étranges occupent votre esprit, pour qu'elles puissent, dans un pareil moment, faire ainsi sourire vos lèvres?

CATHERINE, sans l'écouter.

Croyez-vous, monseigneur, que, si je pouvais voir Henri, mes larmes, mes prières, ce qui me reste de cette beauté qu'il a aimée, le fléchiraient?

SIR THOMAS.

Dieu tient le cœur des rois dans sa main droite, madame, et, comme Dieu est toute miséricorde, je ne doute point que, dans ce cas, il n'envoie à notre souverain une pensée de clémence.

CATHERINE.

Il faut que vous me fassiez voir le roi, monseigneur de Cantorbéry.

SIR THOMAS.

Moi, madame? Mais c'est impossible. Oubliez-vous que, dans quelques minutes?...

CATHERINE.

Et si, au lieu de quelques minutes, il me restait quelques jours...

SIR THOMAS.

L'exécution est fixée à six heures.

CATHERINE.

Mais, si à six heures l'exécution ne pouvait pas avoir lieu?

SIR THOMAS.

Qui l'empêchera, à moins que la victime ne manque au bourreau?

CATHERINE.

Le bourreau, qui peut manquer à la victime.

SIR THOMAS.

Je ne comprends pas.

CATHERINE.

Monseigneur, ce que je vais vous dire, songez-y, est le commencement de ma confession, et Dieu vous défend de trahir le secret de la confession.

SIR THOMAS.

Le vôtre mourra là.

CATHERINE, s'appuyant sur son épaule et lui parlant à demi-voix.

Il n'y a pas d'exécution sans exécuteur. Eh bien, l'exécuteur est parti; quand vous l'avez rencontré, il sortait d'ici pour n'y plus rentrer, et, à l'heure qu'il est (plus bas encore), il a quitté Londres.

SIR THOMAS.

Quelle chose étrange!

CATHERINE.

Écoutez, monseigneur; vous ne m'en voulez pas; je ne vous ai jamais fait de mal; ainsi vous ne pouvez me vouloir de mal; et, vous en eussé-je fait, même sans le savoir, la religion, dont vous êtes un des premiers ministres, vous ordonne non-seulement de me le pardonner, mais encore de tendre la main à vos semblables dans leur dénûment, de les soutenir dans leur faiblesse, de les secourir dans leur danger... Eh bien, monseigneur, tendez-moi la main, soutenez-moi, secourez-moi.

SIR THOMAS.

Que puis-je faire pour vous?

(Rumeur au dehors.)

CATHERINE.

Écoutez!...

SIR THOMAS.

C'est le peuple rassemblé sur la place.

CATHERINE.

Oui; il attend sa pâture, et il rugit. Je vais écrire au roi, n'est-ce pas? Vous lui remettrez ma lettre, monseigneur; vous me le promettez? (A un Gardien qui entre.) Que voulez-vous?

LE GARDIEN, regardant de tous côtés.

Pardon, madame!... je venais voir... (A d'autres personnes qui sont censées être dans la coulisse.) Il n'y est pas.

(Il sort.)

CATHERINE, avec joie.

Voyez, monseigneur, celui qu'on cherche ne se trouvera point; il m'a tenu parole.

SIR THOMAS.

C'est Dieu qui vous protége, mon enfant; je ferai ce que vous voudrez.

CATHERINE.

Oh! que vous êtes bon, monseigneur, et que je vous remercie! Je vais écrire à Henri; je... (On entend le son d'une trompette.) Qu'est cela?

SIR THOMAS.

Je ne sais.

(Catherine se serre contre lui.)

UN CRIEUR, en dehors.

Peuple de Londres, le lord grand chancelier, ministre de la justice, vous fait savoir qu'au moment du supplice le bourreau a disparu; et que, ne voulant pas retarder l'effet du jugement rendu, il fait offrir à celui qui se présentera à sa place, pour remplir son office, la somme de vingt livres sterling, l'autorisant de plus à couvrir, pour cette exécution, son visage d'un masque. Il déclare, du reste, que, ce faisant, il aura rempli l'œuvre d'un bon citoyen.

(La trompette sonne un peu plus loin, et la même proclamation se répète.)

CATHERINE.

Ah! monseigneur, avez-vous entendu?

SIR THOMAS.

Oui.

CATHERINE.

Mais il n'y aura pas sous le ciel un homme assez atroce, n'est-ce pas, pour se charger d'une pareille mission?

SIR THOMAS.

Je l'espère.

CATHERINE, s'asseyant.

Écrivons... Mais que faut-il que je lui écrive? Dites-moi, monseigneur; j'ai la tête perdue.

SIR THOMAS.

Vous savez mieux que moi, madame, parler la langue sur laquelle vous comptez pour fléchir le cœur du roi.

CATHERINE.

Oh! personne ne s'offrira, n'est-ce pas? personne ne voudrait remplir cet horrible emploi? Ce serait un meurtre abominable.

SIR THOMAS.

Hâtez-vous d'écrire, madame.

CATHERINE.

« Henri, c'est un pied sur l'échafaud, c'est à la lueur d'un dernier rayon d'espoir que... » (S'arrêtant tout à coup, et montrant avec terreur à l'Archevêque un homme masqué qui entre.) Monseigneur, voyez-vous? (Se levant et reculant.) C'est lui! c'est lui!

SCÈNE IV

LES MÊMES, ETHELWOOD, masqué.

ETHELWOOD.

Êtes-vous préparée, madame?

CATHERINE.

C'est sa voix, sa voix maudite!... Comment l'avais-je oublié, lui! Ah! monseigneur, je suis perdue!

(Elle passe de l'autre côté de l'Archevêque.)

SIR THOMAS.

Pourquoi n'essayez-vous pas de prier cet homme?

CATHERINE.

Lui, monseigneur, lui! autant vaudrait essayer de prier le billot.

SIR THOMAS.

S'il en est ainsi, ma fille, déposez dans mon sein l'aveu de vos fautes, et, puisque je n'ai pu sauver votre corps, que je sauve au moins votre âme. Je suis prêt; je vous écoute.

CATHERINE.

Je ne puis, monseigneur...je... je... je ne me souviens plus.

ETHELWOOD.

Je vais donc le faire pour elle, monseigneur, car je me souviens, moi.

SIR THOMAS.

Cet homme sait donc tout?

CATHERINE.
Aussi bien que Dieu, monseigneur.
ETHELWOOD.
Cette femme était une pauvre jeune fille, sans noblesse, sans parents, perdue dans le peuple comme une fleur sous l'herbe, sans horizon, sans avenir. Est-ce vrai, Catherine?
CATHERINE, appuyant sa tête sur l'épaule de l'Archevêque.
C'est vrai.
ETHELWOOD.
Un homme la découvrit dans son humilité; cet homme l'aima... Il appartenait, lui, à ce que l'Angleterre a de plus noble et de plus puissant; il pouvait la séduire, en faire sa maîtresse, puis l'abandonner; il l'épousa. Quelque temps après, on offrit à cet homme de devenir le frère d'un roi, le vice-gérant d'un royaume. Pour se conserver tout entier à cette femme, il refusa ce qu'on lui offrait. Est-ce vrai, Catherine?
CATHERINE, courbée sous la parole d'Ethelwood.
C'est vrai.
CATHERINE.
Ce refus lui fit perdre son rang, ses biens, ses dignités, ses titres. Pauvre et dépouillé de tout à cause de cette femme, il ne lui restait que sa vie : il la lui confia, l'insensé! s'enferma dans un tombeau, lui en donna la clef; et cette clef, qu'il avait cru confier à l'ange de la vie, à la vue d'un palais, d'un sceptre, d'une couronne, la femme que voilà, femme oublieuse et sans remords, cette clef, qui seule pouvait rouvrir le sépulcre de l'homme qui avait tout sacrifié, tout perdu pour elle, biens, rangs, dignités, titres, elle la jeta dans un gouffre, monseigneur, cette clef! cette clef!... Est-ce vrai, Catherine?
CATHERINE, tombant sur un genou.
C'est vrai.
ETHELWOOD.
Elle s'était faite veuve pour devenir reine. Elle le devint. Vous l'avez vue sur le trône, monseigneur; vous l'avez entendue prodiguant à un autre les noms d'époux et de bien-aimé. Il est vrai que cet autre était roi; mais, en n'avouant rien au roi, elle l'avait trompé comme elle avait trompé le duc. Un roi trompé se venge. Il la traîna devant la chambre des pairs. Vous y siégiez, monseigneur; vous avez pris part au jugement rendu; et cette part ne peut être un remords pour vous,

maintenant, car vous voyez combien cette femme était coupable. Elle le savait, elle, qu'elle avait mérité son jugement, et mille morts plutôt qu'une. Eh bien, au lieu de courber la tête sous le poids de votre justice, au lieu de se frapper la poitrine, en disant : « C'est ma faute, » et d'implorer la miséricorde de Dieu, elle accepta le dévouement insensé du comte de Sussex ; il lui offrit son épée, et elle ne lui dit pas : « J'en suis indigne ; » il lui offrit sa vie, elle l'égorgea, le bon, le loyal, le noble Sussex, car c'est elle qui le tua, milord, et non son adversaire, puisqu'elle le laissa se faire devant Dieu le champion d'une cause qu'elle et Dieu savaient être injuste. Est-ce vrai, Catherine ?

CATHERINE, à deux genoux.

C'est vrai.

ETHELWOOD.

Et maintenant, monseigneur, maintenant que vous connaissez tous ses crimes aussi bien qu'elle et moi, absolvez-la, mon père, et hâtez-vous, car la coupable est à genoux et le peuple attend, l'heure va sonner (sortant par la fenêtre du fond) et l'exécuteur est prêt.

(Rumeur parmi le Peuple lorsqu'il aperçoit Ethelwood.)

SCÈNE V

CATHERINE, SIR THOMAS CRANMER, puis LA DUCHESSE DE ROKEBY, LA DUCHESSE D'OXFORD.

SIR THOMAS.

Ma fille, vous reconnaissez avoir commis tous les crimes dont on vous accuse ?

CATHERINE.

Oui, mon père. Croyez-vous que Dieu me les pardonne ?

SIR THOMAS, la bénissant.

Dieu est tout-puissant et sa miséricorde est infinie... Au nom de Dieu, je vous absous !...

(Entrent la duchesse d'Oxford et la duchesse de Rokeby.)

CATHERINE, se relevant.

Mesdames les duchesses d'Oxford et de Rokeby, je voudrais pouvoir vous léguer quelque chose en souvenir de votre reine... mais, pauvre je suis montée au trône, et pauvre j'en descends... Je n'ai rien...

LES DUCHESSES.

Votre main, madame.

(Elles s'agenouillent et baisent la main de la Reine. Elles restent à genoux.,

CATHERINE, relevant la tête.

Marchons, mon père...

(Catherine, appuyée sur l'Archevêque, sort par la fenêtre, de plain-pied avec l'échafaud, autour duquel sont rangés des Soldats portant des torches. Les rideaux noirs s'entr'ouvrent, puis se referment; les deux Duchesses restent en prière sur la scène, et l'on entend la voix du Greffier qui lit.)

LE GREFFIER.

« Arrêt de la chambre haute qui condamne à la peine de mort la reine Catherine Howard et son complice, qui fixe l'exécution à trois jours de celui où il a été rendu, et l'heure du supplice à six heures. »

(On entend sonner les six heures; au dernier tintement, le Peuple pousse un grand cri.)

LES DUCHESSES.

Mon Dieu, recevez-la dans votre miséricorde!... mon Dieu Seigneur, ayez pitié d'elle!...

(Les rideaux se rouvrent; on voit le corps de Catherine recouvert d'un linceul; l'Archevêque est à genoux, et Ethelwood debout.)

ETHELWOOD.

Maintenant, messeigneurs, il faut que l'arrêt s'exécute en tout point : j'ai frappé la coupable. (Arrachant son masque.) Voici le complice.

FIN DE CATHERINE HOWARD

TABLE

	Pages
LA TOUR DE NESLE....................	1
ANGÈLE.	99
CATHERINE HOWARD...................	205

F, Aureau. — Imprimerie de Lagny

www.ingramcontent.com/pod-product-compliance
Lightning Source LLC
Chambersburg PA
CBHW071503160426
43196CB00010B/1405